国家出版基金项目
NATIONAL PUBLICATION FOUNDATION

清宮林則徐檔案匯編

28

中國第一歷史檔案館
福建省林則徐研究會
編

海峽出版發行集團
海峽文藝出版社

第二八册 目録

雲貴總督林則徐奏摺	保山軍務將竣於駐紮永昌之便遵旨校閲營伍	道光二十八年四月初三日 一八四八年五月五日	一
雲貴總督林則徐奏摺	密訪保山倡亂根由並拏獲首犯金混秋請予凌遲處死	道光二十八年四月初三日 一八四八年五月五日	八
雲貴總督林則徐奏摺	審擬保山滋事人犯並請將首犯沈振達等即行正法	道光二十八年四月初三日 一八四八年五月五日	二四
雲貴總督林則徐奏片	保山軍務出力各員請准擇尤獎勵	道光二十八年四月初三日 一八四八年五月五日 *	四六
上諭	著照林則徐所請仍以福陞陞補雲南維西協副將	道光二十八年四月初七日 一八四八年五月九日	四八

上諭	林則徐請奬官紳捐輸著照部議奬勵程福培等人	道光二十八年四月初八日 一八四八年五月十日	四九
雲貴總督林則徐等奏摺	請以臨安知府張亮基調補永昌知府	道光二十八年四月十九日 一八四八年五月二十一日	五三
雲貴總督林則徐等奏摺	甄別才不稱職及衰庸有疾之李恒謙等員請分別降補勒休	道光二十八年四月十九日 一八四八年五月二十一日	五八
雲貴總督林則徐奏摺	滇省武職委用需員請敕部揀發參將遊擊	道光二十八年四月十九日 一八四八年五月二十一日	六四
雲貴總督林則徐奏摺	請以揀發候補遊擊廉惠補授雲南騰越鎮標中軍遊擊	道光二十八年四月十九日 一八四八年五月二十一日	六八
雲貴總督林則徐奏片	委令准陞廣西直隸州知州丁楚玉署理雲南臨安府知府	道光二十八年四月十九日 一八四八年五月二十一日 *	七三
雲貴總督林則徐奏片	貴州威寧鎮總兵善祥進京陛見委清江協副將李瑞護理鎮篆	道光二十八年四月十九日 一八四八年五月二十一日 *	七四
雲貴總督林則徐等奏摺	請撥庚戌年協滇銅本銀兩	道光二十八年四月二十日 一八四八年五月二十二日	七五
雲貴總督林則徐等奏摺	雲南澂江府士民捐修城垣工竣循例請奬	道光二十八年四月二十日 一八四八年五月二十二日	八六
雲貴總督林則徐等奏摺	請以朱德璲調補貴陽知府所遺黎平府缺即以王壽同補授	道光二十八年四月二十一日 一八四八年五月二十三日	九二

上諭	保山地方官養癰貽患致釀巨案著林則徐查明參奏	道光二十八年四月二十五日 一八四八年五月二十七日	九七
上諭	保山滋事案辦理頗速著林則徐撤兵歸伍籌辦善後事宜	道光二十八年四月二十五日 一八四八年五月二十七日	九八
大學士管理户部事務潘世恩等題本	查核雲貴總督林則徐到任盤查各屬倉糧米穀等項實貯無虧	道光二十八年五月初八日 一八四八年六月八日	一〇〇
雲貴總督林則徐奏摺	拏獲迤西焚殺搶劫人犯木有才等審明定擬	道光二十八年五月十一日 一八四八年六月十一日	一一〇
雲貴總督林則徐清單	拏獲迤西各處焚殺搶劫人犯清單	道光二十八年五月十一日 一八四八年六月十一日	一二八
雲貴總督林則徐奏摺	續獲保山滋事人犯李有全等審明定擬	道光二十八年五月十一日 一八四八年六月十一日	一三五
雲貴總督林則徐清單	續獲保山滋事案内人犯清單	道光二十八年五月十一日 一八四八年六月十一日	一四四
雲貴總督林則徐奏摺	拏獲永昌順寧緬寧雲州歷年拒敵官兵各逸犯分別懲辦	道光二十八年五月十一日 一八四八年六月十一日	一五二
雲貴總督林則徐清單	拏獲歷年拒敵官兵要犯清單	道光二十八年五月十一日 一八四八年六月十一日	一六六
雲貴總督林則徐奏片	查明保山滋事被困在城之鎮道等員並無辦理不善之處	道光二十八年五月十一日 一八四八年六月十一日 *	一七五

雲貴總督林則徐奏片	查明前永昌用兵之署守備趙發元等陣亡慘烈情事	道光二十八年五月十一日 一八四八年六月十一日 *	一八五
雲貴總督林則徐奏片	請援案將滇省問擬遣軍流徒各犯先行定地發遣以清囹圄	道光二十八年五月十一日 一八四八年六月十一日 *	一八八
上諭	著照請以朱德璲調補貴陽知府所遺黎平府缺以王壽同補授	道光二十八年五月二十一日 一八四八年六月二十一日	一九〇
吏部尚書文慶等題本	請將違例保題嚴鉷陞補富民知縣之林則徐等人分別議處	道光二十八年五月二十四日 一八四八年六月二十四日	一九一
雲貴總督林則徐等奏摺	普洱知府辛本楘丁憂所遺員缺請以澂江知府李熙齡調補	道光二十八年五月二十六日 一八四八年六月二十六日	二〇一
雲貴總督林則徐等奏摺	景東直隸同知書齡丁憂所遺員缺請以昆明知縣賈洪詔陞補	道光二十八年五月二十六日 一八四八年六月二十六日	二〇七
雲貴總督林則徐等奏片	陝西督糧道黃德濂留滇核銷軍需事竣應令赴任以供職守	道光二十八年五月二十六日 一八四八年六月二十六日 *	二一二
上諭	著林則徐密訪姚老五確踪並趙發元照參將例賜恤等情	道光二十八年六月初三日 一八四八年七月三日	二一四
雲貴總督林則徐奏片	威寧鎮總兵善祥進京陛見委清江協副將李瑞護理篆務	道光二十八年六月初四日 一八四八年七月四日 ※	二一六
上諭	著照所請以張亮基調補永昌知府所遺臨安府缺以嵩保補授	道光二十八年六月初四日 一八四八年七月四日	二一八

上諭	著將永昌知府李恒謙降為同知署麗江知府龍陵等均著勒休	道光二十八年六月初四日 一八四八年七月四日	二一九
上諭	林則徐奏請揀發參將遊擊著兵部照例揀選引見候旨發往	道光二十八年六月初四日 一八四八年七月四日	二二〇
上諭	著照林則徐所請以廉惠補授雲南騰越鎮標中軍遊擊	道光二十八年六月初四日 一八四八年七月四日	二二一
大學士管理刑部事務寶興等奏摺	請將降調知縣廣和京控案飭交雲貴總督林則徐秉公查辦	道光二十八年六月初九日 一八四八年七月九日	二二二
大學士管理刑部事務寶興等奏片	據實陳明降調知縣廣和京控案內牽涉總督林則徐之各款	道光二十八年六月初九日 一八四八年七月九日	二二八
上諭	著將雲南降調知縣廣和京控案交林則徐查明定擬具奏	道光二十八年六月初九日 一八四八年七月九日	二三〇
雲貴總督林則徐奏摺	已革守備馬起鳳於被參後延不交出鈐記請斥革雲騎尉世職	道光二十八年六月十三日 一八四八年七月十三日	二三二
雲貴總督林則徐奏摺	請以張萬吉瑪克塔春陞署貴州古州鎮標左營並長壩營遊擊	道光二十八年六月十三日 一八四八年七月十三日	二四〇
雲貴總督林則徐奏摺	永昌軍務已竣順道校閲迤西等處營伍	道光二十八年六月十三日 一八四八年七月十三日	二四五
雲貴總督林則徐等奏摺	審明保山回民兩起京控案分別情節先後按擬辦理	道光二十八年六月十三日 一八四八年七月十三日	二五〇

雲貴總督林則徐奏摺	遵旨保奬剿辦彌渡在事尤為出力員弁	道光二十八年六月十三日 一八四八年七月十三日	二七一
雲貴總督林則徐清單	剿辦彌渡在事出力武職人員清單	道光二十八年六月十三日 一八四八年七月十三日	二七八
雲貴總督林則徐清單	剿辦彌渡在事出力文職人員清單	道光二十八年六月十三日 一八四八年七月十三日	二八二
雲貴總督林則徐奏片	擬令鶴麗鎮總兵音德布進京陛見臨元鎮總兵李能臣暫緩	道光二十八年六月十三日 一八四八年七月十三日 *	二八五
雲貴總督林則徐奏片	縷陳拏獲巨犯擬就近批解審明恭請就地正法以安邊圉之策	道光二十八年六月十三日 一八四八年七月十三日 *	二八七
雲貴總督林則徐奏片	已革知州彭衍墀訊取犯供出力請准捐復或恩賞布經歷州同	道光二十八年六月十三日 一八四八年七月十三日 *	二九二
雲貴總督林則徐等奏摺	請以麗江知府嚴廷珏調補順寧知府	道光二十八年六月十五日 一八四八年七月十五日	二九五
雲貴總督林則徐等奏摺	審擬姚州白井所獲各犯並究出永昌順寧等處重犯請旨正法	道光二十八年六月十五日 一八四八年七月十五日	三〇一
雲貴總督林則徐清單	拏獲姚州白鹽井等處滋事漢回各犯分別定擬罪名清單	道光二十八年六月十五日 一八四八年七月十五日	三二八
雲貴總督林則徐等奏摺	籌辦迤西善後請將永昌順寧並景東鎮沅改為歲科兩考並行	道光二十八年六月十五日 一八四八年七月十五日	三四三

雲貴總督林則徐奏片	委令江川縣知縣劉邵高接署雲南大關同知	道光二十八年六月十五日 一八四八年七月十五日　*	三四九
雲貴總督林則徐奏片	查明順寧知縣楊覲等業將滋事回犯張富殲斃請賞還頂戴	道光二十八年六月十五日 一八四八年七月十五日　*	三五〇
大學士管理户部事務潘世恩等題本	遵議林則徐請動項採買昭通鎮戊申等三年備貯不敷兵米	道光二十八年六月二十一日 一八四八年七月二十一日	三五二
雲貴總督林則徐題本	查核貴州省道光二十七年各標鎮協營兵馬支用錢糧（首缺）	道光二十八年六月二十五日 一八四八年七月二十五日	三六五
上諭	著照林則徐所請以李熙齡調補雲南普洱府知府	道光二十八年七月初七日 一八四八年八月五日	三八〇
大學士管理户部事務潘世恩等題本	遵議林則徐請動項採買騰越龍陵戊申等三年備貯不敷兵米（尾缺）	道光二十八年七月初七日 一八四八年八月五日	三八一
雲貴總督林則徐等奏摺	雲南黑鹽井提舉蕭榕辦理鹽務出力請賞加運同銜	道光二十八年七月十一日 一八四八年八月九日	三九一
雲貴總督林則徐等奏摺	請准將土司經管之悉宜銀廠額徵課銀減半報解	道光二十八年七月十一日 一八四八年八月九日	三九七
上諭	林則徐剿辦彌渡辦理善後諸臻妥協著賞銜戴翎等情	道光二十八年七月十九日 一八四八年八月十七日	四〇五
上諭	著寬免咸孚所得處分並著林則徐保獎姚州在事出力員弁	道光二十八年七月十九日 一八四八年八月十七日	四〇九

上諭	保山回民京控案之勒休知州恒文著革職永不叙用	道光二十八年七月十九日 一八四八年八月十七日	四一〇
上諭	已革知州彭衍墀著加恩留於雲南以布政司經歷州同補用	道光二十八年七月十九日 一八四八年八月十七日	四一一
上諭	著照林則徐等所請將順寧知縣楊覲等開復頂戴	道光二十八年七月十九日 一八四八年八月十七日	四一二
上諭	著照所請准張萬吉瑪克塔春分別陞署古州鎮並長壩營遊擊	道光二十八年七月十九日 一八四八年八月十七日	四一三
上諭	已革守備馬起鳳於被參後延不交出鈐記著斥革雲騎尉世職	道光二十八年七月十九日 一八四八年八月十七日	四一四
上諭	革員劉晟昌復遣抱告來京具控著林則徐秉公研訊定擬具奏	道光二十八年七月二十日 一八四八年八月十八日	四一五
雲貴總督林則徐題本	查核貴州省二十六年各標鎮協營差兵護餉解犯支過銀兩	道光二十八年七月二十一日 一八四八年八月十九日	四一六
大學士管理户部事務潘世恩等題本	查核騰越龍陵二廳採買丁未等三年備貯不敷兵米用過銀兩	道光二十八年七月二十一日 一八四八年八月十九日	四二四
雲貴總督林則徐奏摺	遵旨審擬參革在籍道員劉晟昌遣抱赴京呈控案	道光二十八年七月二十九日 一八四八年八月二十七日	四三三
雲貴總督林則徐等奏摺	請以同知銜鎮雄州知州李德生陞補東川府分防巧家同知	道光二十八年七月二十九日 一八四八年八月二十七日	四六二

雲貴總督林則徐等奏摺	酌籌道光二十八年迤西軍需動款請免造册分年歸補	道光二十八年七月二十九日 一八四八年八月二十七日	四六八
雲貴總督林則徐奏片	雲南鶴麗鎮總兵音德布進京陛見委令豐伸護理篆務	道光二十八年七月二十九日 一八四八年八月二十七日 *	四七五
大學士管理户部事務潘世恩等題本	查核思茅等廳縣採買丁未戊申年備貯不敷兵米用過銀兩	道光二十八年八月初二日 一八四八年八月三十日	四七六
大學士管理户部事務潘世恩等題本	查核滇省昭通鎮採買丁未等三年備貯不敷兵米用過銀兩	道光二十八年八月初二日 一八四八年八月三十日	四八九
雲貴總督林則徐等奏摺	署雲龍州事准補鄧川知州沈承恩辦銅出力請以同知陞用	道光二十八年八月十二日 一八四八年九月九日	四九九
雲貴總督林則徐等奏摺	查明滇省徵收銀款均係按年報撥並各項動支實無可删可緩	道光二十八年八月十二日 一八四八年九月九日	五〇四
雲貴總督林則徐題本	請以田茂昌承襲雲南鶴慶州屬土驛丞改給土未入流之世職	道光二十八年八月十二日 一八四八年九月九日	五一七
雲貴總督林則徐奏片	委令候補知府文塏署理麗江府篆並兼署中甸同知	道光二十八年八月十二日 一八四八年九月九日 *	五二六
雲貴總督林則徐等奏摺	滇黔兩省續捐軍費收有成數請分別奬勵各捐員	道光二十八年八月十六日 一八四八年九月十三日	五二七
雲貴總督林則徐等清單	貴州省捐輸雲南軍需經費奬勵清單	道光二十八年八月十六日 一八四八年九月十三日	五三二

雲貴總督林則徐等清單	雲南省捐輸軍需經費獎勵清單	道光二十八年八月十六日 一八四八年九月十三日	五四四
雲貴總督林則徐等奏摺	請於雲南知府桑春榮昭通知府胡長庚二員内簡放迤南道缺	道光二十八年八月十六日 一八四八年九月十三日	五五五
雲貴總督林則徐奏摺	請仍以貴州台拱營參將李瑞陞補定廣協副將	道光二十八年八月十六日 一八四八年九月十三日	五六一
雲貴總督林則徐奏片	貴州提督王一鳳患病奏請開缺可否酌賞假期准其在任調理	道光二十八年八月十六日 一八四八年九月十三日　*	五六六
雲貴總督林則徐奏片	貴州鎮遠中營遊擊榮麟於本任不宜因係旗員照例送部引見	道光二十八年八月十六日 一八四八年九月十三日　*	五六九
大學士管理户部事務潘世恩等題本	查核黔省道光二十六年賞過各標鎮協營兵丁紅白事件銀兩	道光二十八年八月十八日 一八四八年九月十五日	五七一

雲貴總督林則徐奏摺

保山軍務將竣於駐紮永昌之便遵旨校閲營伍

奏

雲貴總督林則徐奏摺　保山軍務將竣於駐紮永昌之便遵旨校閱營伍　道光二十八年四月初三日

雲貴總督臣林則徐跪
奏為保山軍務將竣臣於駐劄永昌之便遵
旨校閱營伍恭摺奏祈
聖鑒事竊臣接准部咨欽奉
上諭本年輪應查閱雲南貴州等省營伍之期雲南
貴州著即派林則徐逐一查閱認真簡校如查有
訓練不精軍實不齊者即將廢弛之將弁據實劾
叅毋得視為具文等因欽此臣查滇省向來閱伍
章程迤西之騰越鎮標暨永昌龍陵二協順雲
一營均在永昌府校閱此次臣因督辦保山軍
務先由大理移駐永平節經獲犯訊供漸次就
緒永平距永昌二百里臣於三月十五日親赴

郡城沿途查看城哨情形均極安靜隨即校閲
永昌協標官兵並調考騰越鎮龍陵協順雲營
官弁其附近之鶴麗鎮維西協永北劍川等營
向係附於提標及大理城守營操閲此次該鎮
協營官兵有調至永昌軍營者亦即就近先行
校閲以省日後輪換赴考所有閲過隊伍陣式
均尚整齊連環排槍聲勢聯絡刀矛雜技擊刺
跳舞亦俱熟習馬步箭中靶分數不等各在六
七成以上施放擡礮擡槍鳥槍亦皆猛捷有準
兵丁技藝優長者當場獎賞生疎者分别責革
降糧其將領備弁中尚無應劾之人惟永昌協
右營外委韓映斗馬步僅中一箭年力就衰應

卽斥革騰越鎮標中營外委畢玉昆亦僅中一箭惟年力正強應降為額外勒令學習以觀後效又永昌協把總蘇秉甲外委宋朝貴蘇茂年力俱壯弓馬亦皆去得惟訪聞人不可靠據該管官揭報前來均應先予斥革再行確查究辦

查永昌民風素稱強悍故兵丁不患其輭弱而轉患其囂凌尤防其與各哨匪類勾通致緝捕不能得力臣於考校之餘當場嚴加訓飭以上年冬間匪徒滋事如果該營兵丁盡可為干城之倚何待多調各處兵來卽如該協拏送已革各兵現經審明分別定罪豈爾等尚不知炯戒諄諄開導之後又嚴諭各將備再行確查如有

勾結匪類之兵速即革糧嚴辦倘尚扶同徇庇
察出定予特參又查永昌東隔瀾滄江西隔潞
江兩處江橋最關扼要此外各路隘口亦極繁
多若專恃土著之兵踞險分防恐緩急究難深
恃除現仍留駐征兵緝拏餘匪外擬此後酌照
四川甘肅換防之例添派別營客兵擇要駐防
按年更換不使與各鄉哨漸相熟習聯為一氣
並將該協存城額兵量撥隣境差使俾彼此互
有牽制以杜意外之虞容與提臣榮玉材撫臣
程矞采備細酌商再行會摺具
奏總期地方安謐戎衞森嚴以仰副
聖主綏靖邊疆至意所有查閱永昌一帶營伍並籌

畫營伍大概情形理合繕摺具
奏再臣自駐永平後督令文武緝獲糾搶財物擄
佔婦女之回匪一百餘名現將永昌案犯審畢
卽行接審回案一俟辦竣擬赴大理校閱營伍
並將回民京控兩案人證提到該處親審仍會
同撫臣覈辦如保山暨各處續有報獲匪犯亦
解大理歸案訊結合併陳明伏乞
皇上聖鑒謹
奏

依議

雲貴總督林則徐奏摺　保山軍務將竣於駐紮永昌之便遵旨校閱營伍

道光二十八年四月初三日

道光二十八年四月　初三　日

雲貴總督林則徐奏摺　密訪保山倡亂根由並拏獲首犯金混秋請予凌遲處死

道光二十八年四月初三日

雲貴總督林則徐奏摺　**密訪保山倡亂根由並拏獲首犯金混秋請予凌遲處死**

二八　雲貴總督林則徐奏摺　密訪保山倡亂根由並拏獲首犯金混秋請予凌遲處死

道光二十八年四月初三日

雲貴總督臣林則徐跪

奏為密訪保山滋事根由並研訊犯供究出惑眾倡亂之妖匪金混秋即鐵帽子拏獲審明恭請

王命從重凌遲處死以昭炯戒而絕禍源恭摺奏祈

聖鑒事竊臣前由大理移駐永平督兵進剿保山七哨因其畏威懾服縛獻匪犯多名當將飭提解審仍令官兵兜拏緣由於三月初八日恭摺由

驛奏

聞在案臣思該處民風固屬強悍然果何所倚恃而竟敢於打奪人證之後又公然進城焚署殺人劫囚恐另有荒誕不經之徒從中煽惑以致不顧性命不畏兵刑狂悖兇殘至於此極當經密

二八 雲貴總督林則徐奏摺 密訪保山倡亂根由並拏獲首犯金混秋請予凌遲處死

道光二十八年四月初三日

派精細諳練之委員數人改裝暗訪知哨匪所恃為護符者有一種緊皮藥若與人戰鬬先服此藥可以倍加勇力兇狠直前即刀槍亦能抵擋其造傳此藥之人混名鐵帽子歷在邊地往來此案滋事為首之人與之潛相勾結屬實隨獲到倡謀聚眾之已革文武生沈振達張時重張汶儒詳細訊究來歷據沈振達等僉供鐵帽子實名金混秋係大理府屬擺夷因游方賣藥常戴鐵盔鄉人呼為鐵帽子沈振達之義父沈聚成原籍湖南在保山之金雞村寄居早年赴銅廠營生被礌硐坍塌壓傷頭項經金混秋用草藥醫痊遂拜金混秋為師傳其緊皮方藥沈

振達從幼見過金混秋稱為大太爺道光二十五年五月間保山漢回搆釁回眾攻打金雞村該村咸推沈聚成為練頭率帶練丁堵禦沈聚成將金混秋所傳緊皮方藥配給眾練丁服食並稱其藥曾經念咒畫符食後皮肉縮緊刀砍不進槍打不透以壯眾丁之膽嗣果殺退回眾將最為著名之回匪九坎毛戕斃眾皆歸功於沈聚成懇其長為地方保護沈振達見伊義父年逾六十素患癆喘病症且係目不識丁知其本無能為伊遂乘此機緣武斷鄉曲思及金混秋既有符咒法術自不止製造緊皮藥一端因潛往土司地面尋見金混秋要傳各種邪術金

混秋告以有銅羸子一個念咒騎上能駕雲霧飛行又有天印一顆印在紙上佩帶身邊刀槍不入並能招調陰兵可敵千軍萬馬其他打仗防身之藥尚有多種沈振達聞其法術以為可恃益加崇信二十七年十月内聞回民京控要提人證解省審辦沈振達知伊義父沈聚成被控有名恐其解省喫虧與張時重張汶儒等商謀阻解找尋金混秋請其卜卦金混秋用竹片火炭打卦稱係上吉可以攔阻不必解省沈聚成遂往山裏藏匿沈振達等倡言官府如果要解衹得拚出大鬧一塲維時金混秋潛住保山之睡佛寺内沈振達等密與往來經該府縣風

聞將金混秋驅逐出境沈振達等又遣萬鐸傅
贊趕往途次截留金混秋到金雞村同住商用
各種邪法並蓄造陰兵臺一座至本年二月大
兵將到始行解散等情臣查現在保山境內四
面皆有官兵紮圍該犯金混秋斷不能遠颺出
境轉恐匿在近處使人不覺當即密委素能緝
捕之臣標千總施嘉祥帶兵數十名馳往查緝
該千總探知金混秋寄匿保山城南蕭祠其隨
帶護身八人皆有過人膂力若遽行動手恐致
走脫密稟提臣榮玉材添員協拏適榮玉材之
子兵部額外主事桂恆歷隨伊父出師住在營
盤即與榮玉材添派之游擊王夢麟護游擊陳

雲貴總督林則徐奏摺 密訪保山倡亂根由並拏獲首犯金混秋請予凌遲處死 道光二十八年四月初三日

得功把總張慶曾密至蕭祠外面施嘉祥將所帶各兵前後佈置時已昏夜桂恆扮作過客進祠尋見金混秋託言央請打卦攔其出路施嘉祥即乘機上前將其擒獲王夢麟陳得功張慶曾均協同綑縛該犯所帶之三帕等八人正欲抗奪亦被施嘉祥等合力圍擒無一得脫滎玉材並即知會各文武勘明金混秋隨身行李物件逐一封貯解送到臣當即查驗有緬字經卷五束緬佛一尊念珠一串鐵帽銅帽各一頂銅鸁一箇約二寸許鳥槍七桿火藥一包又有藥鑵藥葫蘆各一箇內裝藥物或名緬茄或名飛芋與白胡椒雜貯即係配製緊皮藥之用復有

木印一顆分刻漢文夷字其漢文曰猛硔天下
夷字譯係祖師余額發佛塔等字此外尚無違
禁物件字跡臣隨即親提該犯金混秋即鐵帽
子督同迤西道王發越等嚴訊據供年六十五
歲祖上本係擺夷故父余額發住居鄧川州我
在該州生長二十歲時拜從口外野夷金老蚌
雞為師便從他姓金學習符咒配緊皮藥能醫
跌打損傷在邊地各處游方住居無定因沈聚
成曾在銅廠被石壓傷為之醫治痊愈沈聚成
拜我為師傳授方藥伊義子沈振達亦相熟識
道光二十七年十月間沈振達尋我占卦說伊
義父與永昌城哨多人均被回子京控恐要起

解上省能否攔阻我想此案人數甚眾正可哄騙取財告以卦象甚吉攔阻無妨那時保山地方漢回却無爭鬬我遂住在睡佛寺內十一月中沈振達常來看望私言伊義父沈聚成雖已入山遠避而同案之人不日起解恐伊義父將來亦不得饒不如先將頭起奪回後起即俱不解若鬧出亂來專靠大太爺法術荅救保護之語諄諄密託我想向來金雞等村人最強悍一呼數萬諒必不至喫虧我若不壯其膽則向來所誇法術反見是假非真因面許以若要陰兵我能調集數萬但必須豫先建立清淨屋宇大家焚香禮拜捨錢祈福乃更有靈又言永昌流

年風水不利尚須暗埋法物方能壓勝沈振達
復帶伊同村親戚張時重張汶儒及中城人李
幗等向我密商我說卽使官兵前來總不能敵
我陰兵我一念誦符咒破之易如吹灰眾皆深
信不疑索取緊皮藥而去隔了幾日不知地方
官因何把我驅逐我正走出兩站有金雞村人
萬姓傅姓等來述沈振達的話將我截畱擡赴
金雞村住在裕美店房内二十九日卽聞各村
齊吹牛角趕赴官坡將起解之人全行奪回是
夜沈振達張時重張汶儒等都向我說事已鬧
大總因回子京控所致明日大家都要進城殺
盡回子我看勢難阻止祇好聽之又乘機催令

速蓋陰兵臺一座各村俱派布施我每日拈香
一次男婦老幼都來行禮並與我磕頭到臘月
底我對眾人說已調陰兵二萬六百名了我又
教李幗們做壓勝之法用蠟捻成各種獸形托
以木板配以雞蛋等物於三更後暗埋各城外
七處大路說是能攩兵馬至本年二月聞得調
來兵練有一萬數千之多又聞兵過彌渡地方
已將内外匪徒勦殺殆盡不但七哨人人害怕
我恐前許陰兵的話亦必盡露謊情並探知金
雞村人漸不信我法術伊等城鄉紳耆商議縛
犯送官我恐被伊細獻又探有官兵四面兜圍
我若逃出恐被截拏祇得於就近偏僻廟宇暫

雲貴總督林則徐奏摺　密訪保山倡亂根由並拏獲首犯金混秋請予凌遲處死　道光二十八年四月初三日

行躲藏不料已被查知將我拏獲等供臣查該
犯疊稱能調陰兵自係久蓄逆謀不止妖言惑
眾且木印鐫刻猛硔天下字樣尤堪詫異復向
再三嚴詰據供猛硔係耿馬土司界外隙地不
歸土司管轄我故父曾在該處住歇人稱祖師
上年我又經過其地希圖佔作頭人因刻木戳
一方畱以待用其天下二字祇就猛硔而言即
管理地方之意夷字上刻我故父之名亦祇想
壓服該處土人委無別故此戳並未行使故未
沾有印色已蒙起出驗明至經卷均從夷地傳
來並非自行編造銅贏係隨身佩帶之物謂能
騰雲駕霧不過哄騙愚民所稱調齊陰兵委係

二八 雲貴總督林則徐奏摺 密訪保山倡亂根由並拏獲首犯金混秋請予凌遲處死

道光二十八年四月初三日

空言煽惑並無謀為不軌別情臣訊供後復於
三月十五日親赴永昌府城巡閱營伍並察看
保山城哨情形查其所謂陰兵臺者祗係搭蓋
窩棚當即飭令拆毀並發掘周圍地內亦絕無
詭秘物件是其陰兵之說僅以惑眾騙錢無他
謬巧已屬顯然其城外七處大路埋藏蠟獸等
物均已刨出送驗所云能攝兵馬之說影響全
無臣回至永平又提該犯究詰堅如前供案無
遁飾查金混秋以擺夷潛匿邊地膽敢妄布妖
言惑眾倡亂致釀巨案並敢捏稱能調陰兵可
敵千軍萬馬又捻造獸形埋藏城外大路種種
悖亂不法已極雲南地屬邊疆人心最易惶惑

未便因其尚無謀為不軌實情稍存輕縱金混
秋除妄布妖言煽惑人心罪止擬斬不計外應
照謀叛已行從重加凌遲處死臣於審明後即
恭請
王命將該犯金混秋綁赴市曹凌遲處死並傳首保
山城哨地方懸竿示眾以昭炯戒案係比照定
擬家屬應免緣坐其傳習為徒及隨身服役各
從犯均歸於滋事案內分別按例辦理另摺具
奏起出鳥槍火藥發營配用經卷銅贏鐵帽銅帽
等物案結銷燬除將犯供發交臬司彙覈詳送
撫臣咨部備案外查保山地近夷方易惑師巫
邪術即妖言毫無證驗亦竟深信不疑以致聚

衆抗官自罹重辟其兇頑固屬可惡而愚昧亦
屬可憐臣現與撫臣會商剴切示禁並嚴飭各
屬一體認真訪拏務期盡消奸慝弭患未萌以
仰副
聖主綏靖邊陲至意所有訪獲倡亂妖匪審明懲辦
緣由理合專摺具
奏伏乞
皇上聖鑒訓示謹
奏
另有旨

雲貴總督林則徐奏摺　密訪保山倡亂根由並拏獲首犯金混秋請予凌遲處死

道光二十八年四月初三日

道光二十八年四月　初三　日

雲貴總督林則徐奏摺　**審擬保山滋事人犯並請將首犯沈振達等即行正法**

二八

雲貴總督林則徐奏摺　審擬保山滋事人犯並請將首犯沈振達等即行正法

道光二十八年四月初三日

雲貴總督臣林則徐跪
奏為保山滋事匪徒經該處自行縛獻及臣督兵
查拏到案者現共三百二十九名訊明情節輕
重分別定擬並將首要各犯恭請
王命即行正法地方悉經安靜民情感畏交深各兵
酌量留防餘皆凱撤歸伍恭摺具奏仰慰
聖懷事竊臣前將保山七哨懾服軍威獻出匪犯一
百三十餘名仍飭各官兵兜拏緣由奏蒙
聖鑒在案臣查該處獻出各犯固不為不多而其中
尤有首要之人或紳耆畏其強梁或親族礙於
情面觀望遷延恐亦不免經臣訪知姓名及由
犯供指出者均隨時開單勒拏一面密查蹤跡

設法暗拴如另摺
奏獲之金混秋沈振達張時重張汶儒等皆倡亂
主謀之首惡此外隨同糾眾奪犯抗官焚署劫
獄搜殺回民各從犯或由明拏或由暗拴續經
報獲解訊者並無虛日截至三月底止共解到
三百二十九名除金混秋一犯情節較繁已另
具專摺
奏辦外所有前後獲犯均經臣督同雲南迤西道
王發越暨各委員隔別研訊緣沈振達張時重
即張時張汶儒萬鐸趙育張汶健周曰庠劉書
均係永昌保山府縣兩學已革文武生其餘人
犯俱保山縣民人沈振達原係王姓因父母俱

故往依妻家度日經伊妻伯沈聚成收為義子
攺從沈姓與張時重等分住金雞板橋等村周
曰庠劉書因與回民雜處恐被欺凌邀約城鄉
多人燒香結拜有事相助周曰庠劉書各為香
首道光二十七年七月回民丁燦廷杜文秀等
以香匪串謀滅殺無辜等情先後赴京具控奉
旨發交臣等親提嚴審當經飭提人證去後旋據迤
西道王發越督飭永昌府保山縣將被告周曰
庠等提獲擬於十一月二十九日解省審訊周
曰庠思及沈聚成亦係被控有名因充金雞村
練頭此次未聞同解想係該村眾人為之庇護
即密令其子周際岐等向沈聚成求救沈聚成

亦恐被解先已躲避外出沈振達遂與張時重張汶儒等商謀阻解並以伊義父拜從為師之金混秋素有符咒法術可以倚恃適住睡佛寺內沈振達卽往該寺以前情央其卜卦金混秋起意乘此煽惑斂錢遂用竹片火炭打卦稱為上吉可以攔阻不必解省沈振達聲言如果官府要解祇得拚出大鬧一場稔知劉一鳴素諳製造槍礮又因伊住處僻靜卽許給銀兩屬其製造劉一鳴應允歸家陸續購買廢鐵窰雇匠人在家私造鳥機鳥槍各十餘件交沈振達收藏維時沈振達金混秋密相往來經該府縣訪聞驅逐金混秋出境沈振達私遣萬鐸趙育傅

贊等將金混秋接至金雞村同住商用各種邪術並與張時重張汶儒等商允於人證起解時聚眾在途打奪先寫傳帖分赴各哨糾約猶恐人心不齊倡言如有一人不到將來定行殺害此沈振達等倚恃金混秋邪術倡謀糾眾打奪犯證之緣由也十一月二十九日府縣會營撥兵將周曰庠等九名作為頭起解省沈振達等探知即令各哨傳人向金混秋領取緊皮藥分往各處攔截約吹牛角為號齊出打奪是日午後文武官弁兵練押解人證行至官坡地方張汶儒率領眾人上前將周曰庠等奪回外委胡恩榮攔阻被哨匪劉加和等施放鳥槍轟傷左

臂並傷營兵丁其榮等四名各官乘轎悉被打毀兵練因眾寡不敵所有隨帶器械馬匹衣服銀物俱被搶走張汶儒等歸向沈振達張時重告述前情沈振達聲稱此事都因回民京控所致氣忿莫遏起意糾人次日入城搜殺回民洩忿又因監內禁有哨民可以乘勢劫放大家應允約會南門外人李幗雇覓附城匪徒與各哨眾人會齊於十二月初一日早進城仍先向金混秋領取緊皮藥因人多不敷分給亦有未經領取之人其時文武已閉城門防範匪犯孟洙等潛於城缺處爬走進內眾人亦蜂擁而進扭開鎖鑰披髮持刀同聲喊殺迆西道王發越出

外彈壓匪徒恃衆不服持刀向戳家丁王貴益
陞救護俱被戳死回民見勢洶湧多有趨入縣
署躲避者哨民追趕殺斃多命間有回民持刀
格鬬哨民施放鳥槍以致焚燬署內頭二堂等
處監門亦被砍開監犯逸出禁卒張五攔阻當
被殺斃內有回犯一名亦被殺害該縣出署彈
壓正值風大火烈縣署全被延燒有藏匿空屋
之大小回婦俱經燒斃匪徒乘機搶掠銀物並
分往各處搜殺回民致將在府應試之騰越回
童亦被殺害多命此沈振達等打奪犯證之後
復遣衆進城劫獄焚署搜殺回民之情形也是
時各哨人情洶洶恐有官兵前來勦捕又慮外

回聞信報復該犯沈振達張時重張汶儒等均以瀾滄江有險可恃即分派張成得等糾集多人前往各隘口把守並拆去江橋板片以阻行人且因城中紳士不肯帮助議禁各哨不准柴米進城又恐城内各官暗用文牘到省請兵令把守各隘之人遇有公文攔截拆看適該鎮道等將哨匪肆行不法請兵勦辦緣由繕稟專差赴省行至江橋被該匪等搜獲送交沈振達拆看沈振達即將原稟抽出燒燬另揑回匪搶殺放火焚燒縣署監犯乘間逸出各謊情挪改日期繕就假稟仍裝入原來印封遞省希圖嫁禍於回激動官兵勦辦且聽從金混秋調遣陰兵

之言建臺惑眾並造壓勝妖術用蠟捻成各種
獸形黃夜埋於大路此又沈振達等商同抗拒
官兵奸謀詭秘種種不法之原委也當該匪等
滋事之際人眾勢凶公正紳耆率皆畏禍引避
迨聞省中調集兵練人數甚多又見臣與撫臣
會銜出示諭令縛獻匪類方免悉數殲除並聞
兵過彌渡地方剿殺匪徒殆盡各匪心生畏懼
紳耆等卽乘機開導商同各甲長遵示獻犯求
免玉石俱焚先將橋板鋪平通行文報尋回逃
逸監犯繳還被搶軍裝凡指名勒拏之人無不
陸續綑送其民間私藏槍礮刀械由地方官督
令各甲長搜查收繳計獲三千餘件之多迨臣

二八 雲貴總督林則徐奏摺 審擬保山滋事人犯並請將首犯沈振達等即行正法 道光二十八年四月初三日

親到永昌查看情形因金雞村有哨墻一道堅厚異常外穵深濠內開礮眼雖據稱因懼眾回滋擾藉為防守之資然該處頑梗成風豈宜更任深溝固壘當即派遣弁兵嚴押該村民人立時拆毀即將哨墻土石填塞溝濠費數日之功始經毀平填滿此又該處民人畏懾軍威輸誠悔罪一切遵示辦理求免勦洗之實情也查此次滋事人犯多即二十五年以來漢回搆釁案內之人其被回民京控有名者已獲過半如張汶儒張時重等均在所控之內沈振達本無控案僅因其義父沈聚成被控應解並周曰庠遣子求救遂起意奪犯抗官恐主謀滋事情形尚

有不實不盡旋獲到沈聚成訊明伊聞傳解之信已赴各處躲避實不知沈振達如何起意糾眾滋事質之張汶儒張時重等則均稱實與沈振達同謀並未尋見沈聚成商議且沈聚成素不識字自不能寫帖傳人沈振達亦堅供因沈聚成躲避之後恐官府著伊找尋是以商謀阻解又知金混秋與沈聚成誼切師徒必能用其法術始終保護經金混秋妖言聳動深信不疑以致鬧成大禍懊悔無及並究出沈聚成之妾沈李氏亦拜從金混秋為師傳習符咒方藥與另獲為徒之何萬選等先後到案質審無異又據委員訪有匪徒捏稱京控提人係各官假傳

聖旨編造歌謡寫成匿名揭帖刊刻板片之李名揚
一併獲案訊認屬實當於該犯家中起獲歌謡
板片當堂令其默寫字句相符至製造槍礮則
訊係劉一鳴施放鳥機中傷弁兵則係劉加和
並未獲之劉汶倫劉老六傳帖糾人則係萬鐸
趙育張重五等帶衆進城則係李幗張重六丁
濟溥傅有學萬儀張密等劫獄放囚則係邵得
興王老七宋發春蘭得沛等搜殺回民並嚇戳
官長殺斃家丁則係楊得白趙鵬等並追訊二
十五年九月初二日帶練入城慘殺回民多命
則係馬老五樊晉得白占淋蔣潮富王均楊茂
張炳等其餘聽糾劫犯並在官坡與縣署等處

乘機搶奪銀錢衣物放火焚燒回寺砍殺回童
以及遞送傳帖把守江橋拆斷板片截毀公文
阻攔柴米進城各從犯俱各供吐實情歷歷如
繪彼此互質衆供相符案無遁飾此案沈振達
妄信妖言起意糾衆奪犯抗官私造槍礮並劫
放罪囚謀殺回民種種不法實屬首惡張汝儒
張時重厥罪維均俱照謀叛律擬斬立決從重
加凌遲處死萬鐸趙育李幗張重五黃疤眼姬
小六李七鑾劉汶華張成得李得春連其秀楊
蘭楊秀凡趙玉鑾陳淋張老四宋五十八姜炳
王老七邵得興宋發春蘭得沛楊得白超鵬二
十四犯或接引邪匪聽信妖言同謀轉糾奪犯

或劫放獄囚焚燒衙署乘機搶奪殺斃回民一
二命並拆斷江橋截毀公文打毀官轎嚇戳官
長實屬同惡相濟均照謀叛斬立決律擬斬立
決從重梟示案係比照問擬應免緣坐馬老五
樊晉得白占淋蔣潮富王均楊茂張炳宗黑老
蠻八犯除聽糾奪犯輕罪不議外究出二十五
年九月殺斃回民多命聶以青聶小卷挾讐謀
殺後支解屍身趙三蠻搶奪得贜逾貫又殺斃
回民二命均照例擬斬立決梟示查明該犯等
財産按例覈辦黃兆沅王十蠻晏三袁二蠻李
沛谷潤之孟沫蘇秉虔林向春段幅王立得姚
小五聶以全聶以莊晏七蠻董盈魁傅發蹇位

雲貴總督林則徐奏摺　審擬保山滋事人犯並請將首犯沈振達等即行正法　道光二十八年四月初三日

石秉鑾王洪張四牛黃楊長子楊春富李丕顯
張汶健楊發洪楊本滎張汶佑楊三趙受沅董
潮湘張重六丁濟溥傅有學萬儀張密劉一鳴
趙洙高六十七楊得洪劉安章張貞沅姬汶昭
姬小九徐定鑾趙玉珍王小五王接鑾王有發
楊受倡劉加和周上智五十二犯實係聽從轉
糾奪犯施放火器中傷官弁搶奪軍械造意殺
斃回民一二命並劫囚在場助勢放火故燒公
廨殺斃家丁差役及燒香結盟等事均應照謀
叛已行律擬斬立決劉一鳴製造槍礮至十數
件之多照例處斬與施放鳥機轟傷官弁之劉
加和俱斬立決李名揚一犯揑造悖謬言詞刊

刻板片投貼匿名揭帖應照例擬絞立決以上
各犯情罪較重未便久稽顯戮臣於審明後即
恭請
王命飭委迤西道王發越新嶍營遊擊恒權將該犯
等綁赴市曹分別處決馬老五王均李丕顯張
窑四犯俱已在監病故馬老五王均殺斃多命
照例戮屍應梟示者傳首犯事地方懸竿示衆
以昭炯戒周曰庠劉書倡立香會結拜弟兄聚
衆至二十人以上各自為首自應各科各罪周
曰庠劉書二犯均擬絞立決惟該犯等係回民
丁燦廷等京控首列之犯應俟提齊原告人證
質訊明確再行處決楊寬張小五晏幅鑾宋潮

青范老蠻楊開蠻王有洪趙草東田健九犯聽
從謀殺回民傷而未死俱照謀殺人從而加功
絞監候律擬絞監候秋後處決沈聚成沈李氏
三帕坎望老周何萬選各自拜從金混秋為師
傳授邪術方藥即屬為從照例改發回城給大
小伯克及力能管束之回子為奴沈聚成在監
病故應毋庸議沈李氏係屬婦女案關邪術惑
眾應不准其收贖崔科楊浩等三十八犯聽糾
打奪人證並進城乘機搶奪財物又楊湘陳啓
等二十六犯身充鄉約即係在官人役乃敢聽
從匪人遞送傳帖攔阻柴米實屬亂法均照謀
叛為從斬罪上減一等改發新疆給官兵為奴

劉加美王禮等七十三犯聽從奪犯搶得財物
應照聚眾打奪人犯因而傷差者為從杖一百
流三千里律應與放火故燒空房斬罪上減一
等之徐連生俱擬杖一百流三千里楊春幅等
十一犯係聽糾奪犯在場並未傷人應照律杖
一百徒三年周際岐吳堃二犯因其父周曰庠
等被獲解省即向沈振達求救雖係迫於父命
究屬生事釀禍應於官司捕獲罪人聚眾中途
打奪因而傷差人為從杖一百流三千里罪上
減一等杖一百徒三年沙作和尚老李周老五
景秀淋五犯訊止受雇服役並無拜從為師情
事應於沈聚成等遣罪減一等擬杖一百徒三

年均到配折責安置以上各犯應刺字者照例
刺字徒罪限滿詳釋楊老五等十犯訊係事後
攫取財物計贓准竊盜論應照竊盜贓一兩至
一十兩擬杖七十仍免刺劉定沅等二十八犯
訊止被脅同行雖無不法實跡究屬不合應照
不應重律杖八十俱折責發落起獲李名揚匿
名板片紮結銷燬其餘田作貢等二十九名歸
於回民京控案内議結其因變逸出自行投首
監犯趙金春等十名飭令照例辦理未獲楊學
淋一名仍嚴飭上緊緝拏受傷外委胡恩榮營
兵丁其榮等四名傷已醫痊應毋庸議被殺被
燒溺斃之回民男婦已據保山縣驗明捐棺殮

理所有焚燒衙署及劈破監獄已由臣等率屬
捐廉建蓋修理城墻塌缺處所飭令補修堅固
呈繳槍礮火藥器械現在派員查驗分別存貯
配用未獲各犯仍飭文武員弁督率兵役嚴緝
務獲究辦此案事起倉猝眾寡不敵文武員弁
應得處分及失察各職名可否仰懇
聖慈從寬邀免出自格外
天恩除將各犯供詞發交臬司彙核詳送撫臣咨部
備案外再查保山地方經此次懲創之後人心
震懾地方均甚安靜容再熟籌善後事宜奏請
聖裁欽遵辦理所有前調各標官兵除酌量留防外
餘已陸續檄撤歸伍合併聲明謹將獲犯審擬

雲貴總督林則徐奏摺　審擬保山滋事人犯並請將首犯沈振達等即行正法　道光二十八年四月初三日

緣由會同撫臣程矞采提臣榮玉材恭摺具

奏伏乞

皇上聖鑒訓示謹

奏

另有旨

道光二十八年四月　初三　日

雲貴總督林則徐奏片　**保山軍務出力各員請准擇尤獎勵**

再保山民風獷悍當其滋事之始既恃江橋為
異險復假妖術以惑人匪眾猖狂未嘗不潛謀
抗拒幸蒙
皇威震疊准其調用重兵自彌渡大振先聲已使凶
頑膽落黨羽因而解散善良正望撫綏故於全
師壓境之先即有眾庶獻俘之舉雖較諸衝鋒
交刃勞逸頓殊然攻勦則難別莠良而捦拏則
明分玉石藐法者駢誅勿赦守法者胥匡以生
似足仰副
聖主不可妄殺無辜之
恩諭至遠近官兵自奉調以至紮營礪刃枕戈歷時
兩三箇月不等且兜捦各要犯亦皆兵力是資

雲貴總督林則徐奏片　保山軍務出力各員請准擇尤奬勵
道光二十八年四月初三日

似奮勇同於接仗而在事文員或採訪匪蹤或
隨同緝獲或辦供夫馬口糧且人犯獲至數百
之多研審尤殫數旬之力固屬分所應盡亦皆
著有微勞合無仰懇
天恩准臣擇其尤為出力者奏請分别奬勵感激
鴻慈益無旣極謹繕片附陳伏乞
聖鑒訓示謹
奏
另有旨

上諭　著照林則徐所請仍以福陞陞補雲南維西協副將

道光二十八年四月初七日內閣奉
上諭林則徐奏揀員升補要缺副將一摺著照所請
雲南維西協副將員缺准其仍以福陞升補併案
送部引見該部知道欽此

上諭

林則徐請獎官紳捐輸著照部議獎勵程福培等人

道光二十八年四月初八日内閣奉
上諭前據林則徐等奏官紳捐輸經費懇請獎勵當
交該部議奏兹據該部查照章程開單呈覽該官
紳等踴躍輸將自應分别加恩以昭激勸候選郎
中程福培著以道員不論雙單月選用並免保舉
雲南試用府經歷沈傳經著以通判仍留雲南補
用候選縣丞王長至著俟服闋後以布政司庫大
使選用雲南試用通判盛熙瑞著賞加鹽提舉銜
雲南彌勒縣知縣陳步萊著給予加一級附生邊
長孺監生馬丙南均著以州吏目分發雲南補用
前任雲南巡檢俞樹森著俟服闋後以府經歷分
發雲南補用候選從九品項兆椿著分發雲南補

用湖南試用從九品林茂榮著改發雲南補用監生杜維崧著以從九品分發四川補用監生蘇望嵋著以從九品分發貴州補用監生謝錫嘏程灼均著以未入流分發雲南補用附生黎兆勳著以訓導不論雙單月選用並分發試用就職教諭田福安著以復設訓導不論雙單月選用雲南試用訓導趙鏜著歸捐班前先選附生賈洪緒著以復設訓導不論雙單月選用捐貢生楊國卿著給予布政司經歷職銜監生李澍楊承宗趙廣才均著作為貢生俊秀江顯榮等十四名均著給予從九品職銜安徽撫標左營馬兵姬文魁著以營千總留於安徽拔補武生楊飛熊封奏昇趙掄元均著

給予營千總職銜以知縣用之前任湖南華容縣
教諭李隆蕚著分發貴州歸本班補用附生蔣立
炳著以布政司經歷分發貴州補用監生汪錫齡
著以按察司司獄雙月選用未滿吏嚴秉衡著以
未入流分發貴州補用貴州試用按察司照磨曹
本孚著儘先補用貴州試用按察司司獄吳蘭生
著歸捐班前先用四川合州知州王仲選著給予
加一級候選未入流胡光裕著分發省分補用監
生丁仕芳著以府經歷分發雲南補用監生黃鼎
著以未入流分發貴州補用湖南試用訓導白瑛
著儘先選用監生王大中著以縣丞分發雲南補
用候選訓導劉鍾岱著分發試用監生王履占著

以按察司司獄分發貴州補用四川試用未入流湯世珍著遇缺即補監生彭光廷王榮章均著作為貢生已滿吏毛殿璧俊秀賀定高等三十七名均著給予從九品職銜揀選衞千總蕭華宇著給予都司職銜並給予其父母四品封典武進士彭常宣著以營守備相間輪用捐職州吏目王丕謨著以州吏目分發雲南補用九品頂帶鄧大坪著以從九品分發四川補用該部知道單併發欽此

雲貴總督林則徐等奏摺　請以臨安知府張亮基調補永昌知府

雲貴總督林則徐等奏摺　請以臨安知府張亮基調補永昌知府
道光二十八年四月十九日

雲貴總督林則徐等奏摺　請以臨安知府張亮基調補永昌知府

道光二十八年四月十九日

雲貴總督臣林則徐
雲南巡撫臣程矞采跪

奏為遴員調補邊要知府恭摺奏祈
聖鑒事竊照永昌府知府李恒謙才具未能勝任現
經臣等另摺甄別
奏請降補在案所遺永昌府知府係極邊要缺例
應在外題補該處壤接夷疆漢回雜處械鬬焚
搶久已相習成風且上冬哨匪抗官近日甫經
懲創此後彈壓撫綏較常時尤關緊要非嚴明
幹練之員不足以資整飭滇省雖有候補知府
二員皆於此缺未能勝任其同知直隸州各員
內人地亦多未宜殊無堪以請補請陞之員臣
等與藩臬兩司逐加遴選惟查有臨安府知府

張亮基年四十歲江蘇舉人由内閣中書因出
差河南堵合祥符大工出力奉
旨加侍讀銜
賞戴花翎旋升侍讀
京察一等奉
旨記名以道府用二十六年十二月奉
旨雲南雲南府遺缺知府著張亮基補授欽此旋
奏補臨安府知府於二十七年八月二十四日到
任該員才識明幹勤奮有為在臨安半載有餘
緝匪懲奸不遺餘力以之調補永昌府知府可
期勝任惟題缺請調與例稍有未符但人地相
需例得專摺奏請合無仰懇

天恩俯念極邊要缺
准以臨安府知府張亮基調補永昌府知府實於地
方有裨如蒙
俞允該員以知府調補知府銜缺相當毋庸送部引
見所遺臨安府知府係請
旨之缺應請
簡放以重職守所有揀員調補邊要知府緣由臣等
謹合詞恭摺具
奏伏乞
皇上聖鑒訓示謹
奏
另有旨

二八

雲貴總督林則徐等奏摺 請以臨安知府張亮基調補永昌知府

道光二十八年四月十九日

道光二十八年四月 十九 日

雲貴總督林則徐等奏摺　甄別才不稱職及衰庸有疾之李恒謙等員請分別降補勒休

奏

雲貴總督林則徐等奏摺　甄別才不稱職及衰庸有疾之李恒謙等員請分別降補勒休　道光二十八年四月十九日

雲貴總督臣林則徐
雲南巡撫臣程矞采跪

奏為甄別才不稱職及衰庸有疾之知府同知知
州請
旨分別降補勒休以肅吏治恭摺奏祈
聖鑒事竊臣等仰蒙
恩命畀任邊疆首以整頓吏治為要務業經兩次
奏請甄別州縣提舉等員分別降革勒休在案嗣
復於各屬所辦公事隨時留心察看並因臣林
則徐此次親至迤西一帶督辦軍務所有永昌
順寧麗江等屬向因距省較遠未便札調前來
茲更就近訪詢並得因公接見覘其才識之長
短精力之盛衰與臣程矞采往返函商互相印

證查有現任永昌府知府李恒謙由騰越廳同
知拏獲永昌滋事首要回匪出力奏奉
諭旨俟升任後賞加道銜並
賞戴花翎旋奏升永昌府知府奉
旨准其升補照例送部引見等因欽此於道光二十
六年閏五月先行任事因保山漢回未靖一時
接署乏人尚未給咨送部引
見上年臣等到滇後雖未接見該員而查知其於嘉
慶年間即任滇省通判洊歷思茅龍陵騰越各
邊缺同知並在永昌府任內已閱年餘於邊務
尚無貽悮此次臣林則徐在永昌接見數次聆
其議論雖甚熟悉情形而性近優柔臨事未能

果決卽於該處地方難期整頓惟當哨匪滋事
之時尚能將公正紳耆密為招致諭令設法散
其黨羽並雇募練勇保護城垣輿情並無不協
應請撤銷道銜降為同知留滇候補以觀後效
又署麗江府知府龍陵同知陳釗鏜平日辦事
尚稱勤謹歷任邊缺同知兩署知府均尚裕如
惟近患目疾多日未痊視事臨民諸多不便又
鶴慶州知州姚光熹履歷雖開五十七歲察其
精力實已漸就衰頹辦公殊形竭蹶未便任其
戀棧以上二員均請勒令休致除將永昌府缺
揀員另摺請調外查實任麗江府知府嚴廷珏
自京引

雲貴總督林則徐等奏摺　甄別才不稱職及衰庸有疾之李恒謙等員請分別降補勒休　道光二十八年四月十九日

見回滇不日可到現將府缺委員暫代俟嚴廷珏旋
滇即行飭令回任至龍陵廳同知係邊俸要缺
容另揀員照例題調其鶴慶州知州簡缺滇省
現有應補人員應請扣留外補合併陳明所有
甄別知府同知知州請分別降補勒休緣由謹
合詞恭摺具
奏伏乞
皇上聖鑒訓示謹
奏
隨時均當如此甄覈另有旨

二八

雲貴總督林則徐等奏摺　甄别才不稱職及衰庸有疾之李恒謙等員請分别降補勒休　道光二十八年四月十九日

道光二十八年四月　十九　日

雲貴總督林則徐奏摺　滇省武職委用需員請敕部揀發參將遊擊
道光二十八年四月十九日

雲貴總督林則徐奏摺　**滇省武職委用需員請敕部揀發參將遊擊**

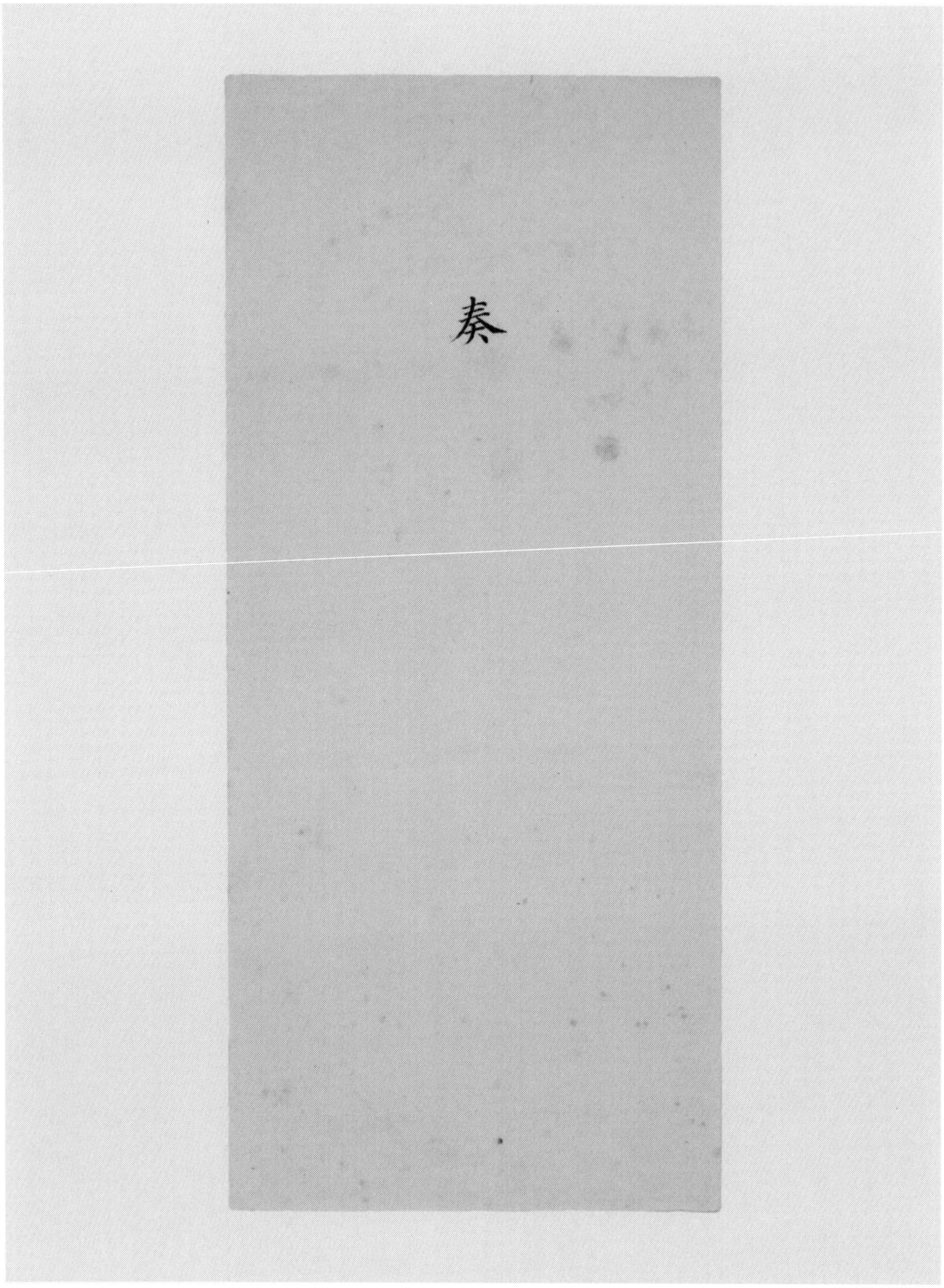
奏

二八

雲貴總督林則徐奏摺　滇省武職委用需員請敕部揀發參將遊擊
道光二十八年四月十九日

雲貴總督臣林則徐跪

奏為滇省武職委用需員請
旨勅部揀發以資差遣恭摺奏祈
聖鑒事竊查武職人員如遇差委不敷例應隨時
奏請揀發滇省距京最遠每一員送部引
見往返動即經年遇有缺出須補何項人員例應候
部中行文指定方能遵照請補其歷俸已滿合
例堪陞之員非經預保即係軍政及分別等第
案內業經舉薦自具題以至接准部覆遲則年
餘速亦半載往往由外題陞而部中已將該員
掣補別缺又行令另換一員請補輾轉行文每
有懸缺至一兩年尚無實缺之員蒞任者是以

實任在營者少而委署者倍多近日揀發人員
漸次補缺現在叅遊兩項未補者雖尚有三員
而空缺較多不敷委署相應奏懇
聖恩俯准敕部於曾任綠營之候補候選人員內揀
發叅將一員遊擊二員俟引
見後分發來滇以資委用於營伍實有裨益理合恭
摺具
奏伏乞
皇上聖鑒謹
奏
另有旨

雲貴總督林則徐奏摺　滇省武職委用需員請敕部揀發參將遊擊

道光二十八年四月十九日

道光二十八年四月　十九　日

雲貴總督林則徐奏摺　**請以揀發候補遊擊廉惠補授雲南騰越鎮標中軍遊擊**

二八

雲貴總督林則徐奏摺　請以揀發候補遊擊廉惠補授雲南騰越鎮標中軍遊擊

道光二十八年四月十九日

雲貴總督臣林則徐跪

奏為揀員請補遊擊員缺恭摺奏祈

聖鑒事竊臣前准部咨雲南騰越鎮標中軍遊擊員
缺輪用應陞應補人員行令揀選題補經臣考
驗得騰越鎮標左營都司呂飛鵬明練有為出
師著績堪以陞補騰越鎮標中軍遊擊於上年
八月恭疏具
題在案本年三月接准部覆以該都司呂飛鵬已
由部擬補雲貴督標左營遊擊所有騰越鎮標
中軍遊擊員缺仍令於應陞應補人員內揀選
題補等因到臣查滇省遊擊除揀發外現在並
無應補人員通省額設都司計十六缺或專候

部文指用何項人員懸缺未補或受劄未滿年
限與例不符亦無堪以陞補之人惟查有揀發
到標在先之候補遊擊廉惠年三十五歲鑲藍
旗滿洲人由大員子弟挑補藍翎侍衛游陞二
等侍衛道光二十七年三月揀選引
見奉
旨廉惠著發往雲南以遊擊差遣委用欽此是年九
月初五日到標現署臣標左營遊擊該員年力
強壯技練才明以之請補騰越鎮中軍遊擊可
期勝任惟該員係揀發遊擊與部文指用應陞
應補班次不同又查前任遊擊陞發崇於道光
二十六年六月經前督臣賀長齡

奏參以把總降補係屬開缺在先該員到標在後
與例均有未符但揀發亦係候補人員銜缺相
當且該遊擊一缺因部駁往返懸缺已及兩年
現在既無應補應陞人員未便拘泥班次致滋
延曠相應專摺奏明仰懇
天恩准以揀發候補遊擊廉惠補授騰越鎮中軍遊
擊實於營伍有裨如蒙
俞允該員係揀發遊擊請補遊擊毋庸送部引
見除飭取該員履歷清冊咨部外所有揀員請補遊
擊緣由謹會同雲南撫臣程矞采提臣榮玉材
恭摺具
奏伏乞

二八　雲貴總督林則徐奏摺　請以揀發候補遊擊廉惠補授雲南騰越鎮標中軍遊擊

道光二十八年四月十九日

皇上聖鑒訓示謹

奏

另有旨

道光二十八年四月　十九　日

雲貴總督林則徐奏片

委令准陞廣西直隸州知州丁楚玉署理雲南臨安府知府

再永昌地方緊要臣等已將李恒謙撤任先行
檄委張亮基前往摘印署理其臨安府知府印
務查有准升廣西直隸州知州丁楚玉精明幹
練熟悉該處情形堪以委令署理除分飭遵照
外謹循例附片具
奏伏乞
聖鑒謹
奏
覽

雲貴總督林則徐奏片 委令准陞廣西直隸州知州丁楚玉署理雲南臨安府知府 道光二十八年四月十九日

二八 雲貴總督林則徐奏片 貴州威寧鎮總兵善祥進京陛見委清江協副將李瑞護理鎮篆

道光二十八年四月十九日

再臣接據貴州威寕鎮總兵善祥稟稱該鎮
奏請
陛見恭奉
硃批著來見欽此稟請委員接署鎮篆以便交卸起
程北上等情臣查有在滇出師之署清江協副
將李瑞於上年十一月間經臣
題陞定廣協副將該員年強才練營務認真現經
凱撤回黔堪以委護威寕鎮篆除檄飭遵照外
所有委護總兵緣由理合附片陳明伏乞
聖鑒謹
奏
覽

雲貴總督林則徐奏片　**貴州威寧鎮總兵善祥進京陛見委清江協副將李瑞護理鎮篆**

雲貴總督林則徐等奏摺　**請撥庚戌年協滇銅本銀兩**

雲貴總督林則徐等奏摺　請撥庚戌年協滇銅本銀兩
道光二十八年四月二十日

二八　雲貴總督林則徐等奏摺　請撥庚戌年協滇銅本銀兩
道光二十八年四月二十日

雲貴總督臣林則徐
雲南巡撫臣程矞采跪

奏為請撥庚戌年協滇銅本銀兩恭摺具
奏仰祈
聖鑒事竊查滇省每年辦運京銅應需銅本銀一百
萬兩向係查明實存銅息若干除留備公用銀
五十萬兩外如有餘剩俱行撥用不敷銀兩在
於各省撥解因丙年之銅必須乙年採辦是以
丙年辦銅工本滇省甲年具
題戶部即行核撥於乙年夏季到滇俾得即時應
用嗣因題撥解納輾轉稽遲滇省無項支發在
於藩庫實存項下借墊經戶部奏改丙年應撥
銅本於甲年六月具題部中一俟科抄到部即

為核覆行文並令所撥省分作速委員起解限
於乙年春間到滇交兌道光二十年八月間戶
部議奏每年額撥銅本銀兩提早數月撥給俾
得藉以周轉欽奉
諭旨著照所議嗣後滇省請撥銅本銀兩著一併改
題為奏以歸簡捷等因欽此欽遵在案除己酉年
應需銅本銀兩業經
奏撥奉准部覆在於江西等省協撥俟全數解滇
兌收清楚照例彙
題外今本年歲次戊申應將庚戌年應需銅本銀
一百萬兩預行請撥據雲南藩司趙光祖查明
司庫收支銅息項下共存銀八千三百七十餘

兩只敷年例動支各款應請留存供支又藩庫
收存正雜各款銀兩截至道光二十八年二月
到部估餉冊造實存項下應存銀一百三十一
萬四千一十一兩六錢五分七釐内留存本省
經費等項約需銀二十萬餘兩又採買川銅借
用銀二十九萬九千五百餘兩歷任借動未歸
銀五十五萬三千五百餘兩前經
奏請分别開除奉准戶部議覆現在另案核辦應
請仍照數留存其餘銀二十六萬一千五百餘
兩業經聲請撥餉在案此外無可動撥所有應
需庚戌年銅本銀一百萬兩詳請
奏撥前來臣等查庚戌年所需銅本銀一百萬兩

内除該年應解户工二部飯食銀六萬四千四
百五十五兩二錢又通州坐糧廳車脚吊載銀
四千九百七十兩一錢八分又加辦銅觔户部
飯食銀二千三百一兩八錢四分四釐又加運
兩起帶解加辦銅觔通州車脚銀一百七十九
兩九錢八分四釐請於直隸藩庫照數動撥就
近分別解交部庫並坐糧廳收貯應用又該年
正運每起增給天津剝費銀五百兩加運每起
增給剝費銀四百兩共銀二千八百兩照例在
於直隸藩庫動撥解交天津道庫按運轉發又
餘銅關稅項下道光二十一年分加運一起官
王日省應完餘銅關稅銀五百九十九兩五錢

一釐十八年正運一起官王熙宇應完銀七百八十一兩一錢四分二十年正運三起官黄家聲應完銀六百二十二兩九錢五分六釐二十一年正運一起官翁忠瀚應完銀六百二十三兩二錢八釐二十二年正運一起官范培因應完銀六百二十三兩二錢八釐二十二年正運三起官文定仲應完銀六百二十二兩九錢五分六釐二十一年正運三起官楊之萃應完銀六百二十二兩九錢五分五釐二十年正運二起官慶蔭應完銀六百二十二兩九錢五分六釐二十三年正運二起官姚光熹應完銀六百二十二兩九錢五分六釐二十二年加運一起

官張錦應完銀五百九十九兩五錢一釐二十
三年正運一起官楊汝芝應完銀六百二十二
兩九錢五分六釐請於直隸藩庫照數動撥就
近分别解交户部查收清款又滇省正額節省
並幫費項下酌給運官幫費正運四起每起撥
解銀一千五百兩加運兩起每起撥解銀一千
二百兩共銀八千四百兩亦請在於直隸藩庫
照數撥解坐糧廳庫存貯俟己酉年正加六起
運員到彼發給承領應用滇省仍於正額節省
並幫費銀内撥除歸入銅本項下支用又運官
自漢口至儀徵水脚銀一萬四百三十四兩儀
徵至通州水脚銀一萬六千二百六兩應令湖

北江南二省在於藩庫蘆課銀内照數撥給應用又奏明酌給己酉年正加六起加增經費應撥入庚戌年銅本項下銀一萬三千兩内奉准滇省鹽課溢餘項下每年加貼正加六起經費銀五千四百兩每百兩扣減平銀六兩年共減平銀三百二十四兩係由滇彙撥之項即於前款銀内計除實應計入庚戌年銅本項下銀一萬二千六百七十六兩應令湖北江南二省就近動撥俟各運員到彼發給承領應用以上共就近動撥銀一十二萬九千三百八十七兩五錢一釐又滇省收存道光十八年正運三起官程定祥報銷應找水腳抵完借支運費養廉銀

八百兩二十一年加運二起官劉郃高報銷應
找水脚抵完借支養廉銀八百兩二十一年加
運一起官王日省報銷應找水脚抵完借支運
費養廉銀八百兩共銀二千四百兩又滇省收
獲盧桂森完解經放得寶坪廠道光十三年分
有著廠欠數内銀三百兩應請留為滇省辦銅
工本之用於庚戌年銅本案内聲請扣除又奉
准工部咨滇省道光甲午年運員郭振聲起至
壬寅年運員陳學詩止運京銅内提出鐵砂低
潮銅觔在京改煎共墊用過火工鉛價等銀九
千九百九十八兩九錢九分九釐零行令滇省
俟二十八年題撥銅本銀内聲請扣除通共除

銀一十四萬二千八十六兩五錢零實應撥解
滇省銀八十五萬七千九百一十三兩四錢九
分九釐零相應奏明請
旨飭部核議照數指撥以資採辦其各項動用細數
統於銅務並運銅案內按年核實造冊分別報
銷所有請撥庚戌年銅本銀兩緣由謹合詞恭
摺具
奏伏乞
皇上聖鑒謹
奏
戶部議奏

道光二十八年四月　二十　日

雲貴總督林則徐等奏摺 **雲南澂江府士民捐修城垣工竣循例請獎**

奏

雲貴總督臣林則徐
雲南巡撫臣程矞采跪

奏為士民捐修城垣工竣循例籲懇
天恩分別獎勵以昭激勸仰祈
聖鑒事竊照城垣之設保障攸關屬在邊陲尤宜鞏
固雲南澂江府原設磚城一座周圍七百八十
餘丈城身連堞口共高一丈七尺城樓礮臺各
四座建造年遠於乾隆二十六年前任河陽縣
知縣車廷桂請項修理之後閱今八十餘載固
限早逾兼因道光十三年地震四門城樓被震
傾圮城垣礮臺亦多皺裂坍矬前於查辦災賑
案內
奏明歸滇省籌捐修理在案經前任澂江府許文

詖暨前任河陽縣楊炳首先倡捐並勸諭所屬
士民共襄義舉先將南北城樓從新修建該府
李熙齡復率同先後任河陽縣呂儀孫高魯均
各捐廉議蕆厥事併據士民等踴躍樂輸並無
絲毫勒派該府等遂選令公正紳士認真董理
於道光二十六年七月初九日興工將城身垛
口礮臺及東西城樓一律修理完竣並將城濠
挑挖深通詳報統共用過工料銀五千五百兩
內除前府許文詖捐銀五百兩該府李熙齡暨
先後任河陽縣楊炳呂儀孫高魯各捐銀三百
兩共銀一千七百兩其餘均係士民所捐飭據
藩司委員逐一勘明確係工堅料實並無草率

倫減經該管迤東道覆核加結由藩司核議詳
請具
奏前來臣等查澂江府城垣坍塌必應修葺完固
方足以資捍衛而壯觀瞻今該府縣等先後倡
率各士民協力捐資全修堅固洵屬急公向義
除倡捐之該府縣等身任地方係屬分所應爲
不敢仰邀甄叙並士民中捐數較少者已由該
府縣酌給花紅匾額外其捐銀五百兩之民人
梁鎔捐銀各四百兩之民人郭寵恩甯鴻勳捐
銀各三百兩之民人李孟麟李從書李液池核
計所捐銀數係例准議叙並在工董事之户部
候補主事郭錫恩舉人李人鏡貢生郭履陞趙

運昌陳中清文生段彬楊占春李濬萬春暉廖
獻廷施霖均屬尤為出力所有捐輸在二百兩
以上及在工尤為出力各士民合無仰懇
勅部分别奬叙以示鼓勵之處出自
天恩再此項工程係官民捐辦應請免其造冊報銷
依議
謹合詞恭摺具
奏伏乞
皇上聖鑒訓示謹
奏
該部議奏

雲貴總督林則徐等奏摺　雲南澂江府士民捐修城垣工竣循例請奬　道光二十八年四月二十日

道光二十八年四月二十日

雲貴總督林則徐等奏摺　請以朱德璲調補貴陽知府所遺黎平府缺即以王壽同補授

道光二十八年四月二十一日

雲貴總督林則徐等奏摺　請以朱德璲調補貴陽知府所遺黎平府缺即以王壽同補授

雲貴總督林則徐等奏摺　請以朱德璲調補貴陽知府所遺黎平府缺即以王壽同補授
道光二十八年四月二十一日

雲貴總督臣林則徐
貴州巡撫臣喬用遷跪
奏為省會知府要缺遵
旨揀員調補恭摺奏祈
聖鑒事竊照貴陽府知府周作楫補授貴東道欽奉
上諭貴州貴陽府員缺緊要著該督撫於通省知府
內揀員調補所遺員缺著王壽同補授欽此遵查
貴陽府為省會首郡管轄一廳七州縣地廣政
繁時有發審案件必須明幹之員方足以資治
理臣等率同兩司於通省知府內逐加遴選查
有黎平府知府朱德璲年五十六歲廣西進士
以知縣即用分發貴州補永從縣調桐梓縣
題升普安直隸同知

二八 雲貴總督林則徐等奏摺 請以朱德璲調補貴陽知府所遺黎平府缺即以王壽同補授 道光二十八年四月二十一日

奏升黎平府道光十二年明保案内調取引
見奉
旨回任旋即丁憂服滿仍發原省
奏署今職嗣經題請實授二十五年五月歷俸五
年題准以升銜留任連閏扣至本年四月現已
再滿三年該員勤幹廉明通達治體實心任事
卓著循聲現署貴陽府事辦理裕如以之調補
洵堪勝任惟現任黎平府亦係苗疆要缺與例
稍有未符而貴陽府尤為緊要人地實在相需
例得專摺
奏請合無仰懇
聖恩俯准以朱德璲調補貴陽府知府實於首郡要

雲貴總督林則徐等奏摺　請以朱德璲調補貴陽知府所遺黎平府缺即以王壽同補授　道光二十八年四月二十一日

缺有裨如蒙
俞允該員係現任知府請調知府銜缺相當無庸送
部引
見其歷任罰俸銀兩已完繳咨銷所遺黎平府缺即
以王壽同補授臣等謹合詞恭摺具
奏伏乞
皇上聖鑒訓示謹
奏
另有旨

雲貴總督林則徐等奏摺 請以朱德璲調補貴陽知府所遺黎平府缺即以王壽同補授

道光二十八年四月二十一日

道光二十八年四月廿一日

上諭　保山地方官養癰貽患致釀巨案著林則徐查明參奏

軍機大臣　字寄

雲貴總督林　道光二十八年四月二十五日奉

上諭林則徐奏保山匪犯滋事究出惑衆倡亂之匪徒審明辦理一摺此次雲南保山縣匪徒滋事據該督查訊根由皆由奸民金混秋惑衆倡亂該犯現已被獲正法惟當其潛住保山縣之睡佛寺內沈振達等密與往來該地方官既有風聞若即時嚴密拏獲究辦何至釀成巨案乃該府縣僅止驅逐出境不即拏辦即該犯之供亦與脗合似此養癰貽患殊出情理之外著林則徐查明參奏毋得稍有瞻徇將此諭令知之欽此遵

旨寄信前來

上諭　保山滋事案辦理頗速著林則徐撤兵歸伍籌辦善後事宜

道光二十八年四月二十五日内閣奉

上諭林則徐奏訊辦保山滋事匪徒並究辦倡亂匪徒及分別酌撤官兵各一摺覽奏均悉雲南保山縣匪徒沈振達等前因被回民京控輒敢倚恃匪徒金混秋邪術糾衆刦奪提解案證焚燒官署將該處招復回户肆行搜殺並商同阻截文報抗拒官兵經該督等檄調各營精兵分投進剿先行出示曉諭並於彌渡一案大振先聲該處民人畏懾軍威輸誠悔罪迨全師壓境之時即有衆庶獻俘之舉現在首要各犯查拏到案者三百餘名分別正法擬罪辦理尚為迅速各營兵弁著分別撤令歸伍此案事起倉猝衆寡不敵竟能迅速蕆事不

致老師糜餉該處文武員弁應得處分及失察各
職名均著加恩免議其未獲各犯仍著嚴飭文武
員弁督率兵役認真搜捕淨盡分别究辦勿留餘
孽經此次懲創之後務當嚴禁妖術勸導鄉愚俾
得永杜奸萌共安作息所有善後各事宜著詳細
籌議具奏另片奏在事員弁著有微勞等語著擇
其尤為出力者據實保奏候朕施恩毋許冒濫餘
著照所擬辦理其案犯各罪名著交刑部議奏單
併發欽此

大學士管理户部事務潘世恩等題本　**查核雲貴總督林則徐到任盤查各屬倉糧米穀等項實貯無虧**

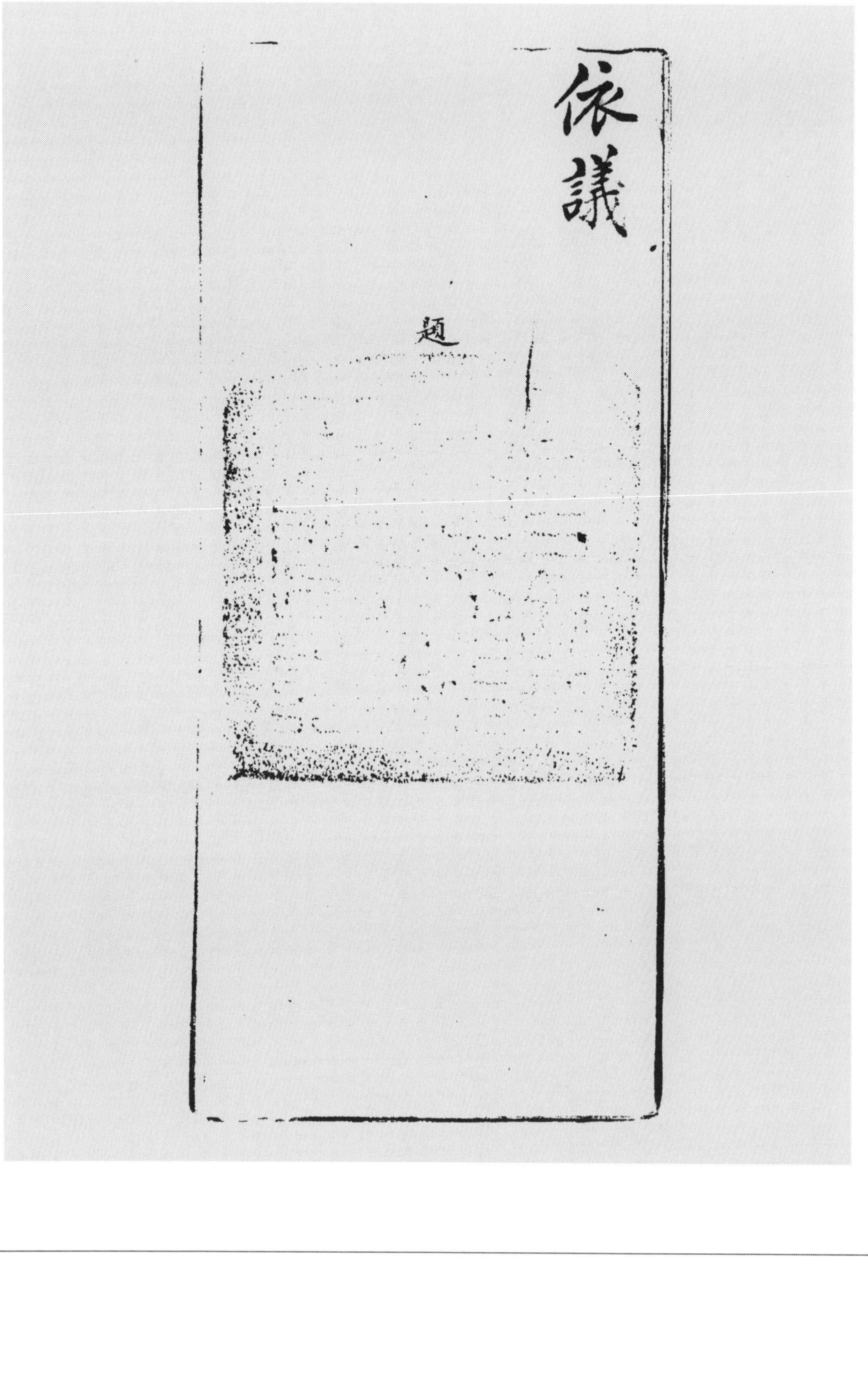
依議

題

二八

大學士管理户部事務潘世恩等題本　查核雲貴總督林則徐到任盤查各屬倉糧米穀等項實貯無虧

道光二十八年五月初八日

太傅大學士管理户部事務臣潘世恩等謹

題爲請嚴等事户科抄出雲貴總督林則徐題到

任併案盤查各屬倉糧米穀等項按款盤查俱

係實貯無虧取造冊結題報一案道光貳拾柒

年拾月拾叁日題拾貳月拾肆日奉

旨該部察核具奏欽此欽遵於本日抄出到部

該臣等查得雲貴總督林則徐疏稱各屬常平

税秋倉存米穀等項督撫到任例應盤查具題

兹撫臣程矞采於道光貳拾柒年肆月初拾日

到任及撫臣程矞采兼署督篆於貳拾柒年肆

月拾捌日到任臣林則徐欽奉

大學士管理户部事務潘世恩等題本　查核雲貴總督林則徐到任盤查各屬倉糧米穀等項實貯無虧

道光二十八年五月初八日

恩命補授雲貴總督於道光貳拾柒年陸月拾柒日
到任應盤各屬倉糧尚在撫臣程矞采到任并
兼署督篆盤查限內業經咨明循例統歸臣到
任之日起扣限三個月併案盤查結報以歸簡
易在案並飭行委員盤查去後茲據雲南糧儲
道王贻桂會同布政使趙光祖詳稱准據迤東
迤西迤南各道並雲南等府直隸州將所屬各
廳州縣經管常平稅秋米穀等項逐一盤查內
除搭放兵糧借放囚糧並各員虧缺業經專案
參辦現在分別動項買補又道光拾叁年地震
案內昆明等州縣賑卹被災各户口糧動缺穀
石除已據買補其嵩明尋甸二州未買穀石飭
一

催領買外其餘俱係實貯無虧並糧儲道盤查
雲南武定二府州經管倉糧亦係實貯取具印
結造具總冊加結詳請核題等情臣覆查無異
除冊結分送部科查核外謹會同雲南巡撫臣
程矞采合詞恭疏具題等因並據冊稱常平項
下舊管穀蕎青稞捌拾叁萬柒千肆百貳拾肆
石捌勺新收穀蕎壹萬叁千伍百石開除無項
實存穀蕎青稞捌拾伍萬玖百貳拾肆石捌勺
又稅秋項下舊管米肆拾壹萬陸千伍百玖拾
捌石叁斗肆升伍合肆勺新收米捌萬捌千捌
拾捌石柒斗肆合貳勺開除放給道光貳拾柒
年稅秋米陸萬玖千捌百陸拾貳石壹斗捌升

玖合貳勺實存米肆拾叁萬肆千捌百貳拾肆
石捌斗陸升肆勺又寧洱等廳州縣買存備貯
穀叁萬石等語　　查定例督撫司道到任委
盤各屬倉糧定限三個月清盤結報等因今據
雲貴總督林則徐疏稱前撫臣程矞采於道光
貳拾柒年肆月初拾日到任及撫臣程矞采兼
署督篆於貳拾柒年肆月拾捌日到任臣林則
徐於道光貳拾柒年陸月拾柒日到任應盤各
屬倉糧尚在撫臣程矞采到任并兼署督篆盤
查限內業經咨明統歸臣到任之日起扣限三
個月併案盤查結報以歸簡易並飭行盤查去
後茲准迤東等道府州縣經管常平稅　秋米穀

等項逐一盤查俱係實貯無虧取結保題等語
查前項舊管米穀蕎青稞臣部核與上屆盤查
案内實存數目相符新收米穀蕎按冊核算亦
屬符合其常平項下開除無項税秋項下開除
放給道光貳拾壹年分税秋米石該年地丁奏
銷未據該撫題報到部無憑查核應令該督撫
入於該年地丁奏銷案内題報核銷其實存米
穀蕎青稞核與應存數目相符並令入於下屆
盤查案内舊管項下題報查核至疏内聲稱搭
放兵糧借放囚糧並各員虧缺業經專案參辦
現在分别買補又道光拾叁年地震案内昆明
等州縣賑卹被災各户口糧動缺穀石除已據

買補其嵩明尋甸二州未買穀石飭催領買應
令該督撫速飭趕緊分别催追買補還倉仍取
具倉收印結送部查核此案於道光貳拾柒年
拾貳月拾肆日科抄到部兹於貳拾捌年伍月
初捌日辦理具
題合併聲明臣等未敢擅便謹
題請
旨

大學士管理户部事務潘世恩等題本　查核雲貴總督林則徐到任盤查各屬倉糧米穀等項實貯無虧　道光二十八年五月初八日

道光貳拾捌年伍月初捌日

[illegible]事務　臣潘世恩

[illegible]三庫事務　臣賽尚阿

[illegible]行走　臣祁寯藻

左侍郎兼管三庫事務正白旗滿洲副都統總管内務府大臣鑲紅旗護軍統領　臣柏葰

左侍郎兼管三庫事務　臣趙光　差

吏部左侍郎署户部左侍郎兼管三庫事務　臣季芝昌

右侍郎兼管錢法堂事務總管内務府大臣兼管錢法堂事務　臣阿靈阿

右侍郎兼管錢法堂事務　臣朱鳳標　差

禮部右侍郎署户部右侍郎兼管錢法堂事務　臣吳鍾駿

雲南清吏司郎中臣康昌
郎中臣陸以烜
郎中臣甘熙
員外郎臣熙麟
員外郎臣德啟
員外郎臣張汲
主事臣德倫
主事臣單興詩
主事臣王映斗
額外主事臣慶和
額外主事臣饒應坤
額外主事臣馬晉如

額外主事臣田祥
額外主事臣張崇本

雲貴總督林則徐奏摺　拏獲迤西焚殺搶劫人犯木有才等審明定擬

道光二十八年五月十一日

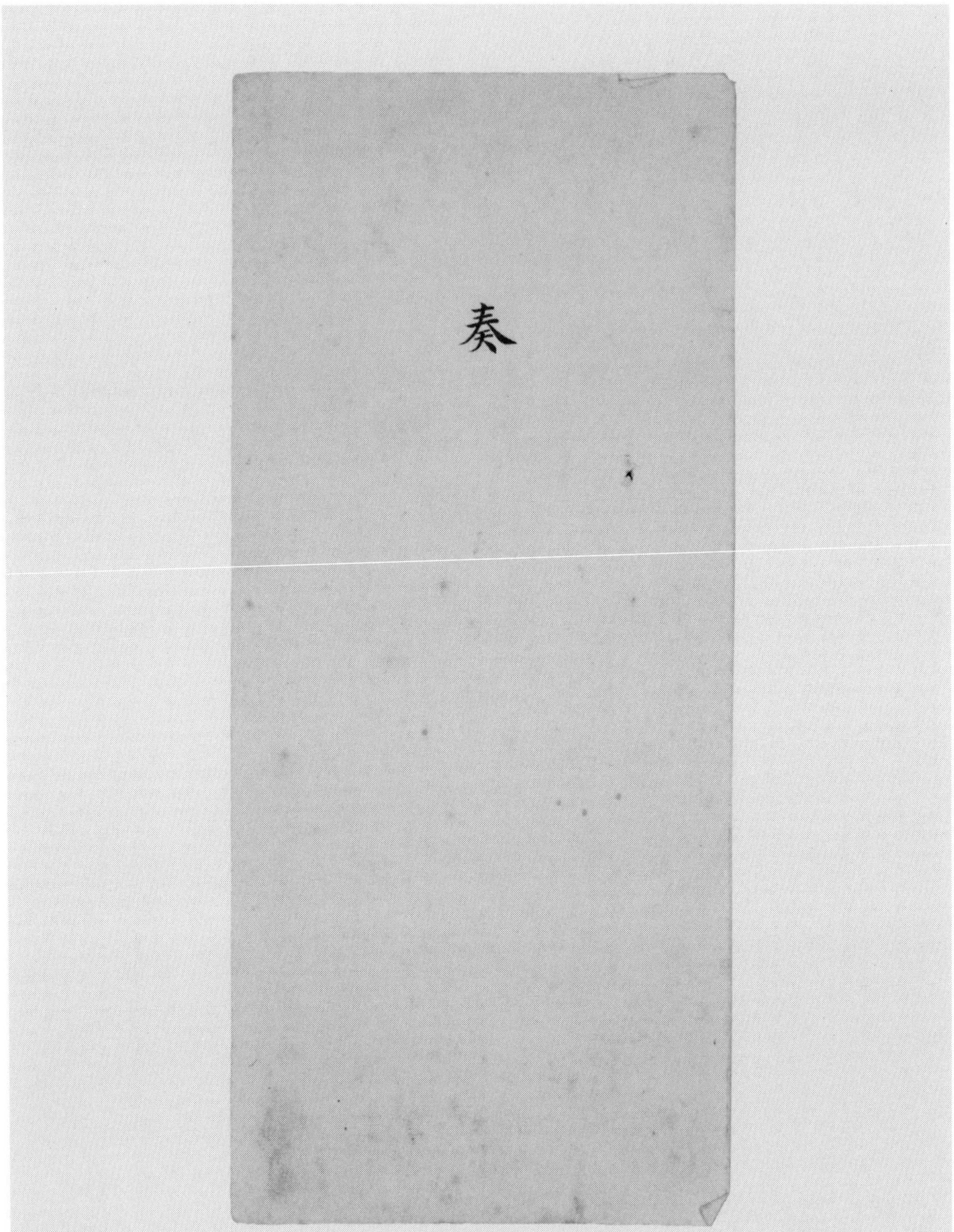

雲貴總督林則徐奏摺　**拏獲迤西焚殺搶劫人犯木有才等審明定擬**

二八　雲貴總督林則徐奏摺　拏獲迤西焚殺搶劫人犯木有才等審明定擬

道光二十八年五月十一日

雲貴總督臣林則徐跪

奏為拏獲疊次焚掠村寨攔刦財物擄佔婦女拒捕殺人及持械逞兇各匪犯分別情罪輕重審明定擬恭摺奏祈

聖鑒事竊臣自本年二月間剿辦彌渡匪徒之後即移駐永平督拏保山哨匪並因近年迤西幾成盜藪欲乘兵力殲除是以附片奏

聞即一面分兵辦理茲承准軍機大臣字寄三月二十九日奉

上諭勞師糜餉原非善策然此次調兵較多剿平哨匪之後如該督以為必應乘勢掩捕方可一勞永逸即著會同提鎮擇其要害壓以重兵所有著名

雲貴總督林則徐奏摺　拏獲迤西焚殺搶劫人犯木有才等審明定擬

道光二十八年五月十一日

匪類責令指名縛獻總期漢回各匪盡皆懾服盜
蹤淨絕邊圉肅清方為不負委任等因欽此仰見
聖主乂安邊境
訓示周詳俾臣得有遵循彌深欽感查迤西因距省
窵遠捕務每至因循緣緝匪須藉多兵而調兵
未敢輕議匪徒無所懍畏漸至鴟張非一朝夕
之故此次哨匪滋事不得不懾以軍威仰蒙
諭旨准調重兵遂使兇頑伏法而積久肆惡亟待掃
清之處正不獨哨匪為然誠如
聖諭若不趁此痛懲豈有時常徵調之理幸賴
德威遠播自彌渡保山軍聲疊振各屬警動異常臣
分遣凱撤官兵會同地方官緝匪即皆宣布示

雲貴總督林則徐奏摺　拏獲迤西焚殺搶劫人犯木有才等審明定擬

道光二十八年五月十一日

諭以所辦但分良莠不論漢回果能速獻兇徒
照保山免其勦洗如敢逞頑抗拒照彌渡予以
殲除成法既所共聞利害惟其自擇前次所
奏拏獲曲硐等處匪犯一百餘名業經隨審隨辦
而後來續獲者又不止一倍復經臣督同迤西
道王發越暨印委各員審明分別定擬除訊有
拒敵官兵情節者從重聚歸另摺
奏辦外其刦殺等案人犯木有才等一百七十九
名此内漢回不一分隸保山永平順寧雲州蒙
化趙州鶴慶賓川劍川等廳州縣亦有由川黔
前來貿易傭工久暫不等犯事本不一處糾夥
亦非一時茲因臣駐紥迤西就近同時拏獲人

雲貴總督林則徐奏摺 拏獲迤西焚殺搶劫人犯木有才等審明定擬

道光二十八年五月十一日

數衆多未便各歸各起逐案分摺具
奏應即併案彙辦仍將各犯情罪分别聲敘緣木
有才唐泳受何愷吴正潮馬王標木老九韓立
春木信良等稔知永平之曲硐一帶地方為永
昌往來大路每年客商販運黄絲棉花等物馱
載絡繹起意糾夥攔路搶刦道光二十七年十
二月初三日木有才糾夥二十六人各執刀槍
在曲硐地方搶得客商棉花共一百九十二馱
内寶隆號九十七馱合盛號四十馱美盛號五
十五馱又建昌號黄絲三十四馱連馬驘趕回
俵分又於是月初六日唐泳受糾夥二十七人
在齊屯地方持械搶得引鹽九十一馱内馬增

禄二十䭾馬體和十三䭾馬阿四二十三䭾馬
定成三十五䭾因馬定成與夥盜馬阿三認識
給銀十八兩贖回鹽十八䭾其餘趕回俵分又
於初十日吳正潮糾夥三十四人在桃園鋪分
執鳥槍刀棍搶得寶隆號棉花一百二十䭾及
衣物布疋又於十三日韓立春糾夥十五人在
小箐河搶牛十二頭馬二匹贏四匹是時各事
主因連起被刦不敢再行䭾運將在途之黄絲
棉花截留漾濞地方寄存熊姓店内木有才等
聞知貨物停運又糾夥木東興等七十九人各
持刀械同赴熊姓店内派令楊小滿等五十八
人在外把風接贓木有才何愷木老九馬玉標

雲貴總督林則徐奏摺　拏獲迤西焚殺搶劫人犯木有才等審明定擬　道光二十八年五月十一日

韓立春木信良楊九元馬阿哈馬寛滐馬萬淋安正木幗富張老七楊汶標丁自周馬富九馬阿狗馬阿七安佩木有白木東興等二十一人入室搜刦將所獲棉花一百八十馱黄絲三十四馱又八十四包及鹽觔布疋各物不計其數交給楊小滿等連馱驘一併趕至附近居住之何有沅馬連生王稀飯趙九馬重家内寄藏因贓物無從消賣復央與事主相熟之馬際常曾維馨先後勸令備銀取贖各事主共湊銀一千五百二十兩零向其贖回尚有未贖之絲花各贓零星變賣連前勒贖之銀每人約分數十兩及數兩不等經地方文武訪知卽派兵役查拏

因賊眾勢兇未能逕行拴獲隨據禀請分撥弁
兵陸續拏解到案並起獲贓銀九百四十餘兩
提犯研鞫供悉前情又究出木有才於正月間
在遮落哨地方先後砍斃事主二命搜得銀二
十餘兩又究出唐泳受本係逃徒於上年十二
月間在永昌地方同未獲之楊大爐匠等搶刦
張老五鋪內食鹽一百觔並將其妻搶赴曲硐
各輪姦一次復在龍街地方放火燒民房二間
搶得衣服銀兩分用又究出吳正潮於上年九
月間在黃連鋪地方搶奪過路客人財物先後
砍斃事主二命又於十二月間糾夥馬老五等
在天井鋪地方綑縛事主佘姓夫婦拷問搜刦

並將事主之孫媳輪姦一次又同馬老五等在打牛坪地方抄搶事主陳老四家將其妻輪姦一次刦得衣物同逃並將房屋放火燒燬又在雙岔河焚燒徐宗貴唐伯枝兩家房屋刦得衣物分用又究出何愷於上年十一月糾夥馬老二等在柏木舖地方先後搶刦陶姓耕牛衣物及龍姓牲畜糧食搶畢均將其房屋燒燬又在蝦蟆潭地方殺死不知姓名過客搶得銀三十兩金佛一尊計重四錢並布疋衣物復於十二月間糾同木老四等搶趙姓家銀兩並將其姪女搶來與木老四姦宿又在打鷲山强姦不知姓名婦人一次復在秀嶺舖梅小二家姦佔其

雲貴總督林則徐奏摺　拏獲迤西焚殺搶劫人犯木有才等審明定擬
道光二十八年五月十一日

妻將梅小二趕走此木有才等糾搶棉花鹽馱勒贖及另犯謀財害命搜刦贓物焚燒房屋輪姦婦女種種不法之情形也又蔡金隴卯八二張六舫吉應發楊幅保忽開成蔡小狗馬源楊興滐王正舉張庭槐歐鴻發馬奉沅張小李段甘連保蔡幗旺張遇順張小十老僳小五三羅順李老五羅八姚老五等先於正月十八九日在彌渡五顯宮聽從已正法之沙玉隴糾約燒香結盟二十日轉糾楊興滐祁二憨張庭桂祁開沅祁大憨蔡小三楊小順黄小馨丁一信閃智楊受湮馬有保馬路生楊小八蔣小詳馬小汶木有青張有存等隨同沙玉隴疊赴寺坡北

甲等處焚搶村莊鄉民紛紛逃避蔡金隴邱八二吉應發楊幅保各執刀鏢追殺二人張小李戳斃一人並傷兩人張六舸忽開成蔡小狗馬源楊興滯王正舉張庭槐歐鴻發馬奉沅段甘連保蔡幗旺張小十老張遇順李老五羅八姚老五偰小五三羅順各殺斃一命所搶銀錢衣物多寡不等旋聞官兵將到各先乘間竄逃楊興滯因與羅蕩村居民挾有夙嫌於二月二十日三更時糾同邱八二等前赴羅蕩村用火藥燒著范姓門首豆桿上瞥見村口有人前來即各跑回是夜延燒空屋數間未經攫物楊興滯心猶不甘又約邱八二等於三月初二夜復往

二八

雲貴總督林則徐奏摺　拏獲迤西焚殺搶劫人犯木有才等審明定擬

道光二十八年五月十一日

該村放火共燒楊蓋趙偉等房屋十六間因居民先有準備臨時躲開均未燒斃其家具財物多被搶奪各犯分攜而散楊蓋等隨即赴官控告當經分派弁兵拏獲各犯到案訊據供認挾嫌放火搶奪財物屬實並究出段秀等私造火藥埋藏楊應家内當遣雲南提標守備和鑑等帶兵前往查起因火藥埋在馬槽之下蓋以石塊兵丁用鐵鋤刨石敲出火星迸入藥餅之内藥性轟發該弁兵等躲避不及致燒斃兵丁孫占春等七名守備和鑑外委段定邦楊登科等站立稍遠亦被轟傷據該守備等具禀前來當經驗明飭醫調治照例分别卹賞此又蔡金隴

等聽糾結盟搶刦殺人挾嫌放火並私藏火藥以致兵弁誤被轟傷之情形也以上各案被害之事主人等先前或因畏懼兇惡或因顧惜顏面未盡具控到官自臣來至迤西疊以前情控訴茲陸續拏獲首夥各犯隨解隨審據供前情不諱犯係先後拏獲供認情節相符案無遁飾

此案木有才唐泳受何愷吳正潮馬玉標木老九韓立春木信良楊九沅馬阿哈馬寛滌馬萬淋安正木幗富張老七楊汶標丁自周馬富九馬阿狗馬阿七安佩木有白木東興二十三犯起意糾搶勒贖復搜刦焚殺並輪姦婦女種種不法應照强盜殺人姦淫婦女斬立決梟示祭

金隴邱八二張六觔吉應發楊幅保忽開成蔡
小狗馬源楊興滐王正舉張庭槐歐鴻發馬奉
沅張小李段甘連保蔡幗旺張遇順張小十老
偰小五三羅順李老五羅八姚老五二十三犯
聽糾結盟搶刦殺人並挾嫌焚掠同惡相濟應
與木有才等均擬斬立決梟示祁二憨祁開沅
祁大憨蔡小三楊小順黃小罄丁一信閃智楊
受湮馬有保馬路生楊小八蔣小詳馬小汶木
有青張有存張庭桂十七犯或隨同行刦得贓
或放火搶奪財物均照强盜律不分首從擬斬
立決該犯等情罪較重未便稍稽顯戮臣於審
明後即恭請

王命飭委文武押赴市曹分別處決應梟示者傳首
犯事地方懸竿示衆以昭炯戒木有白蔡小三
張庭桂在監病故木有白仍照例戮屍楊小滿
木愷楊玩年楊玉楊沅經土應中丁錫潰木金
斗楊洪潰楊有沅楊名寬楊俊楊汶禮楊八十
一楊占青李岡馬陽陳發中馬志富楊得周木
曉東馬義得馬四十六馬添池木老四馬青竭
洪順馬雙九馬金美安正發木根沅馬阿一許
其進木有彰馬阿七皮老六老紅馬阿黑馬六
九楊連潰木有同王懷施二馬閑馬銀河馬萃
美馬四代馬得保小李楊阿四馬昭馬依麼馬
民安施湮受趙吾三馬八張庭楷馬迎生楊鐵

頭段沅保張經保蔡連釐祁士淋董發有陳受
六十五犯段秀羅幗保胡二泡楊應除私造火
藥罪止擬軍輕罪不議外均係在外把風瞭望
並未隨同入室合依强盜情有可原者改發新
疆給官兵為奴施阿長木受淋木連玉馬五觔
馬小老馬阿五楊玉聰楊黑丁儀木三梁連升
毛老六馬老三馬占沅張丙馬成有馬沅才來
發科馬湛春張洪木有香馬十沅施八四木幗
梁李幗汶李春李紅馬老鷹嘴張六四陳得沅
二十九犯均照放火搶奪財物為從情有可原
者發遣新疆給官兵為奴何有沅馬連生馬重
王稀飯趙九五名係屬回民應照回民窩竊罪

應極邊煙瘴者改發新疆給官兵為奴均請咨解配應刺字者照例刺字馬際常曾維馨雖訊無分贓情事但與賊犯說事過錢究屬不合應與被脅同行並未分贓之木玉才木光太袁有升張茂木聯甲李淋何正岡馬阿四馬俊黃沅有楊得沅等均照不應重律杖八十折責發落被火藥轟斃之弁兵量加卹賞轟傷者飭令醫調被擄婦女已據給親領回此案首夥各犯業經緝獲該地方文武疏防職名邀免開送現獲贓銀飭傳事主給領未獲追賠逸犯仍飭嚴緝務獲究辦除供詞發交臬司彙覈詳咨外謹將各犯罪名案由另繕清單恭呈

御覽所有拏獲疊次焚殺擄搶各匪犯懲辦緣由謹
會同撫臣程矞采提臣榮玉材合詞恭摺具
奏伏乞
皇上聖鑒謹
奏
刑部議奏單併發

道光二十八年五月　十一　日

二八

雲貴總督林則徐清單　拏獲迤西各處焚殺搶劫人犯清單

道光二十八年五月十一日

雲貴總督林則徐清單　拏獲迤西各處焚殺搶劫人犯清單

拏獲迤西各處焚殺搶劫各匪犯清單

謹將拏獲迤西一帶焚殺搶劫擄估輪姦婦女
首從匪犯一百七十九名審明分别定擬繕具
情罪清單恭呈
御覽
計開
應擬斬決梟示匪犯四十六名
木有才　唐泳受　何愷　吳正潮
馬玉標　木老九　韓立春　木信良
楊九沅　馬阿哈　馬寬滐　馬萬淋
安正　木幗富　張老七　楊汶標
丁自周　馬富九　馬阿狗　馬阿七
安佩　木有白　木東興

以上二十三犯起意糾搶勒贖復搜劫焚殺
並輪姦婦女
蔡金隴 蔡幗旺 卯八二 張六勐
吉應發 楊幅保 忽開成 蔡小狗
馬 源 楊興滐 王正舉 張庭槐
歐鴻發 馬奉沅 張小李 段甘連保
張遇順 張小十老 傑小五三 羅 順
李老五 羅 八 姚老五
以上二十三犯聽糾結盟搶劫殺人並挾嫌
焚掠
應擬斬決匪犯十七名
祁二憨 祁開沅 祁大憨 蔡小三

楊小順　黃小罄　丁一信　閃　智
楊受湮　馬有保　馬路生　楊小八
蔣小詳　馬小汶　木有青　張有存
張庭桂
以上十七犯隨同行劫得贓或放火搶奪
應擬改發新疆給官兵為奴匪犯一百四名
楊小滿　木　愷　楊玩年　楊　玉
楊沅經　土應中　丁錫潰　木金斗
楊洪潰　楊有沅　楊名寬　楊　俊
楊汶禮　楊八十一　楊占青　李　岡
馬　陽　陳發中　馬志富　楊得周
木曉東　馬義得　馬四十六　馬添池

木老四　馬　青　竭洪順　馬雙九
馬全美　安正發　木根沅　馬阿一
許其進　木有彰　馬阿七　皮老六
老　紅　馬阿黑　馬六九　楊連漬
木有同　王　懷　施　二　馬　開
馬銀河　馬萃美　馬四代　馬得保
小　李　楊阿四　馬　昭　馬依麼
馬民安　施湮受　趙吾三　馬　八
張庭楷　馬迎生　楊鐵頭　段沅保
蔡連罄　祁士淋　董發有　陳　受
張經保

以上六十五犯在外把風瞭望並未隨同入

室情有可原
段　秀　羅幗保　胡二泡　楊　應
以上四犯私造火藥並聽糾行劫在外接贓
施阿長　木受淋　木連玉　馬五勐
馬小老　馬阿五　楊玉聰　楊　黑
丁　儀　木　三　梁連升　毛老六
馬老三　馬占沅　張　丙　馬成有
馬沅才　米發科　馬湛春　張　洪
木有香　馬十沅　施八四　木幗梁
李幗汶　李　春　李　紅　馬老鷹嘴
張六四　陳得沅
以上三十犯係放火搶奪財物為從均屬情

有可原

何有沅 馬連生 馬 重 王稀飯

趙 九

以上五犯係回民窩竊照例改發其餘杖罪

十二犯請免逐名開列合併聲明

覽

雲貴總督林則徐奏摺　續獲保山滋事人犯李有全等審明定擬

奏

二八

雲貴總督林則徐奏摺　續獲保山滋事人犯李有全等審明定擬

道光二十八年五月十一日

雲貴總督臣林則徐跪

奏為續獲保山滋事餘匪一百七名究明糾人奪犯殺回搶物及燒香結拜各情分別懲辦以紓民憤而靖地方恭摺奏祈

聖鑒事竊臣前於四月初三日將拏獲保山滋事匪徒三百二十九名審明定擬緣由繕摺

奏報在案伏查保山地方山深箐密路徑分歧節次所獲匪犯雖多而分竄潛匿者亦所必有復經嚴飭文武員弁暨各路畱防營兵毋分畛域實力搜捕不准稍為鬆勁茲據陸續報獲匪犯一百七名解送到臣隨飭迤西道王發越督同委員等提犯訊取確供臣復親提研審緣李有

全卽蹇老蠻於道光二十七年十一月二十九
日聽從已正法之沈振達傳往官坡打奪京控
人証十二月初一日進城劫放罪囚並搜殺回
民四命董二憨宋潮潰高發名楊二蠻張受禮
高楷李如玉程汶芝萬新高滄陳發科張受均
聽糾進城先後殺斃回民一命及二三命不等
並同謀聽從奪犯劫獄搶奪財物燒香結盟為
從趙老五張介趙汶潰張小六張亞六王遇春
楊小四朱汶鮮胡雙沅張潮中張順李全曾幗
甫趙六十一段關沛李黑蠻布八兒馮海厰七
蠻胡三王小二李峙均聽糾進城殺斃回民各
一命另傷一人並聽糾奪犯燒香結盟為從復

搶奪得贓姦污婦女姚鐵匠陶順李時秀萬老
五郭其才訊係聽糾進城謀殺回民從而加功
並乘機搶奪朱潮選王成甲王久長邱美各因
口角爭毆適傷致斃民人一命趙四拜從已正
法之金混秋為師傳授符咒並供奉圖像李如
膏楊發聽從哨匪遞送傳帖斂錢聚眾張老蠻
高得潤崔禾楊八六張四聽從奪犯乘勢搶得
軍械什物並燒燬回房趙淋李曉楊成謝凝魏
寬郭贊周郁張寬范先張贊陳東顧王趙全李
沛宋俊李蔚葉五王信張小滿張得沛田作貢
張春楊美段蔣三李連甲張有義劉幇蘇茂蘇
秉甲楊成淋虞占朋張諒董茂萬益三楊歸生

楊能均係燒香結盟為從之犯王三李中詳張喬得祝二牛李漋楊發張蘭芳祝三牛皆乘哨匪滋事各自起意藉端逞凶訛詐得贜其術平安一犯則係姦拐回婦王發甲陶急子則係執持凶器毆人成廢王小五一犯私造鳥槍售賣得錢其餘馬中義李汶茵邵小保馬大聰趙得周楊縛蠻李彩訊止被脅同行並無持械傷人情事以上各犯督令反覆研鞫據供前情不諱隨提前獲留禁待質之犯互相指證衆供僉同案無遁飾查李有全董二憨宋潮潰高發名楊二蠻張受禮高楷李如玉程汶芝萬新高滄陳發科張受十三犯同謀劫囚及先後殺斃回民

一二命至三四命不等除燒香結盟奪犯為從各輕罪不議外均照謀叛斬立決律擬斬立決加重梟示趙老五張介趙汶潰張小六張亞六王遇春楊小四朱汶鮮胡雙沅張潮中張順李全曾幗甫趙六十一段關沛李黑鸞布八兒馮海廠七鸞胡三王小二李峙二十二犯聽糾進城殺斃回民各一命並搶奪得贓均照謀叛已行律擬斬立決該犯等情節較重未便日久稽誅臣於審明後即恭請
王命飭委文武押赴市曹分別處決應梟示者傳首犯事地方懸竿示眾李有全一犯業經在監病故照例戮屍姚鐵匠等九犯或同謀殺人從而

加功或因忿爭各斃一命均分別照律擬絞監
候秋後處決趙四一犯訊係拜從已正法之金
混秋為師應照為從改發回城給大小伯克及
力能管束之回子為奴李如膏等七犯或聽從
遞送傳帖斂錢或聽糾奪犯搶得軍械各物均
照謀叛為從減等改發新疆給官兵為奴趙淋
李曉等三十六犯均係聽從燒香結盟應實發
雲貴兩廣極邊烟瘴充軍王三等八犯屢次生
事行凶擾害俱照例發極邊足四千里充軍衎
平安一犯合依姦拐和誘知情為首發極邊足
四千里充軍王發甲陶急子二犯應照執持凶
器傷人例問擬近邊充軍王小五一犯應照私

造鳥槍杖一百流三千里例擬杖一百流三千
里以上各犯均定地請咨解配應刺字者分別
刺字馬中義李汶茴邵小保馬大聰趙得周楊
縛蠻李彩七名訊無不法情事惟被脅同行究
屬不合均照不應重律杖八十折責發落除犯
供發交臬司彙覈詳送撫臣咨部外所有續獲
哨匪審明定擬緣由謹開具罪名事由清單會
同撫臣程矞采恭摺具
奏伏乞
皇上聖鑒謹
奏

刑部議奏單併發

二八

雲貴總督林則徐奏摺　續獲保山滋事人犯李有全等審明定擬
道光二十八年五月十一日

道光二十八年五月　十一　日

雲貴總督林則徐清單　續獲保山滋事案內人犯清單

續獲保山滋事匪犯清單

謹将續獲保山滋事案内匪犯一百七名審明
分别定擬繕具清單恭呈
御覽
計開
應擬斬決梟示匪犯十三名
李有全 聽糾進城劫獄並殺斃回民四命
董二憨 聽糾進城殺斃回民三命又另傷一人
宋潮潰 同謀殺斃回民三命並結盟為從
高發名 聽糾奪犯搶物並進城劫獄又殺斃回民二命
楊二蠻 聽從同謀殺斃回民二命並搶衣物
張受禮 聽糾奪犯並進城先後殺斃回民二命
高　楷 聽糾進城先後殺斃回民二命並燒香結盟為從

李如玉 聽糾結盟並殺斃回民二命

程汶芝 聽糾進城殺斃回民二命

萬　新 同謀奪犯劫囚並殺斃回民二命又搶得衣物

高　滄 先後糾夥殺斃回民一命又另傷二人並搜搶財物

陳發科 聽糾結盟並殺斃回民一命另傷一人又搜搶財物拆毀回房

張　受 聽從劫獄並殺斃回民一命

應擬斬決匪犯二十二名

趙老五 聽糾奪犯並進城殺斃回民一命又另傷一人

張　介 奪犯為從復進城殺斃回民一命又聽從結盟

趙汶潰 聽糾進城殺斃回民一命並搶軍械

張小六

張亞六 以上二名同謀糾眾殺回各斃一命並搶奪什物

王遇春
楊小四
朱汶鮮
胡雙沅
張潮中以上五名聽糾進城各斃回民一命並搶奪軍械衣物
張　順
李　全以上二名聽糾進城各斃回民一命
曾幗甫同謀殺斃回民一命並阻截柴米不准進城
趙六十一
段闘沛
李黑鑾以上三名聽糾進城各斃回民一命
布八兒乘機搶奪殺斃回民一命

馮　海 聽糾進城殺斃回民一命並燒香結盟為從

廠七蠻

胡　三

王小二 以上三名聽從同謀各斃回民一命

李　峙 聽糾進城殺回強奪婦女姦污並兩次拒捕傷差

應擬絞監候匪犯九名

姚鐵匠

陶　順

李時秀 以上三名謀殺回民加功並攫取什物

萬老五 聽糾奪犯並進城謀殺回民加功又搶奪什物

郭其才 聽從搜殺回民加功並搶得馬匹勒贖得贓

朱潮選 鬪殺民人一命又威逼致死一命

王成甲鬭殺回民一命並燒香結盟為從
王久長因事忿爭殺回民一命
邱　美因回民口角爭毆致斃一命
應改發回城大小伯克為奴匪犯一名
趙　四拜從金混秋為師傳授符咒並供奉圖像
應改發新疆為奴匪犯七名
李如膏
楊　發以上二名聽從遞送傳帖藉事斂銀
張老蠻
高得潤
崔　禾以上三名聽糾奪犯並搶軍械馬匹衣物
楊八六聽糾進城並入署搶得錢物

張　四聽從遞送傳帖糾人奪犯並放火燒回民房屋

應擬軍罪匪犯四十七名

趙淋　李曉　楊成　謝凝　魏寬　郭贊

周郁　張寬　范先　張贊　陳東　顧玉

趙全　李沛　宋俊　李蔚　葉五　王信

張小滿　張得沛　田作貢　張春　楊美

段蔣三　李連甲　張有義　劉帮　蘇茂

蘇秉甲　楊成淋　虞占朋　張諒　董茂

萬益三　楊歸生　楊能

以上三十六名係燒香結盟為從之犯

王三　李中詳　張奮得　祝二牛　李滐

楊發　張蘭芳　祝三牛

以上八名係乘哨匪滋事藉端逞凶訛詐擾
害鄉愚之犯
衍平安誘拐回婦姦宿之犯
王發甲
陶急子以上二名執持凶器毆人成廢之犯
應擬流罪匪犯一名
王小五私造鳥槍售賣得錢
以上遣軍流各犯共五十六名其餘杖罪七
犯請免逐名開列合併聲明

覽

雲貴總督林則徐奏摺 拏獲永昌順寧緬寧雲州歷年拒敵官兵各逸犯分別懲辦 道光二十八年五月十一日

雲貴總督林則徐奏摺 **拏獲永昌順寧緬寧雲州歷年拒敵官兵各逸犯分別懲辦**

雲貴總督林則徐奏摺　拏獲永昌順寧緬寧雲州歷年拒敵官兵各逸犯分別懲辦

道光二十八年五月十一日

雲貴總督臣林則徐跪

奏為歷年永順雲緬軍營剿散餘匪竄擾各屬地方現乘凱撤大兵分投捕獲多起究出戕害擄禁員弁拒殺兵丁練勇各要犯七十六名審明立置重典以清餘孽而靖邊陲恭摺奏祈

聖鑒事竊查雲南迤西一帶自道光二十五年漢回搆釁節次用兵當時殲斃匪徒雖已不少而擊散之眾分股竄逃尚未搜捕淨盡此等怙惡不悛視焚殺為故常以劫掠為生計凡其經過之處擄搶勒贖放火殺人無惡不作而州縣塘汛兵役有限遇賊難以就捦迨標營聞信調兵往追匪蹤又已他竄是逸匪即成流賊邊隅何日

又安此次臣親至迤西查悉此類竄擾情形並疊據被害民人紛紛控訴若不乘此大兵雲集極力埽除則撤兵之後其竄擾必更甚於前豈能時常徵調故於駐紮永平督辦哨匪之際即在曲硐等處分兵拏獲焚殺擄劫各犯一百餘名先經附片具

奏在案嗣訪聞該匪等被拏嚴緊又分竄蒙化廳之大小圍埂及趙州之華藏寺祁家營等處復派副將趙萬春李瑞署游擊懷唐阿都司瑪克塔春巴哈布署守備李廷楷等以凱撤歸伍為名帶兵馳往掩捕一面檄飭該地方官嚴密會拏正在遣兵起程間即接據署蒙化同知張錦

稟稱因大小圍埂一帶山深箐密每為匪徒出
沒之區先已諄諭該處紳士頭人密探外匪來
蹤嚴杜内奸勾結並選公正能事之舉人馬綸
武生米萬選為總甲長邀同俸滿教職傅士珍
雇募練丁梭巡偵緝適有著名回匪馬無二馬
二隴馬長興馬茶幗興米成等聞拏逃至小圍
埂附近地方正欲宰殺牛隻糾人歃血拜盟以
圖負嵎抗拒卽經該署丞訪知率同馬綸米萬
選傅士珍等帶領練丁往拏詎該匪等持械拒
敵各練丁多有受傷仍上前奮力捦殺將馬二
隴馬長興馬沅張小斗四犯當時格斃捦獲馬
無二楊興馬二保馬雙淋馬揚科馬八一馬八

二龍三馬拴馬小二等犯稟解前來訊據馬無
二等同供伊與已被官兵殺斃之賊首張富大
白象黃巴巴均係同夥在永昌滋事因馬無二
氣力過人羣推為背旗領隊二十六年三月初
六日張富要燬江橋有領兵駐守飛石口之守
備趙姓也是回子張富遣人告以你我均係同
教親戚央他讓路趙守備大罵說我是
朝廷帶兵的官那肯與你們叛逆認作同教我守
這裏地方豈能讓你路過卽抽箭射中張富脣
吻那時官兵亦齊聲喊殺回眾死了二十餘人
有頭目羅萬喜等趕來要代張富出氣拚命抵
拒殺死官兵十餘人砍傷落水無數並將趙守

備拴到長灣趙守備罵不絶口馬無二馬茶幗
興米成姚大喜等將其支解馬無二把他心肝
挖出給張富等炒食是日遂將江橋燒斷等供
案查守備趙發元於二十六年三月在飛石口
拒守被賊戕害覈與犯供相符當即飭據張錦
等將馬茶幗興米成一併拏獲米成於被拏時
將身帶尖刀自抹咽喉經練丁將刀奪下驗明
氣嗓未斷醫治解審提與馬茶幗興馬無二質
對供認同殺情形無異副將趙萬春等隨亦帶
兵趕至該處會同搜捕將備皆爭先奮勇拴獲
多名把總程國斌唐萬全劉煥章覃福海外委
施嘉瑞柳應祥唐肇勳姚炳額外外委劉文華

余正林王開魁暨蒙化廳經歷朱美鏐巡檢李
克猷分路兜拏各有報獲除當塲格斃及訊係
另案刼殺非與官兵拒敵者彚歸另摺分辦外
其曾經戕害員弁拒殺兵練之要犯計有四十
二名又據大理城守營都司韋中魁會同代理
趙州俞良傑及團練壯丁之捐升雲南按察司
經歷盧廷燮將要犯羅萬喜拏獲並將盧廷燮
帶練首獲之馬連保趙大包馬小中趙小四代
等犯一同解審俱供屢敵官兵屬實且據羅萬
喜供稱伊為張富大頭目歷在江橋飛石口長
灣枯柯河小松寨二台坡猛庭寨烏鴉河打仗
十餘次殺死兵練約八九十人並於二十六年

三月初十日在大力哨與白應升同砍斃戴水晶頂之武官一人該犯砍斷其項頸及四肢並挖其心肝挂在樹上等情旋據署游擊陳得功拏獲白應升到案供亦相符案查是年三月初十日在大力哨陣亡者係署都司之守備繆志林把總趙得和兩人今供所殺係戴水晶頂武官則是守備繆志林無疑又據委員洛補武定州吏目謝德淳督帶曲硐頭人拏獲楊楷木汶隴馬阿三等犯據楊楷供於二十五年七月二十九日在蓮花寺打仗與馬小二夥同擄禁武官二員詢知一係都司姓楊一係守備姓潘硐已聽其回營並未殺害等情復將張錦等獲解

之馬小二提與質對所供亦同卷查是年七月
有都司楊朝勳守備潘惠揚均被賊擄去業經
奏辦有案與該犯所供相符自非捏飾此係訊出
二十五六等年滋事各匪擄禁都守戕害備弁
之情形也至拒殺兵練名數以羅萬喜為最多
緣其打仗十餘次前後合計故殺害至八九十
人此外則馬無二馬茶幗興米成楊楷所殺或
二十餘人或十餘人為數亦多又如署游擊陳
得功等所獲之楊茂春殺害十人署保山縣知
縣韓捧日督同巡檢顧笏所獲之楊仁沅殺害
五人並傷二人都司瑪克塔春等所獲之白阿
八千總陳國樑所獲之黃得灤俱殺害五人陳

得功又會同代理永平縣知縣沈保恆暨委員
捐升雲南通判沈傳經普洱府經歷陸萬鵬拏
獲黑旗馬大等犯内馬大殺害三人馬順有馬
老四馬阿四各殺害四人馬萬才張幅受袁阿
十各殺害二人副將趙萬春李瑞等會同張錦
等所獲各犯内楊周馬揚保各殺害三人馬連
興馬揚科馬幗成馬恆椿張湮卜得潰各殺害
二人盧廷燮所獲之馬連保趙小四代各殺害
三人又其所獲趙大㢠馬小中各殺害二人謝
德淳所獲之木汶隴馬阿三各殺害三人委員
候補知縣嚴鉷所獲之木金奉殺害三人千總
施嘉祥所獲之袁名消亦殺二人餘雖祇殺一

兵一練而均係亂民皆屬法無可貸至案內人
犯尚有另犯搶劫勒贖強姦擄佔各情而既經
拒敵官兵則情罪以此為重是以臣親提各犯
審鞫究出有與官兵打仗者悉歸此案從重問
擬羅萬喜馬無二兩犯本係滋事頭目且各戕
害帶兵守備甚至將其支解挖取心肝實為罪
大惡極應照律凌遲處死查明財產妻子照例
辦理其楊楷等犯或同擄都守或同戕守備以
及殺害兵練自一二名至二十餘名不等均屬
凶惡昭著楊楷米成馬茶幗與白應升馬小二
楊茂春楊仁沅白阿八黃得灤馬順有馬老四
斑鳩馬阿四黑旗馬大趙小四代馬連保馬阿

三楊周馬老十馬小三木金奉馬揚保木汶隴
趙大包馬連興馬幗成馬恆椿馬萬才袁阿十
張幅受馬揚科馬小中卜得潰袁名消張湮龍
三袁阿科土應全馬生有劉滿沅馬大弟袁耀
馬八十白潰沅閃玉倫白秀春薩應圖賽倫馬
添六馬八一馬小兒楊興馬喜陳吾三馬有勲
莫老六張牙子二馬拴陳發魁丁小五朱東王
栽縫九劉三沅楊老五楊得楊發枝保連達保
汶燦米二憨馬雙淋馬大保馬二保馬小腊木
汶接馬遇頭七十四犯均應比照謀叛不分首
從皆斬律從重加以梟示案係比照問擬請免
緣坐該犯等自軍營勦散之後逃竄已逾二年

未便再稽顯戮臣於審明後卽恭請
王命飭委迤西道王發越提標叅將存住將該犯等
押赴市曹分別凌遲斬決馬八二張老五袁阿
十陳順保四犯在監病斃應照例戮屍與現在
正法各犯並格斃之馬二隴等俱傳首犯事地
方懸竿示衆以昭炯戒其夥同支解守備趙發
元之姚老五據現犯供稱前在雲州打仗已被
官兵擊殺雖查與
奏案相符但恐尚難盡信仍飭嚴緝務獲不任漏
網除另開犯名及罪名案由清單敬呈
御覽並另録犯供咨部外所有拏獲歷年拒敵官兵
各逸犯分別懲辦緣由臣謹會同撫臣程矞采

提臣榮玉材恭摺具
奏伏乞
皇上聖鑒再據順寧府營等處續報拏獲逸犯亦經
審有拒敵官兵情節因路遠尚未解到容俟到
時審擬另行奏結合併陳明謹
奏
另有旨
道光二十八年五月　十一　日

雲貴總督林則徐清單　拏獲歷年拒敵官兵要犯清單

拏獲歷年拒敵官兵要犯清單

謹將拏獲永昌順寧緬寧雲州歷年滋事逸匪究明戕害擄禁員弁拒殺兵練名數分別罪名事由繕具簡明清單恭呈

御覽

計開

應凌遲者二名

羅萬喜　糾眾在蓮花寺枯柯河小松寨江橋官坡飛石口長灣大力哨猛庭寨二台坡烏鴉河等處屢拒官兵殺害兵練八九十人並支解守備繆志林挖其心肝

馬無二　率眾在小松寨江橋官坡飛石口長灣大力哨二台坡烏鴉河等處背旗領隊屢拒官兵殺斃二十餘命並支解守備趙發元挖其心肝

應斬梟者七十四名

楊楷　在枯柯新寨蓮花寺等處屢拒官兵殺害兵練十餘命擄禁都守二員並屢搶得贓

米成在大力哨江橋等處屢拒官兵夥同羅萬喜夫解守備趙發元並殺害兵練十餘命

馬茶幗興在大力哨江橋等處屢拒官兵殺害十餘命並夥同將守備趙發元夫解

白應升在長灣大力哨等處屢拒官兵幫同羅萬喜殺害守備繆志林並屢次搶劫得贓

馬小二在枯柯小松寨拒敵官兵夥同楊楷擄禁都守楊朝勲潘惠揚並疊劫得贓

楊茂春在蓮花寺小松寨江橋官坡大力哨烏鴉河等處屢拒官兵殺斃兵練十人

楊仁沅在猛庭拒敵官兵殺斃兵丁二命練勇三命並疊次搶劫得贓拒殺事主二人

白阿八在猛庭長灣等處拒敵官兵殺斃兵練五命並疊劫得贓

黃得潆在猛庭寨拒敵官兵殺斃兵練五命

馬順有在江橋大力哨等處屢次拒敵殺斃官兵四命疊劫得贓

馬老四在江橋大力哨拒敵官兵殺斃練勇四命並疊劫得贓

斑鳩馬阿四在江橋大力哨拒敵官兵殺斃練勇四命並屢搶得贓

黑旗馬大在官坡猛庭烏鴉河雲州等處屢拒官兵殺斃練勇三命並疊劫得贓

趙小四代在官坡大力哨烏鴉河二台坡等處屡拒官兵殺斃練勇三命並輪姦婦女
馬連保在蓮花寺小松寨江橋官坡等處屡拒官兵殺斃三命
馬阿三在官坡拒敵官兵並疊次搶劫得贓殺斃事主三命
楊周在枯柯烏鴉河拒敵官兵殺斃練勇三命
馬老十在江橋烏鴉河等處拒敵官兵殺斃練勇三命
馬小三在板橋枯柯拒敵官兵殺斃練勇三命
木金奉在枯柯小松寨拒敵官兵殺斃兵練三命並姦佔婦女疊劫得贓
馬揚保在枯柯丙麻等處拒敵官兵殺斃兵練三命並疊劫得贓
木汝隴在小松寨官坡等處拒敵官兵殺斃練勇三命
趙大包在大力哨烏鴉河等處拒敵官兵殺斃練勇二命並輪姦婦女
馬連興在江橋官坡等處拒敵官兵殺斃兵練二命並疊劫得贓
馬幗成在江橋猛庭等處拒敵官兵殺斃兵練二命並疊劫得贓

馬恒椿在枯柯拒敵官兵殺斃練勇二命並疊劫得贓
馬萬才在猛庭拒敵官兵夥殺練勇二命並疊劫得贓
袁阿十在大力哨拒敵殺斃官兵二命並疊劫得贓
張幅受在猛庭烏鴉河屢次拒敵殺斃官兵二命並疊劫得贓
馬揚科在大力哨二台坡等處屢拒官兵殺斃練勇二命
馬小中在枯柯蓮花寺等處拒敵官兵殺斃兵練二命
卜得潰在蓮花寺等處拒敵官兵先後殺斃練勇二命
袁名消在枯柯蓮花寺等處拒敵官兵殺斃練勇二命
張湮在枯柯大力哨等處屢拒官兵殺斃二命
龍三在猛庭大力哨拒敵官兵殺斃練勇一命並搶奪大礮
袁阿科在二台坡大力哨等處拒敵官兵殺斃練勇一命並搶奪大礮
土應全在猛庭小松寨拒敵官兵殺斃練勇一命並搶奪大礮

馬生有在烏鴉河拒敵官兵殺斃練勇一命並強姦婦女屢搶得贓

劉滿沅在官坡小松寨等處屢拒官兵殺斃練勇一命並疊次搶劫得贓輪姦婦女致斃

馬大弟在官坡大力哨等處拒敵殺斃官兵一命並疊劫得贓

袁耀在烏鴉河拒敵殺斃官兵一命並疊劫得贓

馬八十在江橋拒敵殺斃官兵一命並疊劫得贓

白潰沅在烏鴉河拒敵殺斃官兵一命並疊劫得贓

閃玉倫在長灣猛庭拒敵殺斃官兵一命

白秀春在大力哨烏鴉河拒敵殺斃官兵一命

薩應圖在江橋官坡拒敵殺斃官兵一命

賽倫在官坡烏鴉河拒敵殺斃官兵一命

馬添六在烏鴉河拒敵殺斃官兵一命

馬八一在江橋官坡等處屢拒官兵殺斃一命並疊劫得贓

馬小兒在烏鴉河拒敵官兵殺斃一命並疊劫得贓

楊興在江橋官坡等處屢拒官兵殺斃一命並疊劫得贓

馬喜在大力哨烏鴉河等處拒敵官兵殺斃一命並疊劫得贓

陳吾三在猛庭大力哨等處拒敵官兵殺斃一命並疊劫得贓

馬有勳在枯柯河拒敵官兵殺斃一命並疊劫得贓

莫老六在官坡大力哨等處拒敵官兵並殺斃練勇一命

張牙子二在大力哨拒敵官兵殺斃練勇一命並疊劫得贓

馬拴在長灣官坡等處拒敵官兵並疊次焚搶殺斃民人一命

陳發魁在大力哨烏鴉河拒敵官兵殺斃練勇一命並疊劫得贓

丁小五在枯柯二台坡等處拒敵官兵殺斃練勇一命並疊劫得贓

朱東在大力哨二台坡等處拒敵官兵殺斃練勇一命

王裁縫九在長灣猛庭寨等處拒敵官兵殺斃練勇一命

雲貴總督林則徐清單 拏獲歷年拒敵官兵要犯清單
道光二十八年五月十一日

劉三沅在官坡大力哨等處拒敵官兵殺斃練勇一命

楊老五在枯柯河拒敵官兵殺斃練勇一命

楊得在枯柯河小松寨等處拒敵官兵殺斃練勇一命

楊發枝在猛庭寨二台坡等處拒敵官兵殺斃練勇一命

保連達在雲州屢拒官兵殺斃練勇一命

保汶燦在雲州拒敵官兵殺斃練勇一命

米二憨在官坡大力哨等處拒敵官兵夥殺一命並強姦婦女疊劫得贓

馬雙淋在江橋大力哨等處屢拒官兵夥殺一命

馬大保在猛庭寨拒敵官兵夥殺一命並放火焚燒民房疊劫得贓

馬二保在枯柯河拒敵官兵夥殺一命並疊次搶劫得贓

馬小腊在小松寨大力哨等處屢拒官兵夥殺一命並疊劫得贓

木汶接在烏鴉河拒敵官兵夥殺一命

馬遇頭在小松寨烏鴉河等處拒敵官兵並疊次搶劫拒斃事主一命

以上統共人犯七十六名

雲貴總督林則徐奏片　查明保山滋事被困在城之鎮道等員並無辦理不善之處

再臣承准軍機大臣字寄道光二十八年三月
二十九日奉
上諭林則徐奏保山七哨懾服軍威縛獻匪犯多名
仍飭兜圍嚴拏一摺覽奏均悉所辦好該地方各
匪於兵到時即先投誠獻犯惟所獻之犯有無袒
庇藏匿必應澈查根究務期所獻實皆本人首犯
尤關緊要應令按名交出仍一面明查暗訪斷不
可有一名頂冒致有漏網該匪等聚眾抗拒已成
積習若不趁此兵威痛懲將來必仍反覆豈有時
常徵調之理現在雲貴兩省勁兵逼處不患其不
畏懼如悔罪非出至誠僅憑劣員從中調處稍示
輭弱日後何以綏靖邊圉耶林則徐等惟當示以

兵威廣加曉諭倘略有恃眾難馴情形仍當立予
勦洗姑息適足養奸戒之其前經圍困在城之鎮
道等是否因力難抵禦畏葸無能甘被圍困抑或
因事起釁辦理不善倘祇顧身家苟全性命有辱
國體亦應查明懲辦不可因事過遂置之不問現
在解圍後該員等作何下落著一併確切查明據
實具奏有應叅處者據實嚴叅以儆將來等因欽
此仰見
聖主詰戎禁虣務儆將來臣跪誦再三莫名欽懍伏
查此次保山滋事實由京控提人而起並非別
有根由緣前年該處軍犯萬重張杰起解在途
被回眾攔路截殺該哨民因而藉口將京控人

證呈懇免解經鎮道批駁不准已定起解日期
又惑於妖匪金混秋打卦邪言謂可不必解省
始思糾眾截回迨奪犯已成復因而遷怒回民
搜殺洩忿適回民奔赴縣署放槍追逐致將房
屋延燒種種不法事端皆臨時相因而起即各
犯到案僉供初亦不料事鬧如此之大故當其
洶洶聚集一時附和者雖有盈千累萬之多迨
經撫綏彈壓大眾亦各散歸究無圍署傷官之
事惟沈振達等係主謀首惡所住之金雞板橋
等哨附近江橋恐各官備文赴省請兵妄思截
換公文拆毀橋板大兵即可不到跡其抗違之
始原係不甘因回受戮尚非與官為難因懷畏

雲貴總督林則徐奏片　查明保山滋事被困在城之鎮道等員並無辦理不善之處
道光二十八年五月十一日

罪之心轉蹈犯法之罪與蓄謀不軌情事實不相同此次既調集兩省重兵原無難立加轟洗惟該哨民聚居村落並非有莠無良既經獻犯輸誠自未便一概勦除致與始終抗拒者無所區別此案前後獲獻各犯共有四百餘名之多問擬凌遲斬絞者計一百四十五名發遣軍流者一百八十八名卽至輕亦問徒杖現在尚飭搜拏逸匪似此執法嚴辦原期永靖地方若既

奏請調集重兵復聽劣員調處了事則堂堂出師遣將而終於隱忍消弭尚何面目臨民臣雖至愚不敢出此且軍威壯盛士卒正冀立功誠如

聖諭雲貴兩省勁兵逼處不患其不畏懼卽有劣員

亦無所用其調處況辦至百數十名死罪似與
調處者迥相懸殊所有此案情形前摺均已縷
陳諒邀
聖明洞鑒至鎮道文武各員臣與撫臣初辦此案之
時亦疑其辦理不善迨臣親至保山察看情形
採訪輿論覈其前後所辦尚無不合機宜查該
鎮道本非駐紮永昌因派辦善後事宜始至該
處所帶兵役本極有限當倉卒起事之際人多
勢眾大半隨塲附和讎回而非讎官若不審察
情形舉動稍涉輕躁則操之太蹙城池倉庫在
在難保無虞該鎮道當時親自彈壓復督令府
縣及佐貳員弁分頭曉諭故脅從匪黨即先解

散其時各官在城支持防護雖不免於困而究未被圍此該鎮道等臨事鎮靜之尚合宜也當哨匪糾眾之時城内紳耆不肯隨同滋事沈振達糾眾攔截柴米不許入城固為挾制官長實亦挾紳士不肯附和之嫌該鎮道等察知哨民雖素桀驁而仍畏外回之凶悍此次既將回民

搜殺愈恐外回聞信藉報復以擾村莊因招致公正紳耆令其廣為開導諭以此時須協力防回不宜城哨自分畛域致為外匪所乘此層適中哨眾隱衷故此後柴米入城亦即照舊惟民情尚未大定未便即派兵圍拏致令各哨驚疑因即以防回為名密調永昌以西之騰越龍陵

官兵至郡既可防守府城及潞江兩處且以備
大兵到後内外夾攻故永昌以東之瀾滄江橋
雖被拆毀文報不通而後路之潞江橋調到兵
練駐防仍可接連騰越互為聲援以俟大兵之
至此該鎮道中間布置之尚合宜也迨後大兵
到齊哨匪聞風畏懼各思逃散該鎮道督令紳
者頭人趕緊縛獻並飭前調之騰越龍陵弁兵
嚴堵後路不使潛逃故綑獻之外所有著名要
犯經各路官兵搜拏到案者又加兩倍綜前後
事勢而論該鎮道等實亦倍著辛勤若責以先
事之未能豫防概予糸黜所謂欲加之罪何患
無詞惟其於倉卒遇事之時猶能竭力籌維和

雲貴總督林則徐奏片 查明保山滋事被困在城之鎮道等員並無辦理不善之處

道光二十八年五月十一日

衷共濟俾城池倉庫諸獲安全首要各犯不致
遠颺地方仍臻靖謐似與一籌莫展及輕率僨
事者究有穹壤之殊設使該文武有因事起釁
及甘被圍困苟全性命情事臣必當據實嚴參
不值代人受過實以事由提解人證而起委無
別情而人證奉
旨飭提萬無准其免解之理是以臣等前發告示內
云京控提人乃出自煌煌
上諭並非地方官吏擅自行提如謂提人即是激變
則每年各省京控所提不知凡幾誰敢如爾等
之抗拒等語以此詰問到案人犯亦皆俯首認
罪是該鎮道等並無辦理不善之處即犯罪者

雲貴總督林則徐奏片　查明保山滋事被困在城之鎮道等員並無辦理不善之處

道光二十八年五月十一日

亦無異詞自各路官兵到齊總兵拴住仍督率
所轄之騰越弁兵查拏要犯現在事竣甫回騰
越廳城駐劄迤西道王發越疊在永昌永平等
處隨同臣研訊犯供分別定讞近日亦回大理
察看該鎮道均尚堪以勝任惟此後永昌一郡
表率尤須得人前因該府李恆謙性近優柔於
邊要地方難資整頓業經臣會商撫臣將其甄
別降補請以臨安府知府張亮基
奏調在案其署保山縣知縣韓捧日平時辦事尚
有條理隨同張亮基措理一切當可漸臻成效
至此次查辦保山哨匪及督令凱撤官兵乘勢
捕拏各處匪犯為時四月有餘而軍需節之又

雲貴總督林則徐奏片　查明保山滋事被困在城之鎮道等員並無辦理不善之處

道光二十八年五月十一日

節不敢稍有浮費所請借用鹽課並蒙
恩允動支捐輸之銀臣已與撫臣函商擬由外設法
分年籌補歸款容查明實用若干再行妥議具
奏總期師行有效餉不虛糜以仰副
聖主訓諭諄諄至意所有欽奉
諭旨據實覆奏緣由謹附片縷陳伏乞
聖鑒謹
奏

另有旨

雲貴總督林則徐奏片

查明前永昌用兵之署守備趙發元等陣亡慘烈情事

再臣查前次永昌用兵卷内趙發元等陣亡之事曾經前督臣具奏欽奉
諭旨陣亡之署守備趙發元署都司繆志林把總趙得和及陣亡受傷各備弁兵丁著一併查明咨部照例議卹等因欽此仰見
聖主褒忠延賞激勵戎行之至意惟原奏雖曾敘及趙發元罵賊遇害而於其借路不允發矢射中張富脣吻竟至慘被支解挖心炒食等情當時尚未查出致未備細
上聞兹經獲犯質訊僉供如一並察訪輿論謂二十五六年陣亡員弁中無有過於趙發元之慘烈者臣查該故備本係回人而能深知大義敵愾

捐軀不肯稍徇同教尤為難得彼時被賊挖心
炒食凡在行間者聞之皆恨不得撿此下手之
賊而食其肉今既拏獲馬無二供認下手挖取
趙發元心肝而羅萬喜亦供認將繆志林挖心
支解又獲到同時賊夥供指相符臣審明後即
將該二犯凌遲處死並在法場之側寫立趙發
元等靈牌於該二犯處決後挖心致祭以慰忠
魂其行刑之弁兵與觀看之軍民咸謂
國法大伸人心盡快臣並摘敘辦理案由傳示各
回寨咸使聞知以見漢回一視且冀其追慕忠
良潛消澆悍於風俗或可有裨除飭司查明應
行議卹之員弁兵丁速即一體詳咨辦理外合

雲貴總督林則徐奏片　查明前永昌用兵之署守備趙發元等陣亡慘烈情事
道光二十八年五月十一日

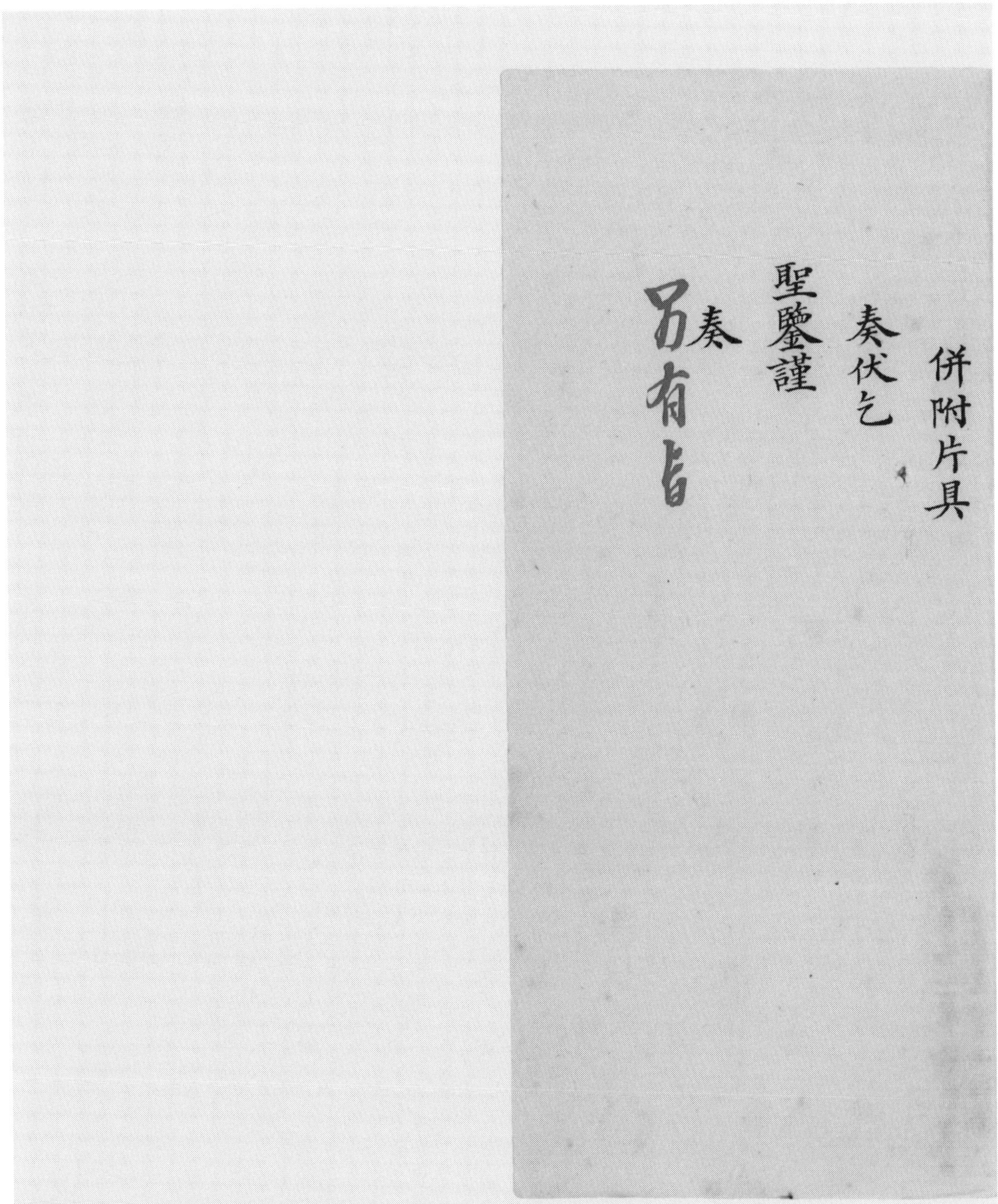
併附片具
奏伏乞
聖鑒謹
奏
另有旨

雲貴總督林則徐奏片　**請援案將滇省問擬遣軍流徒各犯先行定地發遣以清囹圄**

再此次臣在迤西所辦各案除拒敵官兵人犯
七十六名均係立決死罪外他若彌渡保山兩
處滋事及現獲兇盜等犯於凌遲斬絞之外問
擬遣軍流徒者尚有三百四十餘名本應分别
監禁俟准到覈覆部咨始將人犯解配惟查滇
省監獄窄小而此等匪類素性更屬桀驁且本
處另有應禁罪囚若令同監擁擠不特易於瘐
斃且恐别滋事端溯查道光十九二十等年各
省辦理吸食鴉片煙案因人數衆多監獄擁擠
疊經
奏准於定擬後即行咨解赴配歷次遵辦在案兹
滇省查拏漢回各匪為數較多應請援照前辦

雲貴總督林則徐奏片 請援案將滇省問擬遣軍流徒各犯先行定地發遣以清囹圄 道光二十八年五月十一日

煙犯成案將問擬遣軍流徒各犯先行定地發
配仍俟接准部覆後照例彙
題如此援案變通似足以免疏虞而清囹圄茲據
雲南臬司普泰具詳前來除一面飭屬分别起
解外謹會同撫臣程矞采繕片具
奏伏乞
聖鑒謹
奏
覽

上諭 著照請以朱德璲調補貴陽知府所遺黎平府缺以王壽同補授

道光二十八年五月二十一日内閣奉
上諭林則徐等奏揀員調補省會要缺知府一摺著照所請貴州貴陽府知府員缺准其以朱德璲調補所遺黎平府知府員缺即以王壽同補授該部知道欽此

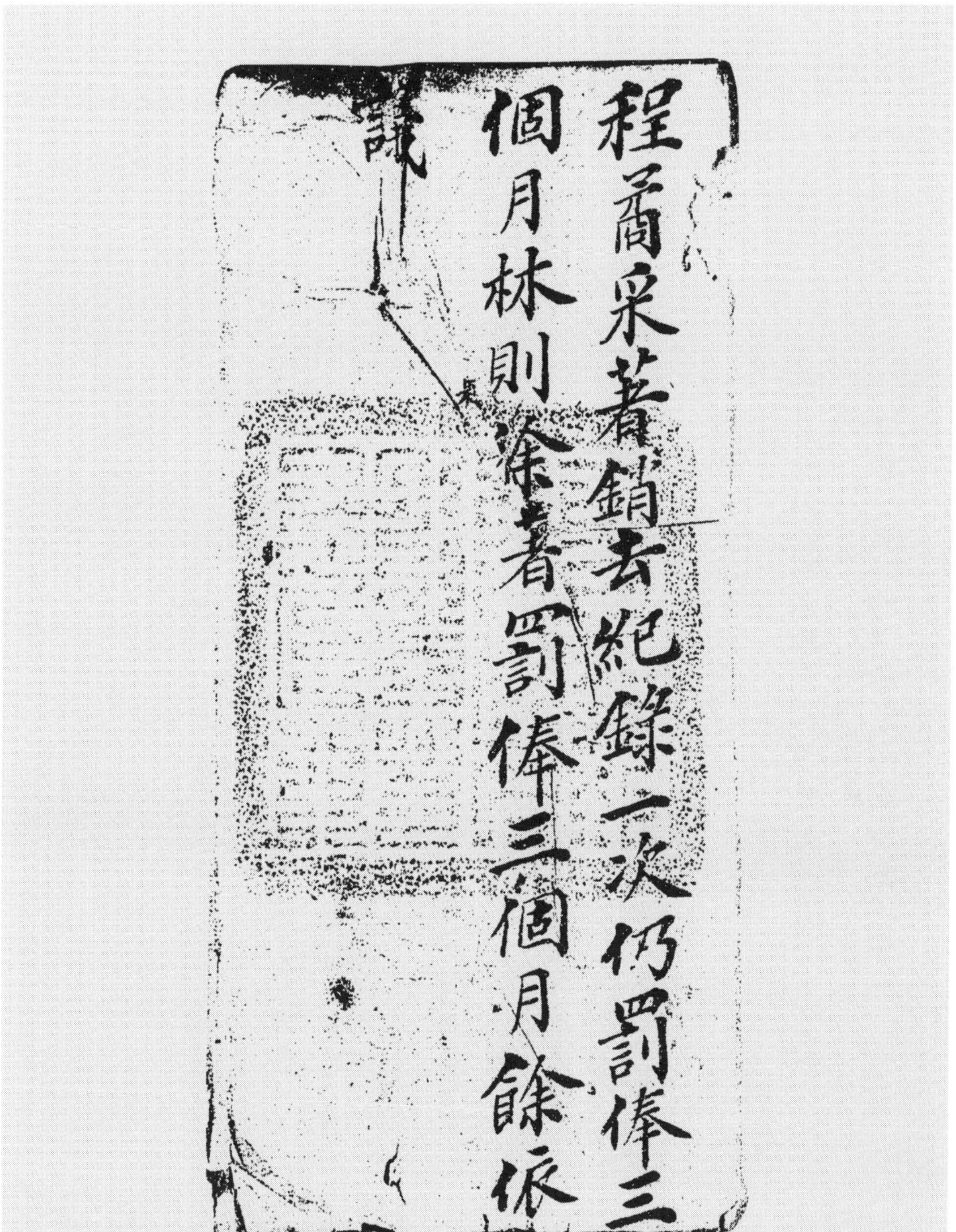

程矞采著銷去紀錄一次仍罰俸三
個月林則徐著罰俸三個月餘依
議

經筵講官吏部尚書鑲藍旗漢軍都統步軍統領臣文慶等謹
題為詳請具
題陞補知縣事吏科抄出雲南巡撫程矞采等題
前事内開據布政使趙光祖按察使普泰詳稱
富民縣知縣廣和降補遺缺查有軍營出力准
陞知縣嚴鉷年二十七歲浙江監生遵豫工事
例加捐縣丞分發雲南試用道光貳拾肆年玖
月初捌日到滇因回匪滋事軍營出力貳拾陸
年柒月貳拾日欽奉
上諭著免補本班以知縣陞用欽此該員年力富強
辦事明敏以之陞補富民縣知縣詳請具
題前來臣查嚴鉷年富才明辦事勤奮以之陞補

富民縣知縣實屬人地相宜與例亦符該員係
准陞知縣今請陞補知縣俟部覆至日照例給
咨送部引
見謹會同雲貴總督臣林則徐合疏具
題伏乞
皇上聖鑒
勅部議覆施行謹
題請
旨道光貳拾柒年拾壹月貳拾叁日
題貳拾捌年叁月貳拾叁日奉
旨該部議奏欽此欽遵於本日抄出到部

吏部尚書文慶等題本　請將違例保題嚴鉷陞補富民知縣之林則徐等人分別議處
道光二十八年五月二十四日

該臣等議得雲南巡撫程矞采等疏稱富民縣
知縣廣和降補遺缺查有軍營出力准陞知縣
嚴鉷年富才明辦事勤奮以之陞補富民縣知
縣實屬人地相宜與例亦符該員係准陞知縣
令請陞補知縣俟部覆至日照例給咨送部引
見等因前來　查定例應歸部選之道府以下等缺
祇准將候補委用試用之員題請補用不准以
現任人員題請陞調如有違例保題或專摺奏
請陞調者即照例議處又定例違例保題照違
令公罪律罰俸九個月會銜之督撫罰俸三個
月等語又臣部奏定章程內開嗣後凡外省留
補各缺題咨補用之員與例不符議駮者其員

缺毋庸歸選即將所補之員因何議駁緣由於
文內敘明知照該督撫等另將合例人員請補
等因道光貳拾伍年陸月拾肆日奉
旨依議欽此欽遵在案今雲南富民縣知縣廣和降
補遺缺係簡缺應歸月選先經該撫扣留外補
在案嚴鉷浙江監生由雲南豫工二卯試用縣

鉷

丞道光貳拾肆年拾月初陸日到省因回匪滋
事軍營出力貳拾陸年柒月貳拾日奉
上諭著免補本班以知縣陞用欽此茲據該撫等題
請陞補富民縣知縣查富民縣知縣應歸月選
係參劾遺缺例祗准以軍營出力候補人員補
用不准以應陞人員陞補所有該撫等題請將

則徐
喬采

陞知縣嚴鉷陞補富民縣知縣之處覈與定
例不符應毋庸議該撫等違例保題應行議處
應將違例保題之雲南巡撫程喬采照例罰俸
九個月會銜之雲貴總督林則徐照例罰俸三
個月查程喬采任内有紀録七次應銷去紀録
一次抵罰俸六個月仍罰俸三個月其富民縣
知縣員缺應令該撫等另行遴員請補恭候
命下臣部遵奉施行再此本科抄於叁月貳拾叁日
抄出到部伍月貳拾肆日辦理具
題合併聲明臣等未敢擅便謹
題請
旨

嚴鉷浙江監生由雲南豫工二卯試用縣丞因
回匪滋事軍營出力道光貳拾陸年柒月貳拾
日奉
上諭著免補本班以知縣陞用欽此兹據該撫等題
請陞補富民縣知縣查富民縣知縣應歸月選
係參劾遺缺例祇准以軍營出力候補人員補
用不准以應陞人員陞補所有該撫等題請將
候陞知縣嚴鉷陞補富民縣知縣覈與定例不
符應毋庸議

道光貳拾捌年伍月貳拾肆日

經筵講官吏部尚書鑲藍旗漢軍都統總管內務府
大臣步軍統領教習庶吉士稽察京通十七倉大臣　臣文慶

經筵講官協辦大學士吏部尚書管理戶部三庫事務　臣陳官俊

左侍郎正黃旗滿洲副都統兼[illegible]　臣花沙納

經筵講官左侍郎　武英殿總裁　臣季芝昌

右侍郎總管內務府大臣正藍旗滿洲副都統管理　寧壽
宮　武英殿　咸安宮官學　清漪園奉宸苑事務　圓明園
八旗內務府三旗護軍營官兵大臣稽查京通十七倉右翼總兵　臣福濟　差

右侍郎　國史館副總裁　臣侯桐

文選清吏司署掌印郎中　臣崔侗

署掌印員外郎　臣祥裕

郎中　臣保衡

郎中臣林士俊
郎中臣鍾　裕
員外郎臣覺羅豫立
員外郎臣碩　麟
員外郎臣蔡紹洛
主事臣覺羅炳綱
主事臣陳宗元
候補主事臣薛鳴臯
候補主事臣胡肇智
候補主事臣陳鴻壽
候補主事臣賀霖若
候補主事臣傅　浚

吏部尚書文慶等題本　請將違例保題嚴錤陞補富民知縣之林則徐等人分別議處　道光二十八年五月二十四日

考功清吏司郎中臣全豐

主事臣張熾

二八 雲貴總督林則徐等奏摺 普洱知府辛本棨丁憂所遺員缺請以澂江知府李熙齡調補

道光二十八年五月二十六日

雲貴總督林則徐等奏摺 普洱知府辛本棨丁憂所遺員缺請以澂江知府李熙齡調補

二八

雲貴總督林則徐等奏摺　普洱知府辛本棨丁憂所遺員缺請以澂江知府李熙齡調補

道光二十八年五月二十六日

雲貴總督臣林則徐
雲南巡撫臣程矞采跪

奏為極邊烟瘴要缺知府揀員調補以裨地方恭

摺奏祈

聖鑒事竊查准陞普洱府知府辛本棨丁憂所遺係烟瘴要缺例應在外揀選調補該府地處極邊管轄三廳一縣及沿邊各土司幅幀遼闊壤接外夷烟瘴最盛一切撫馭巡防均關緊要非歷練老成熟悉邊地夷情能耐烟瘴之員不足以資治理臣等與藩臬兩司於通省現任知府內慎加遴選非現居要缺即人地不宜惟查有澂江府知府李熙齡年五十二歲江西南城縣進士改翰林院庶吉士散館授職編修充

國史館纂修道光十四年甲午科
欽命貴州鄉試副考官十六年奉
旨記名以御史用十七年補江南道監察御史稽查
中倉十八年轉掌廣西道監察御史充戊戌科
會試同考官旋陞吏科給事中稽查戶部銀庫
十九年奉
旨簡放陝西漢中府遺缺知府七月奉
旨補授陝西榆林府知府兩次兼護延榆綏兵備道
二十二年在任丁憂回籍守制二十三年因失
察戶部銀庫虧短革職罰賠銀兩嗣經遵例全
完奉
旨著以知府用二十四年服闋二十五年赴部投供

選授雲南澂江府知府引
見奉
旨依擬用欽此道光二十六年閏五月到任現署廣
南府知府該員才明守潔穩練安詳熟悉邊地
夷情能耐烟瘴雖在滇歷俸未滿三年而該員
前任陝西知府先後接算核計歷俸久滿以之
調補普洱府知府洵堪勝任與例亦屬相符其
任内一切因公處分例免核計據藩臬兩司會
詳請
奏前來臣等謹遵人地相需之例合無仰懇
天恩俯念邊缺緊要准以澂江府知府李熙齡調補
普洱府知府實於邊地有裨如蒙

雲貴總督林則徐等奏摺　普洱知府辛本棨丁憂所遺員缺請以澂江知府李熙齡調補
道光二十八年五月二十六日

俞允該員係現任知府請調知府銜缺相當毋庸送
部引
見所遺澂江府係屬選缺滇省現有應補人員遵照
新例俟部覆至日遴員請補再該員叅罰未覆
各案俟覆准日飭令照例完繳臣等謹合詞恭
摺具
奏伏乞
皇上聖鑒訓示謹
奏
另有旨

二八 雲貴總督林則徐等奏摺 普洱知府辛本棨丁憂所遺員缺請以澂江知府李熙齡調補

道光二十八年五月二十六日

道光二十八年五月二十六日

雲貴總督林則徐等奏摺

景東直隸同知書齡丁憂所遺員缺請以昆明知縣賈洪詔陞補

奏

雲貴總督林則徐等奏摺　景東直隸同知書齡丁憂所遺員缺請以昆明知縣賈洪詔陞補　道光二十八年五月二十六日

雲貴總督臣林則徐
雲南巡撫臣程矞采跪

奏為要缺同知遴調乏員仰懇
聖恩俯准陞補以裨地方事竊查景東直隸同知書齡丁憂所遺係繁疲難兼三要缺例應揀選調補該廳地方遼闊政務殷繁必須精明幹練之員方足以資治理臣等與藩臬兩司於通省現任同知內逐加遴選非現居要缺即人地未宜一時實無堪以調補之員惟於應陞人員內查有昆明縣知縣賈洪詔年四十歲湖北均州進士以知縣即用籤掣雲南於道光二十一年三月到滇歷署元江南安河西新平等州縣補授定遠縣知縣二十五年七月到任旋調補昆明

縣知縣委令先署二十七年五月准調到任該
員才優識練勤幹有為請以陞補景東直隸同
知洵堪勝任惟兩任接算歷俸未滿三年與請
陞之例稍有未符但人地實在相需據藩臬兩
司會詳請
奏前來臣等謹專摺
奏懇
天恩俯念員缺緊要准以昆明縣知縣賈洪詔陞補
景東直隸同知實於地方有裨如蒙
俞允該員係現任知縣請陞同知俟部覆至日照例
給咨送部引
見恭候

欽定其所遺昆明縣知縣係首邑題調要缺遵照定例俟奉准部覆另行遴員調補再該員前由定遠縣調補昆明縣所有應完罰俸各案銀兩俱已完解清楚咨部核銷其自准調後續議罰俸各案未完銀兩飭令依限如數完解謹合詞恭

摺具

奏伏乞

皇上聖鑒訓示謹

奏

吏部議奏

二八

雲貴總督林則徐等奏摺 景東直隸同知書齡丁憂所遺員缺請以昆明知縣賈洪詔陞補

道光二十八年五月二十六日

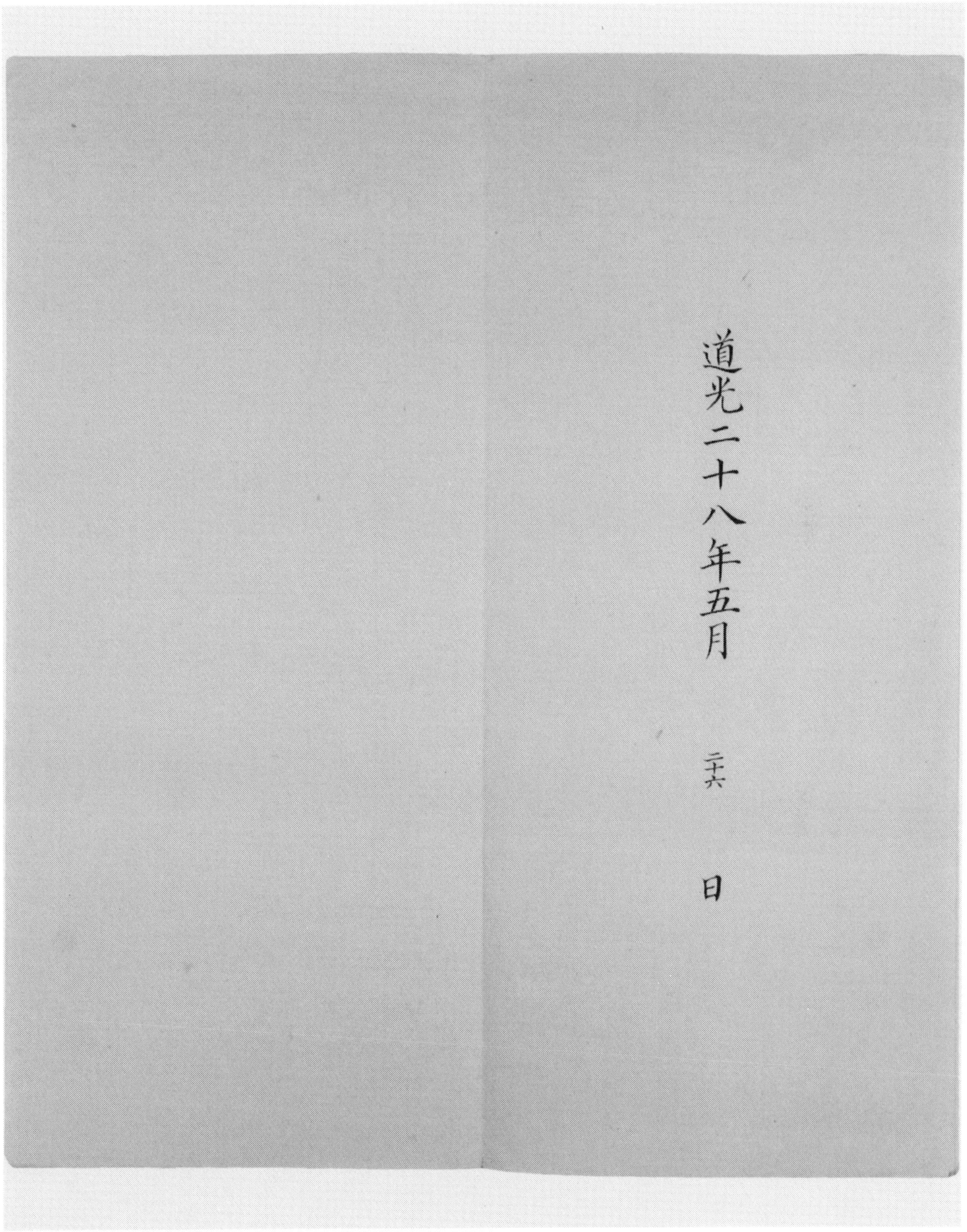

道光二十八年五月 二十六 日

雲貴總督林則徐等奏片　陝西督糧道黃德濂留滇核銷軍需事竣應令赴任以供職守

再順寧府知府黃德濂蒙
恩簡放陝西督糧道前因永昌緬雲軍需多係該員
一手經理
奏請暫留核算報銷奉
旨准其暫留滇省俟報銷完竣再行前赴新任欽此
查永昌緬雲軍需動用經費業經臣等酌擬條
款奏蒙
聖鑒在案遵飭該員會同在省司道督同各委員按
照條款及軍需事例認真詳細鈎稽務令核實
報銷不得稍有冒混茲據逐一查明悉照例案
核辦並無虛糜浮冒現在分別繕具清冊另行
題銷該員黃德濂銷算已竣別無經手未完事件

雲貴總督林則徐等奏片　陝西督糧道黄德濂留滇核銷軍需事竣應令赴任以供職守

道光二十八年五月二十六日

應令前赴陝西糧道新任以供職守，除給咨赴任外，謹附片奏

聞，伏祈

聖鑒。謹

奏。

覽。

上諭 著林則徐密訪姚老五確踪並趙發元照參將例賜恤等情

道光二十八年六月初三日內閣奉
上諭林則徐奏現乘凱撤大兵分投捕獲歷年竄擾要犯多名審明立置重典一摺另片奏查明前次陣亡之署守備等慘酷情形又另片奏遵查永昌鎮道被圍實因事起倉猝並非辦理不善各等語林則徐此次督兵進剿於永昌七哨懾服軍威後復乘凱撤大兵將歷年永順雲緬軍營剿散餘匪搜捕多起究出戕害擄禁員弁拒殺兵丁練勇各要犯七十六名審明立置重典自足大快人心永昭炯戒此外尚有夥同支解趙發元之姚老五一犯雖據現犯供稱已被擊殺恐難盡信仍著該督派員密訪確蹤毋任捏飾倖逃法網其前在永昌

軍營陣亡之署守備趙發元既據查明道光二十
六年駐守飛石口時賊匪馬無二等央其讓路該
署守備大罵不允並發矢射中賊首張富唇吻致
被賊匪支解究心吞食情實可憫且該署守備本
係回人深知大義敵愾捐軀尤堪嘉尚趙發元前
已有旨賜卹著加恩照參將例賜卹所有該部前
遵諭旨議卹之處著即撤銷並賞銀三百兩即由
該地方官支領庫銀交該故員家屬收領以慰忠
魂其餘查明應行議卹之各員弁兵丁均著該督
咨部照例覈辦餘著照所擬辦理至永昌鎮道等
已據查明並非甘心困辱亦無激變情事免其治
罪其應得處分著該督覈其輕重定擬具奏欽此

示〇 林則徐片

再臣接據貴州威寧鎮總兵善祥字稱該鎮
奏請
陛見蒙
硃批著來見欽此字請委員接署鎮篆以便交卸
起程北上等情臣查臣在滇出師之委清江協副
將李瑞于上年十一月間經臣
題陞定廣協副將該員年強才練營務認真
現經凱撤回黔堪以委護威寧鎮篆除
檄飭遵照外謹臣委護總兵緣由理合附片
陳明伏乞
聖鑒謹

雲貴總督林則徐奏片 威寧鎮總兵善祥進京陛見委清江協副將李瑞護理篆務

雲貴總督林則徐奏片 威寧鎮總兵善祥進京陛見委清江協副將李瑞護理篆務 道光二十八年六月初四日

奏

道光二十八年六月初四日奉

硃批覽欽此

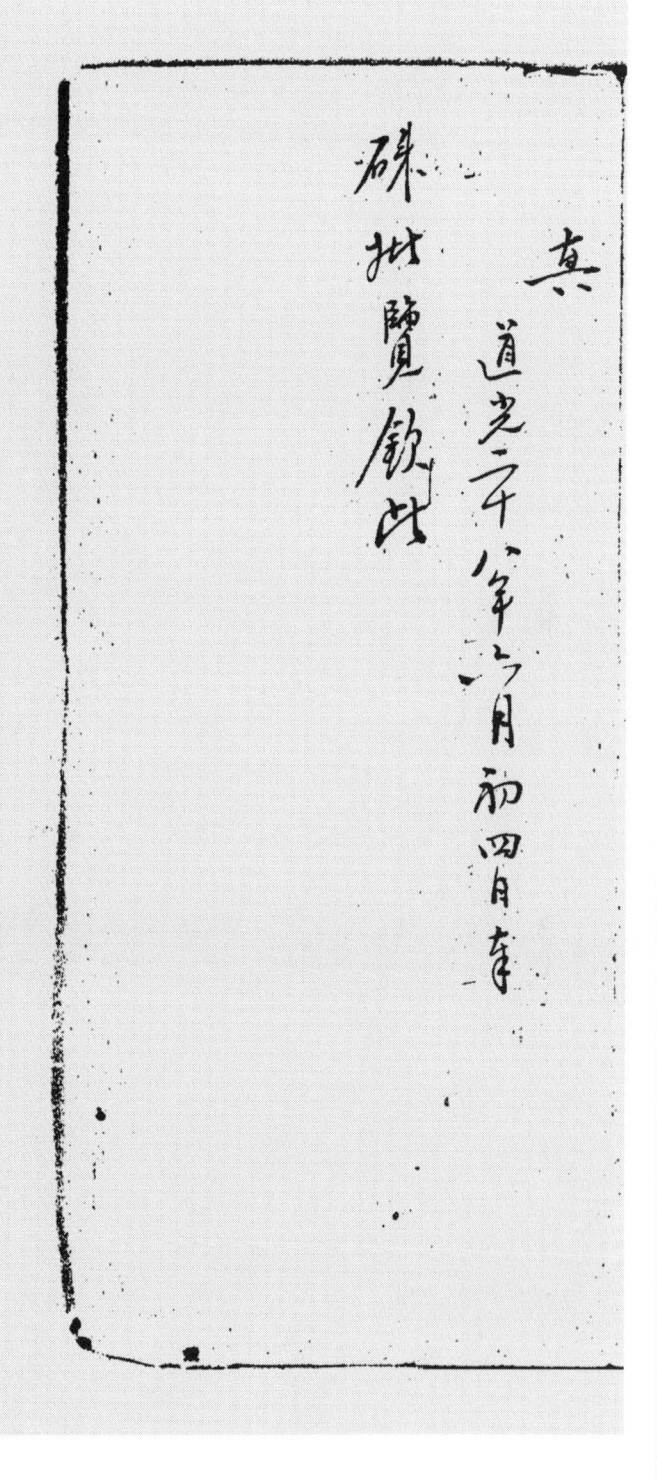

上諭　著照所請以張亮基調補永昌知府所遺臨安府缺以嵩保補授

道光二十八年六月初四日内閣奉
上諭林則徐等奏請調補邊要知府一摺著照所請
雲南永昌府知府准其以張亮基調補所遺臨安
府知府員缺著嵩保補授該部知道欽此

硃

上諭　著將永昌知府李恒謙降為同知署麗江知府龍陵等均著勒休

道光二十八年六月初四日内閣奉

上諭林則徐等奏甄別知府同知知州請分別降補勒休一摺雲南永昌府知府李恒謙性近優柔於邊要地方難期整頓著撤銷道銜降為同知留於該省候補署麗江府知府龍陵同知陳釗鏜近患目疾日久未痊鶴慶州知州姚光熹精力就衰辦公竭蹷均著勒令休致餘著照所擬辦理該部知道欽此

上諭　林則徐奏請揀發參將遊擊著兵部照例揀選引見候旨發往

道光二十八年六月初四日内閣奉

上諭林則徐奏請揀發叅將一員遊擊二員以資差遣著兵部於曾任緑營候補候選人員内照例揀選帶領引見候旨發往欽此

上諭　著照林則徐所請以廉惠補授雲南騰越鎮標中軍遊擊

道光二十八年六月初四日内閣奉

上諭林則徐奏揀員請補遊擊一摺著照所請雲南騰越鎮標中軍遊擊員缺准其以廉惠補授該部知道欽此

大學士管理刑部事務賓興等奏摺　請將降調知縣廣和京控案飭交雲貴總督林則徐秉公查辦

道光二十八年六月初九日

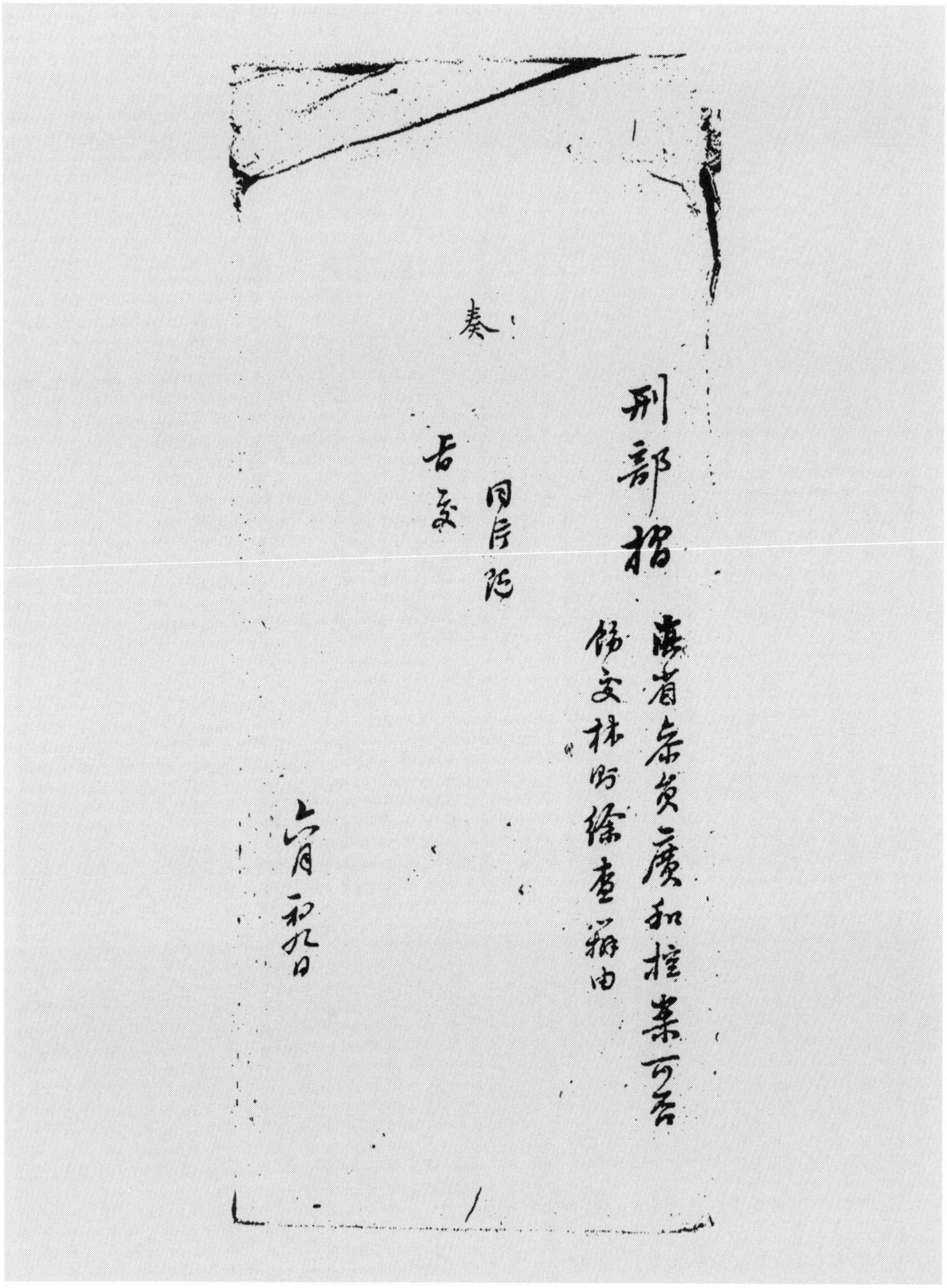
刑部摺
滇省參員廣和控案可否
飭交林則徐查辦由
奏
旨交
同片隨
六月初九日

大學士管理刑部事務賓興等奏摺　請將降調知縣廣和京控案飭交雲貴總督林則徐秉公查辦

太保大學士管理刑部事務臣寶興等謹
奏為降調知縣列款訐控請
旨飭交審辦事據都察院奏前任雲南知縣降調府
經歷縣丞廣和以庇匪妄參等詞具控一案道
光二十八年六月初一日奉
旨前任雲南知縣降補府經歷縣丞廣和著交刑部
審訊原呈併發欽此旋經該衙門將廣和並抄錄
原呈咨送到部臣等督飭司員詳加研鞫據廣
和供伊係雲南富民縣知縣道光二十七年正
月間伊訪聞縣境有捐職劉元吉等燒香結盟
年少居首情事當即密商首府移知首縣查辦
並緝獲從犯李維林等多人到案正在審辦間不

意劉元吉潛逃赴省令夥黨周於德等捏以
吏役張介福等朦官舞弊等情控經雲南府知
府桑春榮批委昆明縣知縣賈洪詔提審將張
介福押斃縱匪不辦朦聳藩司趙光祖將伊撤
任並以伊任性偏執聽斷失平詳揭巡撫程裔
采奏參降調因思該省藩司大員斂婪百萬諸
事徇縱不公不實大小官員受其朦蔽把持府
縣消弭巨案伊因查辦匪徒實心任事反被揭
參情有難甘是以臚列各款逕直揭部科之例
繕就呈詞十張控經都察院奏送到部伊控告
各款均已詳載呈內可以查核等語　查該員所
遞呈詞共計十件內五件係為訪獲燒香結盟

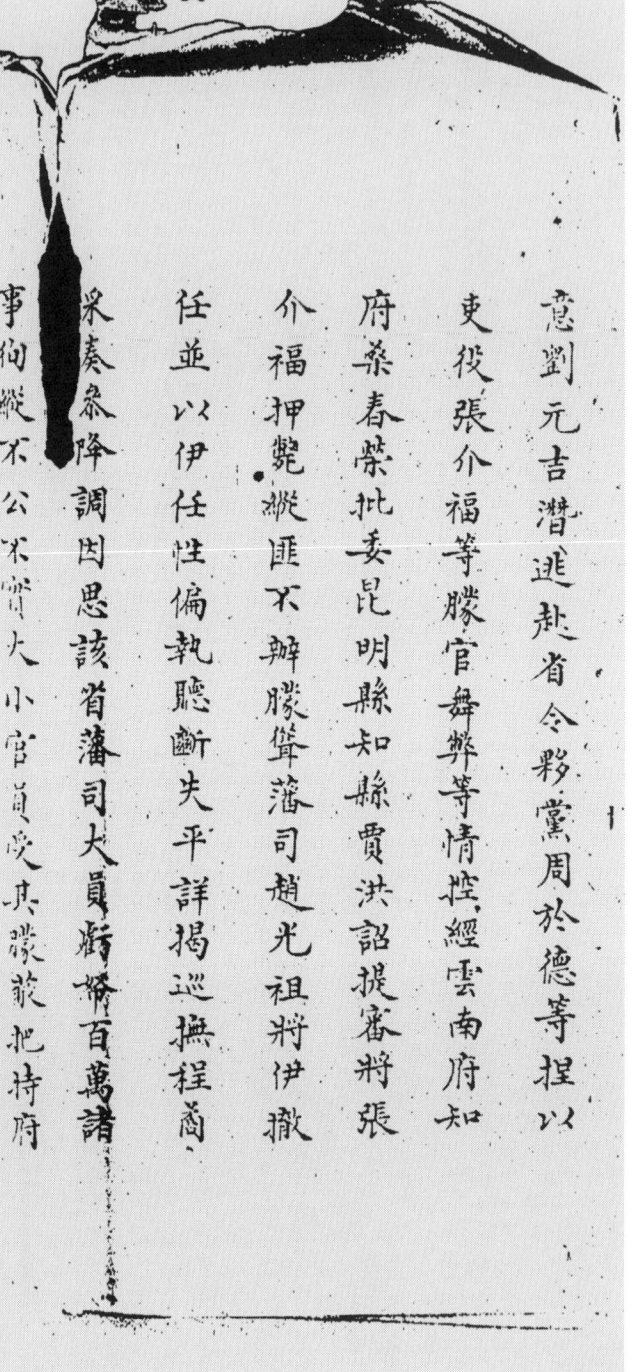

人犯後經審虛被參歷控司道府縣有心消弭一件係應領公幫路費短發二十餘兩一件係本管知府專權任性一件係接署官員勒捐交代一件係因原參考語內有任性偏執聽斷失平字樣反覆申辯一件係控告藩司舞弊不公臚列三十六款牽涉督撫道員並據供出滇省交代多有未結礦廠虧短欠仍行管催各等情臣等查被劾人員摭拾不干己事奏告例應不問虛實立案不行第該員所控藩庫及銅項各虧短百萬餘兩事關重大未便拘執成例不行查辦惟查所控藩司各款司道以下皆由其專權把持總督巡撫皆任其從恿朦蔽似雲南通省事務盡係藩司一人主持是否

因藩司具揭詳參挾嫌捏告抑或實有辦事不
公及虧短帑項情弊自應一併嚴切根究但庫
項有無虧短全在盤查控款牽涉多人須憑證
佐查該員於上年三月撤任詳參雲貴總督林
則徐係上年六月到任該員呈控各款多係該
[illegible]之
[illegible]
恩深重當不至因呈詞稍涉牽連遽致意存迴護可
否將此案
飭交雲貴總督林則徐秉公查辦之處伏候
欽定為此恭摺具
奏請
旨

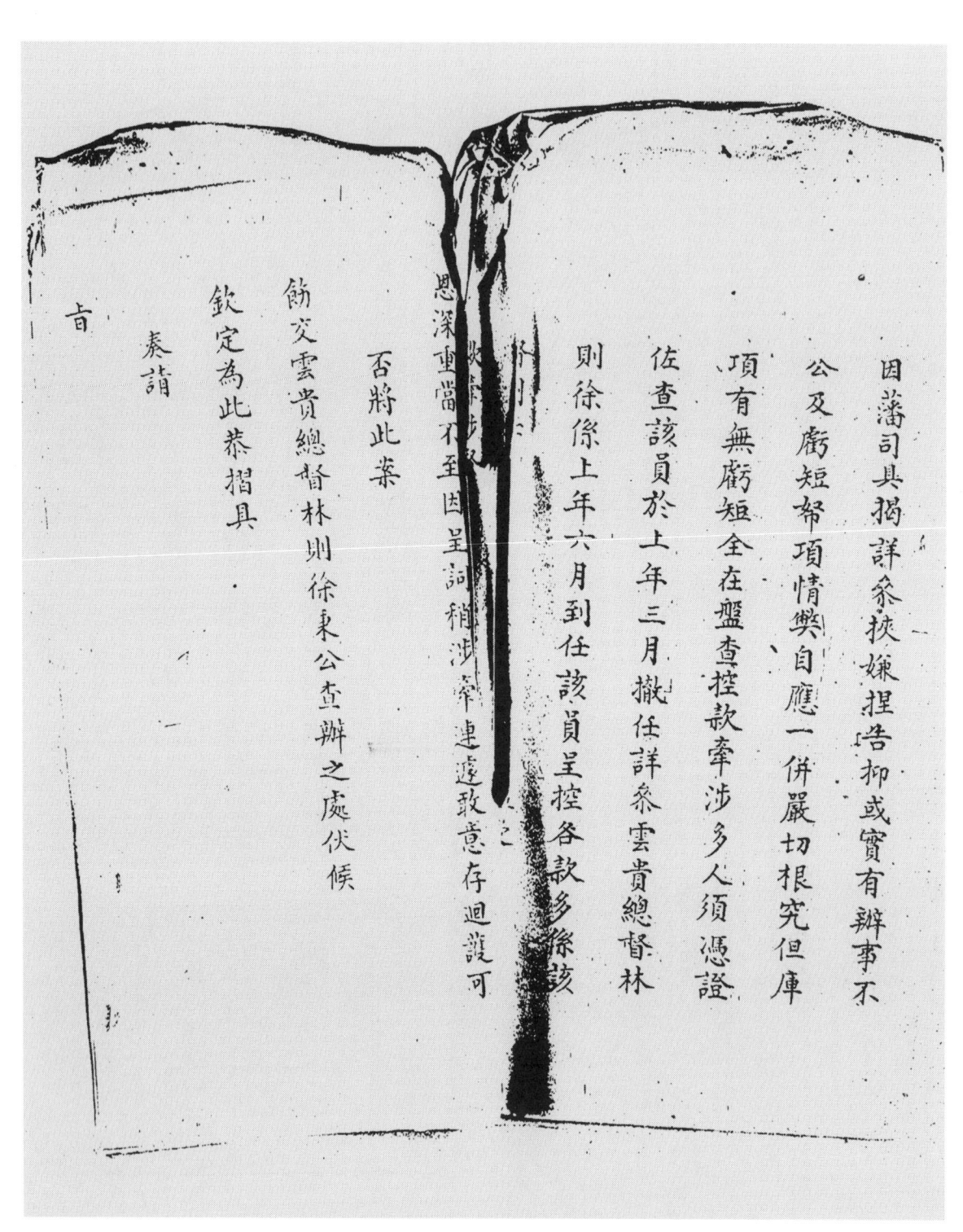

大學士管理刑部事務寶興等奏摺 請將降調知縣廣和京控案飭交雲貴總督林則徐秉公查辦
道光二十八年六月初九日

道光貳拾捌年陸月初玖日太保大學士管理刑部事務臣覺羅寶興

太子太保尚書臣阿勒清阿

太子太保尚書臣李振祜

署左侍郎臣寶清

左侍郎臣周祖培

右侍郎臣全慶尚未到任

署右侍郎禮部右侍郎臣廣林出差留署

右侍郎臣陳孚恩

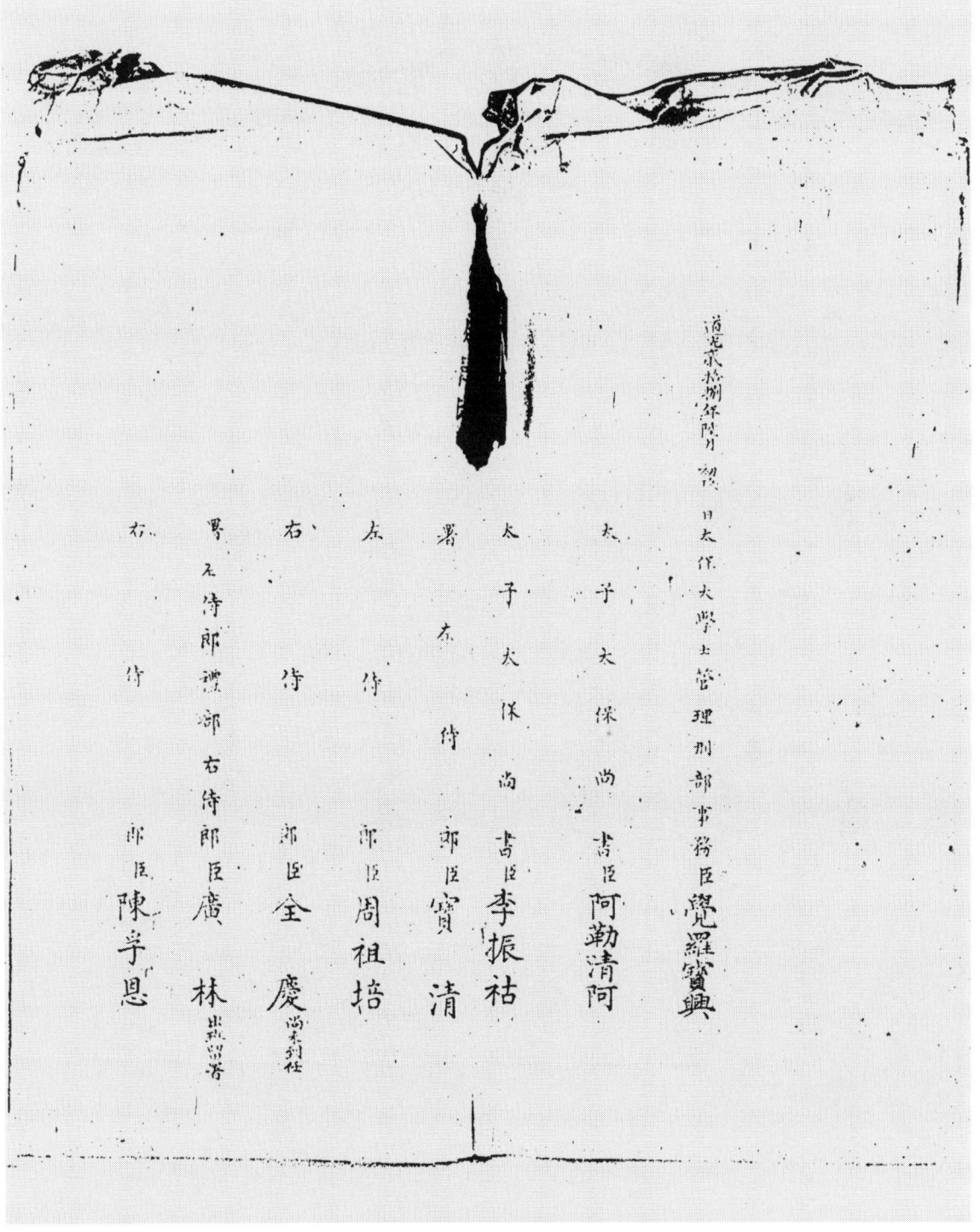

大學士管理刑部事務賓興等奏片　**據實陳明降調知縣廣和京控案內牽涉總督林則徐之各款**

臣覺羅寶興等

奏再此案廣和控告各款內有牽涉總督林則徐之
處一係回衆滋事藩司慫恿該督不問並聽從
藩司之言將回衆攻城燒搶重案改為械鬪迨
永昌被困該督撥餉派兵旋復膽怯加之藩司
多方嚇阻兩次改期緩兵等情臣等查回衆滋
事各案業經該督帶兵捕滅從前有無改期緩
兵是否另有機宜無所用其掩飾又所控同知
翁祖烈係該督外甥藩司專權取巧倒填月日
將例應迴避之翁祖烈派委領運顏料等語臣
等查翁祖烈題陞同知無論應否迴避均應遵

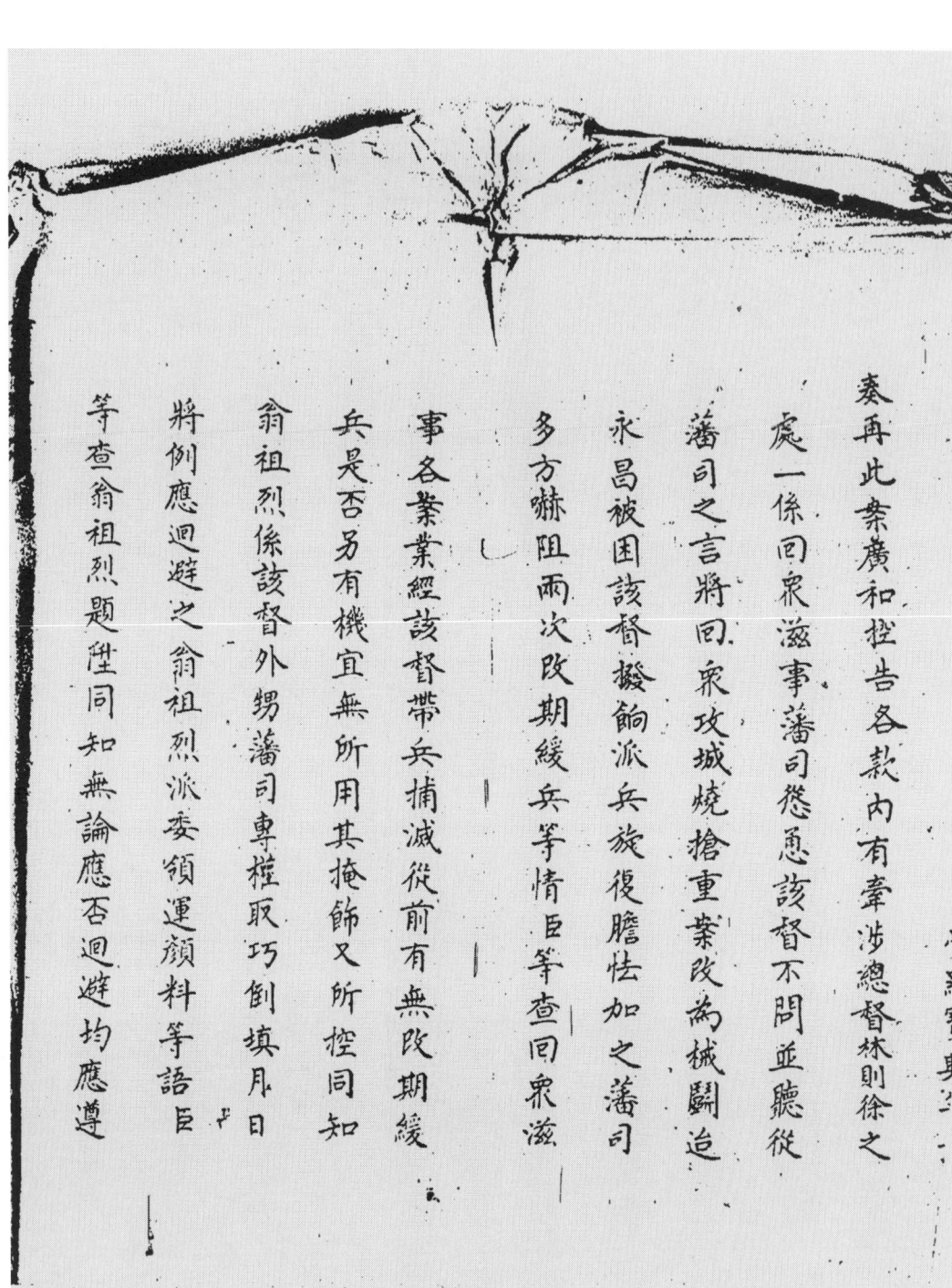

大學士管理刑部事務寶興等奏片　據實陳明降調知縣廣和京控案內牽涉總督林則徐之各款

道光二十八年六月初九日

見因其進京之便委令領運顏料係屬常事何須倒
填月日訊之廣和供稱翁祖烈派委此差如何
倒填月日並無確據亦屬率意牽控該督似亦
無所用其瞻徇謹將牽涉該督之處據實附片陳明謹
奏

上諭　著將雲南降調知縣廣和京控案交林則徐查明定擬具奏

道光二十八年六月初九日内閣奉
上諭刑部奏降調知縣列款訐控一案請飭交審辦
等語此案前任雲南知縣降補府經歴縣丞廣和
呈控該管上司各款當交刑部訊明有無實據據
奏該叅員多不能指實惟證佐俱未在京是否挾
嫌捏告抑或該省藩司等實有辦事不公及虧短
帑項等情虛實均應澈底根究著交林則徐親提
人證卷宗秉公查辦該督經朕簡畀封圻素所信
任諒不敢因呈詞稍涉牽連意存迴護且該叅員
呈控各款多係該督到任以前之事既無所用其
引嫌更不必代人受過著即將呈内各情逐款秉
公研鞫據實查明定擬具奏原告廣和著該部照

例解往備質該忝員原呈十件又刑部摺片二件
一併遞發欽此

雲貴總督林則徐奏摺　**已革守備馬起鳳於被參後延不交出鈐記請斥革雲騎尉世職**

奏

雲貴總督林則徐奏摺　已革守備馬起鳳於被參後延不交出鈐記請斥革雲騎尉世職　道光二十八年六月十三日

雲貴總督臣林則徐跪

奏為訊明已革守備虧短公項銀兩業已措繳全完尚無盜用鈐記捏報情弊按例定擬恭摺具

奏事竊臣前因已革雲南提標左營守備馬起鳳虧短公項銀兩延不交代且將鈐記私藏多日恐有盜用捏報情弊當經恭摺奏參請

旨將該革備拏問欽奉

上諭林則徐奏已革守備延不交代並查有虧短公項請拏問嚴究一摺雲南提標左營已革守備馬起鳳於革職後將鈐記私藏多日難保無盜用捏報情弊其虧短調任守備陳鶴齡俸薪等銀均應澈底研究馬起鳳著即拏問交該督逐層確切訊

明勒追嚴辦毋得任其狡飾欽此當經札司行提人證委大理府等審擬詳辦去後茲臣督辦永昌軍務完竣折回大理據大理府知府唐惇培督同太和縣知縣熊家彥審明録供議擬詳解前來臣就近親提研鞫緣馬起鳳係已革雲南提標左營守備前在任時有調任守備陳鶴齡未領俸廉銀九十三兩零存貯在庫經前署守備沙德章移交馬起鳳接收清楚結報在案嗣馬起鳳因乏銀使用將陳鶴齡未領俸廉擅用五十餘兩又將存庫紅白賞卹尾數侵用銀一兩五錢並長支本任俸廉銀五兩七錢八分一釐追陳鶴齡備文移領該革備僅交銀四十兩

餘欠許俟隨後補交陳鶴齡因銀未交清不肯
出具印領馬起鳳擬將虧欠各項在任陸續補
交乃於六月間患病請假致誤操遣經前署提
臣音德布咨參到臣查明屬實將馬起鳳
題參革職另委提標千總羅忠孝接署馬起鳳本
患痰迷病證迨聞撤任病證加重更復昏迷又
無男丁隨至任所不但虧欠公項未能彌補即
鈐記劄付亦未交出當經署守備羅忠孝稟經
該管署游擊懷唐阿據實揭報臣即檄委大理
府知府唐惇培提訊追取旋據該府稟覆馬起
鳳因患病痰迷未能呈繳經該府將
敕書鈐記劄付等項一併追出分别存繳轉發旋據

該署備羅忠孝查明署中公櫃内尚有應貯公
項一百兩零馬起鳳業已虧短由提臣榮玉材
咨請查辦復經臣具摺叅奏請
旨拏問馬起鳳旋經病愈自知悔懼將虧短陳鶴齡
存庫俸廉如數措交取有印領存卷其紅白尾
銀及長支本任俸廉亦已全行呈繳兹傳訊前
任守備陳鶴齡據稱前項俸廉銀兩現已收清
出具印領屬實並據該管游擊懷唐阿接任守
備羅忠孝查明馬起鳳長支本任俸廉並侵用
紅白尾銀俱已照數補交實無別項虧短等情
查馬起鳳於叅革後延不交出鈐記難保無盜
用冒支揑報情弊所稱因病昏迷殊難憑信復

經反覆究詰仍據堅供未經被參以前本有痰迷病證迨被參後病益加重自己昏迷又無男丁隨任致未將鈐記交出委無別情如有冒支等弊營中自必查揭豈肯代為隱瞞求為詳察等語臣復飭據提標中軍參將存住覆查該革備委無冒支捏報情弊集訊案內人證所供僉同案無遁飾查例載監守盜倉庫錢糧一百兩以下至四十兩准徒五年勒限一年追完限內全完免罪等語此案已革守備馬起鳳於在任時庫存公款是其主守乃輒將未領俸廉及紅白賞卹尾銀五十四兩五錢零擅自私用又長支本任俸廉銀五兩七錢八分一釐統計侵用

銀六十兩零應依監守自盜數在一百兩以下
至四十兩者准徒五年律准徒五年既於限内
全完自應照例免其治罪惟被叅之後鈐記延
不交出實屬抗玩雖據供因病昏迷而此風究
不可長馬起鳳除守備已革外其身兼雲騎尉
世職應請一併斥革另行承襲以為謬妄者戒
陳鶴齡先因俸廉銀兩未清不肯具領迨收清
後卽具印領存案接署守備羅忠孝查知馬起
鳳虧短公項據實揭報均無不合應毋庸議除
録供另行咨部外所有審明定擬緣由理合恭
摺具
奏伏乞

二八

雲貴總督林則徐奏摺　已革守備馬起鳳於被參後延不交出鈐記
請斥革雲騎尉世職
道光二十八年六月十三日

皇上聖鑒謹
奏
另有旨

道光二十八年六月　十三　日

二八

雲貴總督林則徐奏摺　請以張萬吉瑪克塔春陞署貴州古州鎮標左營並長壩營遊擊

道光二十八年六月十三日

雲貴總督林則徐奏摺　**請以張萬吉瑪克塔春陞署貴州古州鎮標左營並長壩營遊擊**

雲貴總督林則徐奏摺　請以張萬吉瑪克塔春陞署貴州古州鎮標左營並長壩營遊擊
道光二十八年六月十三日

雲貴總督臣林則徐跪
奏為苗疆要缺游擊題補乏員恭懇
聖恩俯准陞署以裨地方事竊照貴州古州鎮標左
營游擊王朝臣甫經掣補提標中軍叅將旋即
題報出缺所遺古州鎮標左營游擊接准部咨行
令於應陞應補人員内揀選題補又准咨長壩
營游擊慶德奉
旨補授山西新平路叅將所遺長壩營游擊亦於現
任應陞應補人員内揀選題補各等因查黔省
現無應補游擊人員其都司二十三員内祇有
三員合例而人地均未見相宜惟查有此次調
至雲南迤西軍營出力之威寧鎮標右營都司

雲貴總督林則徐奏摺　請以張萬吉瑪克塔春陞署貴州古州鎮標左營並長壩營遊擊
道光二十八年六月十三日

張萬吉年四十歲陝西武進士由侍衛期滿奉
旨著以營守備用欽此選補貴州撫標右營中軍守
備出師仁懷調補丹江營右軍守備陞補今職
該員年壯才明出師勤奮以之陞署古州鎮標
左營游擊洵堪勝任又查有此次軍營出力之
冊亨營都司瑪克塔春年四十歲正藍旗滿洲
人由藍翎長歷陞委前鋒叅領奉
旨著發往貴州以都司差遣委用欽此補授今職該
員力壯技優出師勇往以之陞署長壩營游擊
洵堪得力查該二員歷俸均尚未滿三年與例
稍有未符惟此次奉調帶兵查拏永昌永平趙
州蒙化姚州等處匪徒獲犯多名均能奮勇直

前不辭勞瘁擬即以此二缺請陞以示鼓勵謹
遵例專摺聲明合無仰懇
天恩俯念邊缺緊要准以都司張萬吉陞署古州鎮
標左營游擊都司瑪克塔春陞署長壩營游擊
實於營伍地方均有裨益如蒙
俞允張萬吉瑪克塔春應俟部覆至日照例送部引
見仍各扣足日期另請實授臣為邊缺需人起見謹
會同貴州撫臣喬用遷提臣王一鳳合詞具
奏伏乞
皇上聖鑒訓示謹
奏

另有旨

雲貴總督林則徐奏摺 請以張萬吉瑪克塔春陞署貴州古州鎮標左營並長壩營遊擊 道光二十八年六月十三日

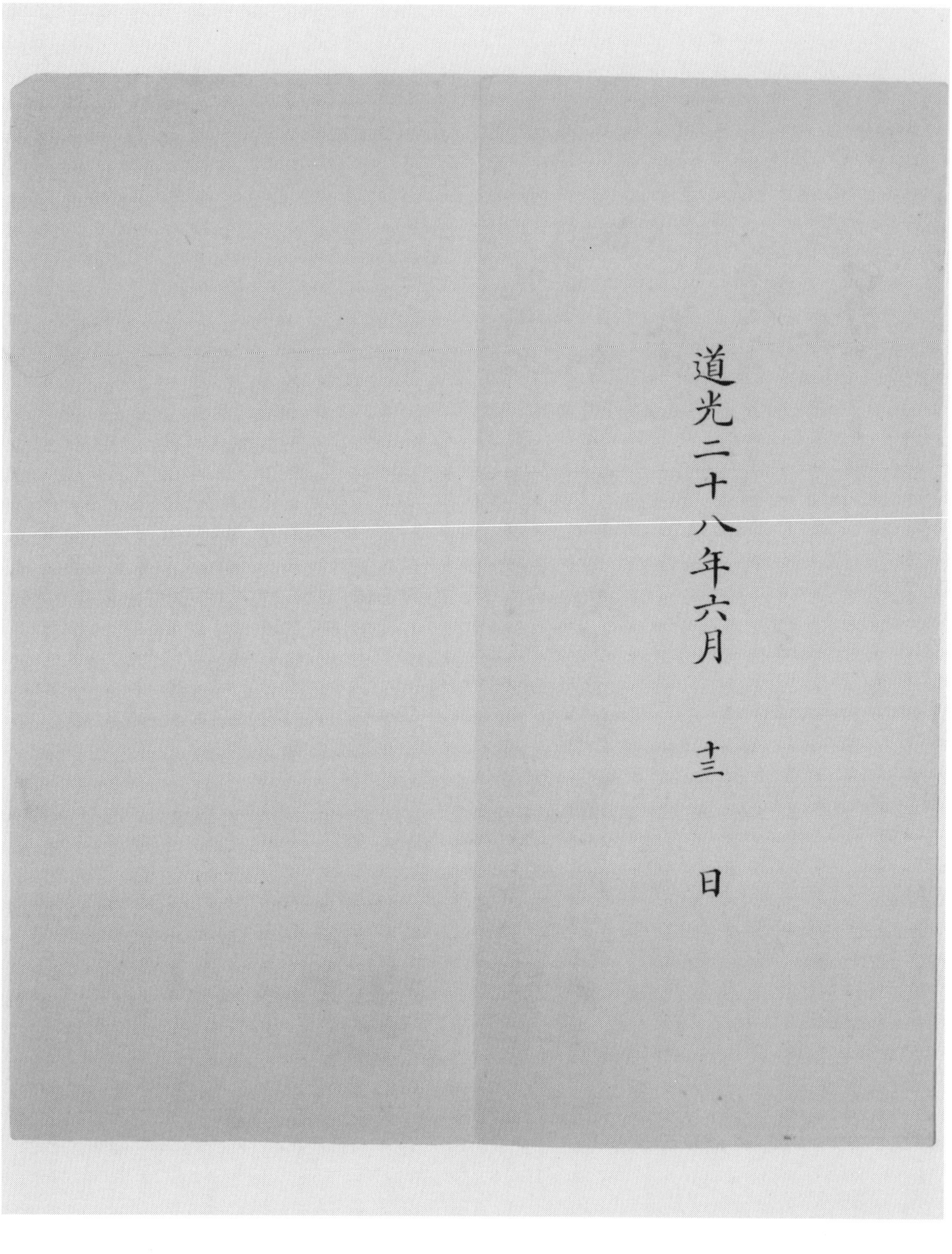

道光二十八年六月 十三 日

雲貴總督林則徐奏摺

永昌軍務已竣順道校閱迤西等處營伍

雲貴總督林則徐奏摺 永昌軍務已竣順道校閱迤西等處營伍
道光二十八年六月十三日

雲貴總督臣林則徐跪
奏為永昌軍務已竣順道校閱迤西營伍恭摺具
奏仰祈
聖鑒事竊臣於三月間駐劄永昌業將閱過該協營
伍並調考騰越鎮龍陵協順雲營官弁分別降
革緣由
奏報在案嗣辦理永昌哨匪事竣回至大理提訊
回民京控兩案又因督緝姚州上年焚殺案內
餘匪移駐楚雄當將提標及大理城守營楚雄
協並調閱之鶴麗鎮維西協永北劍川景蒙等
營官兵先後親加操閱其有偏僻營分路程較
為迂迴者循照往例將官弁調來親校其兵丁

各技分委別營鎮將前往操閱仍報臣彙覈辦
理所有閱過隊伍陣式均尚整齊連環排槍聲
勢聯絡刀矛雜技擊刺跳舞亦俱熟習馬步箭
中靶分數不等各在六七成以上施放擡礮擡
槍鳥槍亦皆猛捷有準兵丁技藝優長者當場
奬賞生踈者分别降糧責革查千總以上弓馬
俱尚可觀惟劒川營把總張中載馬步全空因
鳥槍尚中三槍降為額外外委以觀後效提標
外委涂之錦永北營外委楊高陞提標額外外
委匡貴步箭僅各中一矢涂之錦楊高陞均降
為額外匡貴降為馬兵又提標効力期滿之武
舉馬進鸞槍箭雖有中靶而氣體單弱難期振

作應即革退隨營仍畱武舉楚雄協額外外委
劉發馬步俱空兩鳥槍尚皆中靶當即降為馬
兵勒限練習又永北營右軍外委張毓文馬步
全空年力亦衰即行斥革以上均據各該管營
員揭報前來所遺各缺即以技優之弁兵當場
遞行拔補此外尚無庸劣員弁亦無老弱虛糧
委驗軍械馬匹俱屬足額除諄飭各鎮將再行
申明紀律督率備弁認真訓練務使官兵技藝
益見精強以期仰副
聖主整飭戎行綏靖邊疆之至意謹將查閱迤西等
處營伍情形恭摺具
奏伏乞

皇上聖鑒再臣經過各屬正當夏至栽秧之際望澤
綦殷旋即渥沛甘霖秧苗徧插茲臣事竣回省
亦在設壇祈禱現已愷澤連沾農民歡忭足以
仰慰
聖懷合併附陳謹
奏
知道了
道光二十八年六月 十三 日

雲貴總督林則徐等奏摺　審明保山回民兩起京控案分別情節先後按擬辦理

奏

雲貴總督林則徐等奏摺　審明保山回民兩起京控案分別情節先後按擬辦理
道光二十八年六月十三日

雲貴總督臣林則徐
雲南巡撫臣程矞采跪
奏為遵
旨審明保山回民兩起京控分別情節虛實及先後
按擬辦理各緣由恭摺奏祈
聖鑒事竊臣等上年承准軍機大臣字寄道光二十
七年七月初二日奉
上諭本日據都察院奏雲南回民丁燦庭等控告香
匪串謀滅殺無辜一摺已明降諭旨交林則徐等
審辦矣此案控關奸匪挾讎尋釁串謀倡亂被害
至一萬餘命之多如果屬實必須澈底根究水落
石出庶足以服難民之心而除地方之害林則徐
程矞采甫經到任無所用其回護著即平心研鞫

毋枉毋縱務將棍徒會匪嚴行查禁首惡各犯從
重懲辦以紓積忿而快人心等因欽此當經臣等
將到滇以來訪查漢回構釁互相焚殺各實情
於七月內先行附片具奏奉
硃批認真秉公辦理敉寧邊圉為要欽此旋於十月
內准部文奉
旨此案著交林則徐程矞采親提人證卷宗秉公嚴
訊確情按律定擬具奏原告回民丁燦庭木文科
該部照例解往備質欽此十一月內又准部文奉
旨此次復據雲南回民杜文秀等控告匪棍劉書等
挾嫌藉端誣控從逆致被搜殺搶掠迫招撫回籍
後又被殺害多名等情著仍交林則徐等親提人

證卷宗秉公嚴訊按律定擬具奏原告杜文秀劉
義該部照例解往備質等因欽此並准將各原告
連鈔録呈詞咨解到滇臣等遵即會同覈明兩
呈所控之人除相同者不重計外合共指控二
百七名查保山距省十九站人數太多勢難盡
解當經札飭該道府分別首要次要酌量行提
一面檄司委員往解詎該處七哨漢民頑梗成
風始則欲將應解人證抗匿不解繼則竟將起
解之人聚眾劫回並入城搜殺招復回民劫放
獄囚焚燒縣署且拆毀江橋板片截換來往公
文種種不法必須大加懲創經臣等
奏調滇黔兩省官兵分布進勦臣林則徐於本年

正月親赴迤西駐劄督辦嗣該哨民等懾服軍
威自行縛獻匪犯並經委員弁兵分投查拏共
計前後獲犯四百三十餘名均已陸續審明分
別淩遲斬絞遣軍流徒等罪名兩次會摺奏
聞在案查上年滋事抗官之犯本即歷届挾讎搆釁
之人茲將京控名單與已辦人犯姓名互相校
對內已淩遲者張時即張時重張汶儒二名斬
梟者劉汶華張炳張重五高滄陳發科宋潮潰
宋發春李汝玉即李如玉李幗王均即王君程
文芝蘭得沛黃保即黃疤眼十三名斬決者張
界張汶健張汶佑楊小泗李全王遇春馮海廠
七鑾周尚志胡三林向春即林抄羅十一名絞

決者劉書周曰庠李名揚三名絞監候者趙草果邱美二名其遣犯除已故之張傑萬重外現所改發者沈聚成董俊段之有三名擬軍者周郁張寬張贊張小滿張友義楊能楊成楊歸生李沛李連甲范先趙淋趙全萬益三郭贊田作貢段蔣三宋俊顧玉李曉魏寬王信陳東蘇秉甲衍大郎衍平安謝凝二十六名擬流者王全董玉淋白上材三名擬徒者楊春富周際岐吳堃三名統計京控單内已經辦罪者六十六名除凌遲斬梟斬決各犯不便稽誅已於未審京控之先業經處決外其絞決之劉書周曰庠二犯前摺内聲明俟提同原告質訊後再行處決

雲貴總督林則徐等奏摺　審明保山回民兩起京控案分別情節先後按擬辦理　道光二十八年六月十三日

其餘定擬監候及遣軍以下人犯經臣林則徐折回大理提到原告丁燦庭等四名與之逐一質對該原告均極輸服丁燦庭親寫遵斷甘結四人共印手摹送呈備案惟查覈原呈情節有實有虛或架聳其詞或掩飾其罪均所不免適迆西軍務已竣臣林則徐應返省垣當將該原告四名並續獲被控之黃潰等仍帶回省遵奉
諭旨會同臣程矞采復提人證卷宗督同在省司道逐加研訊緣丁燦庭木文科杜文秀劉義均係永昌府保山縣城内回民黃潰係保山縣民人向為前署縣事嗣代理府事之候補知州恆文服役道光二十五年四月間有已經殲斃之陝

省回匪馬大等在保山板橋地方唱曲譏笑漢
民被逐起釁漢回互相糾衆讎殺焚掠經永昌
文武帶兵往拏回匪率衆拒敵戕害大小營弁
及兵練多人各處漢村回寨彼此互燒其燒斃
殺斃之人事隔數年難以追查確數維時該管
迤西道羅天池署鄧川州知州恆文先後奉札
前往查辦回衆愈聚愈多屢有攻撲營盤之事
漢民喧傳回匪起意進城要將漢人殺盡密約
城内回民作為内應並將送書之人盤獲以致
九月初二日金雞板橋各哨練頭藉有官給防
匪之諭紛紛帶練進城聲稱援救遂將城内回
民無分老幼男婦混行殺戮以致同時殲斃約

有四千餘命之多因事起倉猝在城文武彈壓不住而恒文之家丁黃潰與回民本有讎隙乘機執刀至杜文秀未婚妻馬小有姑之家砍殺其父斃命將馬小有姑帶回寓處窩藏旋經恒文押令送交保山縣轉發官媒看養該犯又與已正法之王均楊茂張炳白占淋樊晉得等各帶練丁名為防變實則縱其搶殺有外出之回民白廷贊及其兄白廷颺家被練殺害多命並搶奪衣箱四隻旋經前督臣賀長齡飭令保山縣追出併作三隻轉解太和縣傳主認領同日丁燦庭木文科杜文秀劉義等家均被慘殺多命因人眾勢亂不能指出凶手何人嗣經各路

官兵彈壓勦辦將拏獲漢犯萬林桂等分別審
擬正法漢回被燒村寨及傷斃丁口一律撫卹
經前督臣奏結在案丁燦庭等痛念家口死亡
財物焚燬心懷不甘於回衆屢次報復之後復
商同木文科杜文秀劉義等先後赴京控訴冀
圖伸理此該原告等起意京控之緣由也其呈
控不實之處如所稱城内被殺八千餘人衆之
節次奏案及府縣稟報均無如許之多然先前
尚不敢定準此次臣林則徐親到永昌查縣署
被燒之後案卷已成灰燼惟府卷均屬齊全查
有道光二十四年前任知府金澂任内據保山
縣造報編查戶口底冊當即吊起與鎮道暨委

員公同查閱内載五城共有回民四百一十七
户通計大小男丁一千八百八丁女口一千二
百四十三口統共覈算其丁口纔及三千有零
即延至二十五年一歲之間不能驟添一大半
又城外各村雖有臨時逃入城内寄住者亦斷
不能凑至八千餘人之多是原呈被殺人數顯
見不實且呈中既云掩殺八千餘人而後尾又
云被害一萬餘命是一詞之内亦自相矛盾詰
問丁燦庭等又皆諉諸傳聞不能指實至於城
外漢回各村彼此互燒互殺在回民控詞但言
漢民燒殺回莊而訪之滇省紳耆則皆云被殺
之漢民實比回民多至數倍現在事過已久原

難燭照數計而總之為挾讎互鬬之案除九月初二日城内慘殺之外概不能專罪一邊也又原呈將回匪燒搶枯柯河并戕傷弁兵之事移在九月初二以後謂因被漢民慘殺不得已而復讎又謂香練飾以號衣香首假以頂戴官私莫分以致誤戕兵弁等語查彼時回匪自二十五年七月間即聚於猛庭寨進攻思母車燒枯柯河及陶家寨大田街又攻丙麻其戕殺營員擄禁都守皆係九月初二以前之事而呈内挪前作後尤見瞞情掩飾又所控聚衆燒香一節除指明為首之劉書周曰庠二名均係得實已於質對後即行絞決外餘則有實有虚且當堂

將所控之人提與各原告質對多不相識並有其人早已亡故及出外多年者亦皆混列單內詰以憑何列控則稱係輾轉摭拾成單實非有心誣指又控稱文武官員視回如讐放匪掩殺縱丁搶擄等情查前數年回匪猖獗抗官不得已而調兵勦辦其地方文武不能彈壓之咎原所難辭若因莠民互相殘殺而遂加各官以袒助之名甚且指為串謀滅教則前後數年中永順緬雲等處漢村被回眾焚殺擄劫者何可勝計亦皆責官員以助回殺漢斷獄者又將何所適從至被難之家性命且不能自保何論財物然事後如果可以著追亦未嘗不為之查起所

有白廷贊及伊兄白廷颺家衣物除已向黄潰追回箱三隻外即使尚有餘贓或焚或搶亦早已化爲烏有無從追回並非地方官有縱匪匿贓情事又據控稱招撫難回百餘名解往大理半途被殺三十六名一節卷查二十六年五月安插回民行至右甸途遇鄉團衝散致被追殺三人其漢團亦被殺斃一人嗣附近地方官招徠回民仍送至大理安置所控固有其事而實無殺死三十餘人之多又據控稱二十六年十二月間永昌收租回民被殺七人兹查案據實祇六人内袁潮富木二蠻二名係被王鈌嘴挾嫌商同楊椿富等在花橋謀殺犯已全獲將王

缺嘴楊椿富問擬斬絞招審病故鄭三蠻張老
七張發沅擬流又楊根大馬潰二名係被張汶
健糾同樊晉得即樊么大白占淋即白滿大等
砍死攫取銀物已獲張汶健樊晉得白占淋均
擬斬決白上才擬流張汶申擬徒續獲張汶卓
現飭審辦又木汶舉袁浚二名因下鄉收租被
趙潤與不識姓名數人搶奪銀物戳傷身死二
条犯未弋獲業經開条在案又原呈牽控猛庭
回民於二十六年十二月被右甸團匪殺害一
節雖非該原告等切己之事而大致尚非虛捏
查此案上年拏獲首犯范小黑及張小沅經臣
等會審

奏明斬梟在案近日續獲嚴萃容孫幅沅馬中驥
輝潰登四犯各供認在猛庭殺死馬應瑞等各
一命又獲李九舟李廷玉二犯供認各殺死練
勇回民二命均經彙覈辦理此又臣等研訊原
告情節分別虛實不敢稍有偏抑之實情也總
之數年來永昌之案漢回各有曲直漢人之逞
忿於回者莫甚於二十五年九月初二日之事
而回人之逞忿於漢者前後併計實亦厥罪惟
均此次將哨匪辦至四百餘名回人皆已心服
而回匪之流毒各處先前拒敵官兵近時劫殺
商旅擄掠婦女者亦經拏獲懲辦不但漢民心
服即各處回教中之良民亦謂匪類既除伊等

免累咸知感激是此番但分良莠不論漢回之
辦法似有明效大驗至保山哨民餘匪臣等仍
隨時飭拏又經續解馮得勝陳登萬及京控有
名之已革文生石維沂三名內馮得勝供認聽
糾進城乘機搶奪石維沂陳登萬均認燒香為
從亦應一併按例擬結查黃潰一犯身充長隨
膽敢附和哨匪及斃人命復將婦女擄藏又縱
練四出搶殺應比照謀叛斬立決律擬斬立決
加重梟示臣等於審明後卽恭請
王命會委臬司營將等將該犯綁赴市曹處斬傳首
犯事地方以示炯戒案係比照問擬家屬免其
緣坐李九舟李廷玉二犯在猛庭各斃練勇回

民二命亦應斬梟嚴萃容孫幅沅馬中驥輝潰
登四犯各殺回民一命均應斬決輝潰登解至
途次病已沈重適臣林則徐審決另案重犯卽
將其先行正法以免倖逃顯戮馬中驥於解省
後病故應毋庸議李九舟李廷玉嚴萃容孫幅
沅四犯經迤西道王發越審明定擬具詳均因
患病尚未起解當卽咨明提臣會同該道恭請
王命卽將各犯在大理就地正法免致稽誅馮得勝
乘機進城搶奪財物應照謀叛為從斬罪上減
一等改發新疆給官兵為奴石維沂陳登萬二
犯聽從燒香結盟應照例實發極邊煙瘴充軍
原告丁燦庭木文科杜文秀劉義京控呈詞均

有失實之處本應照申訴不實律定擬姑念伊
家均已被害情殊可憫應請從寬免其責處再
黃潰一犯係勒休知州恆文之家人該犯挾讎
妄殺並縱令練丁滋事即使恆文並未縱容亦
屬昏瞶不職且該員係與已革道員羅天池同
辦此案羅天池業經奉
旨革職永不敘用該員事同一律僅予勒令休致尚
覺不足蔽辜相應請
旨將勒休知州恆文一併革職永不敘用以示懲儆
黃潰所擄之馬小有姑訊明未被姦污已據杜
文秀具結願領完娶應毋庸議此案京控單開
香匪姓名除查明業已物故及早經外出並不

在籍者均毋庸傳提以免拖累外其提到被控
人犯供認燒香為匪者均已分别定擬卽屢訊
堅供並無燒香者亦經提同該原告丁燦庭等
再三質審據供素不認識並不能指出為匪確
據不敢誣執自應分别釋回本籍管束至其控
呈之外有實曾戕殺回民而該原告轉未控及
者亦先後併獲多人俱訊明正法統歸入哨匪
案内録供報部除已咨者毋庸重録外所有現
在續辦斬絞遣軍之黄潰等十二名犯供暨原
告丁燦庭等供結一併鈔録咨部備覈經此番
持平懲辦之後漢回人等尤當隨時化導約束
俾其盡消讎釁永作良民以期仰副

二八

雲貴總督林則徐等奏摺　審明保山回民兩起京控案分別情節先後按擬辦理

道光二十八年六月十三日

聖主敉靖邊圉之至意謹將會訊辦理緣由合詞恭

摺具

奏伏乞

皇上聖鑒謹

奏

另有旨

道光二十八年六月　十三　日

雲貴總督林則徐奏摺

遵旨保奬剿辦彌渡在事尤為出力員弁

雲貴總督林則徐奏摺　遵旨保奬剿辦彌渡在事尤為出力員弁
道光二十八年六月十三日

雲貴總督臣林則徐跪
奏為遵
旨保奏勦辦彌渡匪徒尤為出力之員弁仰懇
天恩分别奬勵以昭激勸事竊臣前奏帶兵先至彌
渡勦除匪類情形欽奉
上諭林則徐奏匪徒勾結滋事調兵勦辦地方安静
一摺覽奏均悉雲南趙州彌渡地方内外匪徒勾
結滋事焚殺擄搶且敢圍署傷官經該督調兵先
往勦捕將匪犯殲獲數百名並撫卹受害良民地
方均已安静此次在事人員著該督擇其尤為出
力者據實保奏無許冒濫等因欽此仰見
聖主激勵戎行有勞必録至意曷勝欽感伏查此次

調集各路重兵原以懲辦保山哨匪抗官之案
乃行至中途驟接彌渡警報不得不先其所急
且保山正恃負嵎之勢謂可抗拒官兵設使彌
渡地方勦辦不能得手則哨匪更必無所忌憚
辦理愈費周章故必力振軍威方可挽回積習
撫臣程矞采在省聞信亦即催兵速行以資調
用伏思兵力之强弱視帶兵官之勇怯為轉移
將弁果奮勇向前士卒亦安能退後查彌渡有
舊城門六座皆經匪徒添造木柵累石數重匪
衆執持大小白旗併力抵拒其槍砲皆從牆眼
中放出兇燄甚張臣由楚雄馳至距彌渡四十
里之雲南縣催集各路精兵先於附近岔口山

雲貴總督林則徐奏摺　遵旨保奬剿辦彌渡在事尤為出力員弁
道光二十八年六月十三日

梁分頭堵截以防竄逸各兵到有成數即派臣標千總施嘉祥執持令箭尅期約令進攻如將弁中敢有觀望遷延即以軍法從事二月初三日早晨提臣榮玉材鎮臣音德布親駐彌渡之東面山梁指揮督戰揀派署提標游擊陳得功尋霑營守備王國才率帶槍兵首先攻破柵欄衝鋒直入時有一賊正欲執火點放大砲被王國才揮刃砍斃即以賊砲轟賊同時督撫提標威寧開化永北維西東川各營弁兵亦分路進攻前後夾擊竭一晝夜之力計斬殺約有四五百名生擒者一百餘名於審明後將情罪重大者即行正法奪獲大砲十九位鳥槍刀械四百

餘件驗明發營配用其官兵尚未到齊之前匪徒聞風竄逸者復經隣境文武截拏解營審辦不任漏網地方一律肅清軍聲因而大振凡此將士用命俾兇匪悉正刑誅無非仰仗
天威迅除遺孽臣欣幸之下欽懔倍深除提鎮係專
閫大員出自
聖主恩施不敢列單奏請外其在事出力文武由該管上司開册具報經臣復加確核將其次出力員弁由臣等自行奬拔未敢濫登謹擇尤為出力之員繕具清單恭呈
御覽如荷
天恩分別鼓勵則身受者倍加感激即入伍者亦共

奮興於軍務實有裨益至傷亡弁兵應行給予
賞卹及軍前賞給虛銜頂戴均容照例造册咨
部查覈合併陳明所有彌渡勦匪出力人員遵
旨酌保緣由謹會同撫臣程矞采提臣榮玉材合詞
恭摺具
奏伏乞
皇上聖鑒謹
奏
另有旨

二八

雲貴總督林則徐奏摺　遵旨保奬勦辦彌渡在事尤為出力員弁

道光二十八年六月十三日

道光二十八年六月　十三　日

雲貴總督林則徐清單　**剿辦彌渡在事出力武職人員清單**

謹將彌渡剿匪出力武職人員繕具清單恭呈

御覽

提標中軍參將存住督標右營游擊馬福

該二員平日遇事勇往此次帶領各兵克盡

心力不避鋒鏑存住請加副將銜馬福請

賞戴花翎

題補元江營參將新嶍營游擊恒權署提標左營

游擊吉爾杭阿署督標中軍都司巴哈布准陞

維西協都司楊遵題陞定廣協守備蔣洪道

該五員帶兵出陣均屬奮勇斬獲亦多俱請

旨交部從優議敘

題補鶴麗鎮都司陳得功尋霑營守備王國才

該二員首先攻進柵城殺賊捉生奪獲礮械
多件賊衆望風披靡洵為驍勇超羣均請
賞給巴圖魯名號各以應陞之缺儘先陞用
昭通鎮標守備李鳳山威寧鎮標守備任方太
查李鳳山前已准陞都司因丁憂仍回守備
茲帶兵在青華硐防堵拏獲要犯多名擬請
賞戴藍翎任方太帶兵打仗斬級捉生奪獲礮械多
件請以都司儘先陞用先換頂戴
督標左營左哨千總李廷楷右哨千總施嘉祥
永北營左軍千總楊溯沂
查李廷楷屢次出師列陣得法施嘉祥持令
督催身先士卒楊溯沂占踞塔山制敵得勢

該三員均獲全勝現出有守備三缺懇
恩以李廷楷陞補昭通鎮中營守備施嘉祥陞補新
嵋營守備楊溯沂陞補督標右營守備並各
賞戴藍翎
雲南撫標千總狄椿騰越鎮中營千總王萬祥
查狄椿在陣前殺賊並奪獲大旗火藥刀械
王萬祥截拏逸匪多名均屬奮勇出力請各
以守備儘先陞用
督標右營千總張得權雲南撫標右營千總陸
應魁永昌協千總楊致遠大理城守營千總李
占先東川營千總謝炳洲永北營恩騎尉蕭潤
該弁等打仗奮勇斬獲頗多均請加守備銜

拔補雲南提標中營千總孫占魁東川營把總曹文科督標左營外委趙鳳揚楊慶提標右營外委張星明劉廣鶴麗鎮標外委丁奉章督標右營額外外委趙永清永北營額外外委楊茂春督標右營兵丁莊成袁文治李元撫標兵丁張明提標兵丁金榮鶴麗鎮標兵丁張廷湛

該弁兵等各有生擒賊匪奪獲大礮刀械旗幟洵皆奮勇出衆均請

賞戴藍翎

另有旨

雲貴總督林則徐清單　**剿辦彌渡在事出力文職人員清單**

謹將彌渡在事出力文員繕具清單恭呈
御覽
署賓川州知州保山縣知縣李崢嶸
查該州與趙州接壤因聞彌渡滋事防堵加嚴大兵將到之時匪徒有聞風逃逸者該署州帶役雇練截拏多名如凌遲之首犯沙玉隴斬梟要犯楊老三褚興發羅洪潰斬決要犯韓成富潘應發張騰高楊啟灤徐廣順但意才高順才李昭統共十二名皆係該署州首獲此外協獲者尚多實屬緝捕勤奮擬請
賞戴藍翎以同知直隸州遇缺即補
署雲南縣知縣雲龍州知州董宗超

該縣距彌渡最近此次派役截拏斬梟要犯
楊應全趙洪順侯小六謝洸沅鍾小三子五
名並協獲李發一名又拏獲斬決要犯曾世
榁陳世太黄明富王有才四名並協獲楊義
隴一名緝捕洵屬出力請以同知直隸州即
行升用

大理府知府唐惇培署太和縣知縣熊家彦
該府經管大理軍需局供支夫馬口糧均能
覈實撙節並委審要犯供情研鞫得實應請
旨交部從優議敘該署縣熊家彦隨同審案亦著辛
勞並請交部議敘
署賓川州吏目趙州吏目陳建廷

該吏目隨同該管知州在交界防堵首獲彌
渡逸匪周其湮李阿存二犯皆已斬梟又獲
彭興順楊正興胡春舉三名並經斬決擬請
賞加州同銜以府經歷縣丞儘先升用

武定州吏目謝德淳
該員綜司軍營文案暨發兵糧矢慎矢勤不
辭勞瘁又能確探匪類出没蹤跡派丁協獲
逸犯多名洵為佐雜中出色之員懇請
賞戴藍翎以府經歷縣丞遇缺即補

另有旨

雲貴總督林則徐奏片 **擬令鶴麗鎮總兵音德布進京陛見臨元鎮總兵李能臣暫緩**

再查雲南鶴麗鎮總兵音德布臨元鎮總兵李
能臣先後奏請
陛見均蒙
俞允適因永昌哨匪滋事調派音德布帶兵赴保山
查辦李能臣留駐順寧策應防堵經臣附片
奏請展緩奉
硃批軍務告竣後再行來京可也欽此茲大兵已撤
該鎮等應即遵
旨進京惟雲南地處邊疆在在皆需大員彈壓若兩
鎮一時同行殊覺乏員委署臣擬令音德布先
行進京李能臣暫緩北上查臨元鎮自前年至
今均係副將署事此時飭令李能臣先赴臨元

雲貴總督林則徐奏片 擬令鶴麗鎮總兵音德布進京陛見臨元鎮總兵李能臣暫緩 道光二十八年六月十三日

雲貴總督林則徐奏片　擬令鶴麗鎮總兵音德布進京陛見臨元鎮總兵李能臣暫緩

道光二十八年六月十三日

鎮本任以資整頓營務俟音德布自京旋滇後
再行委員接署俾李能臣交卸起程北上除檄
行遵照外理合繕片附陳伏乞
聖鑒謹
奏
依議

縷陳拏獲巨犯擬就近批解審明恭請就地正法以安邊圉之策

再此次迤西一帶查拏漢回各匪呼應較靈一則藉兵練之多地方縣營不慮勢孤力弱再則因臣林則徐親駐其地獲到之犯一經提審明確立時懲辦其情罪重大者卽恭請

王命就地正法毋庸遠解到省聽候逐層審轉各文武皆以此次辦賊可免累官倍見踴躍從事而

漢回百姓目擊犯法之被刑亦皆異常警悚茲回至省城與臣程矞采備述迤西民情並公同講求久安之策訪查滇省向來解犯種種受累凡重犯一名到省沿途囚籠擡夫及簽派差役兵丁飯食無非地方官賠墊距省愈遠則需費愈多緣滇中幅幀遼濶一縣所轄有至七八百

里之遥者而又跬步皆山夫價較他處數倍地
方官自起解重犯到省以迄審明辦決已不勝
賠累之多設有在省翻供往還駁審或調原審
官到省隨同覆訊則州縣因辦理一犯而累月
經年奔馳羈滯不得回任者有之且此種匪犯
不特於解省後恃無旁證最易狡翻即其起解
在途先已難於馴伏緣有過人膂力扭斷鐐[illegible]
攀折木籠皆為若輩慣技甚至路僻徑歧之處
其匪黨暗聚多人潛謀刦奪若兵役力不相敵
致被殺傷遂將要犯刦去長解短解之官均遭
參劾留緝而要犯終致漏網者有之大抵地方
官實心整頓者少畏難苟安者多以為因拏犯

雲貴總督林則徐奏片　縷陳拏獲巨犯擬就近批解審明恭請就地正法以安邊圉之策

道光二十八年六月十三日

而受累無窮不如陽奉陰違轉為得計即使上司嚴行督飭亦祇拏獲零匪塞責其於大幫巨盜結夥多人者轉不敢輕易下手盜賊之所以滋熾病根多由於此其被賊戕害之家非不亟圖鳴官拏辦而拏不到案或到而復逃則被其報復之害更甚故有被賊而並不敢呈告者訪聞迤西一帶向有賊不畏官官畏賊民雖被賊莫鳴官之謠因是各村莊以防賊為名設牛叢以聚眾始而獲賊擅殺並不報官迨後彼此相仇所殺多非真賊而大夥奸盜轉得勾結橫行莫敢過問頹風已久不得不極力挽回此次幸乘全勝兵威得以大加懲創而將來各屬緝捕

二八

雲貴總督林則徐奏片　縷陳拏獲巨犯擬就近批解審明恭請就地正法以安邊圉之策

道光二十八年六月十三日

要務竟無一刻可任放鬆然欲責其不鬆先須使之免累因思大夥巨匪被拏之時當場格殺者本係例許勿論其拏到匪犯內如有患病受傷易致倖逃顯戮抑或黨與甚眾氣力過强沿途實難防範者擬卽准其就近批解道府審勘明確由道移明臬司具詳督撫覈明情罪果屬

允當卽由臣等咨行該處駐劄之提鎮恭請

王命就地正法非獨所獲兇盜可免長途被刦被逃而行刑於犯事地方俾被害者顯伸其寃抑梗頑者共懾於駢誅且地方官不至畏累苟安緝捕可期奮勉似亦戢暴安良之一法除尋常命盜各案仍按例逐名批解不准援照辦理外臣

等為掃清匪類起見一時權宜設法辦理以期
匪徒盡戢邊圉愈就安恬是否有當謹合詞附
片縷陳伏乞
聖鑒謹
奏
刑部議奏

雲貴總督林則徐奏片 已革知州彭衍墀訊取犯供出力請准捐復或恩賞布經歷州同

道光二十八年六月十三日

雲貴總督林則徐奏片

已革知州彭衍墀訊取犯供出力請准捐復或恩賞布經歷州同

再查歷屆軍興之際不特武職需調多員其文職或管糧臺或運軍火或辦文案或審犯供在在需人經理若採查機密要件更須選用幹員第滇省地處極邊候委之員較少而迤西距省尤遠山路險艱除在任人員外向無似他省之分府分州差遣者此次臣督師遠出因欲節省軍費並不攜帶隨員而行營任用乏人除就近酌調正佐數員並將管解糧餉等員留資遣用外其有不敷祇得權宜委辦查有曾經代理順寧府之原任知州彭衍墀代理雲州之原任府經歷顧壬濬原任雲州吏目鈕鳴皋三員均於上年因公詿誤之後或留算交代或留緝逃犯

尚在迤西自彌渡用兵即皆來至行營因而就
近差遣節次向前出力俱耐辛勞但均係緣事
之人不敢於此一案内遽將三員同保惟查彭
衍墀一員將彌渡生擒匪犯一百數十名逐一
訊取確供尤能不辭勞瘁該革員本係晉寧州
知州因代理順寧府任内值張富馬效青投誠
後復被匪徒裹脅經前督臣以該員不知防範
奏參革職尚屬公罪臣查其在滇年久熟悉邊情
平日頗有官聲輿情愛戴且張富馬效青二犯
均已被誅彭衍墀前此疎防似尚可從末減茲
不敢遽請開復惟可否准其捐復原官抑或
恩賞布經歷州同酌留於雲南補用俾資差遣之處出

雲貴總督林則徐奏片　已革知州彭衍墀訊取犯供出力請准捐復或恩賞布經歷州同

道光二十八年六月十三日

自格外

鴻慈不揣冒昧謹會同撫臣程矞采繕片附陳伏祈

聖鑒訓示謹

奏

另有旨

雲貴總督林則徐等奏摺

請以麗江知府嚴廷玨調補順寧知府

二八

雲貴總督林則徐等奏摺　請以麗江知府嚴廷玨調補順寧知府
道光二十八年六月十五日

雲貴總督臣林則徐
雲南巡撫臣程矞采　跪

奏為極邊要缺知府請揀員調補以裨地方仰祈
聖鑒事竊查順寧府知府黃德濂蒙
恩簡放陝西督糧道所遺順寧府缺前經臣等
奏請以威遠同知耿麟陞補嗣准部咨以該員實
歷夷疆俸次未滿六年與陞補之例不符奏明
另揀合例人員陞調奉
旨依議欽此欽遵知照在案伏查該府地處極邊界
連緬甸所轄三廳州縣兼管銅廠事宜且與保
山永平蒙化等處壤地毘連必須加意邊防協
籌善後非在滇年久熟悉邊務夷情之員不足
以資治理臣等與藩臬兩司於通省應陞應調

人員内逐加遴選非現居要缺即人地不宜一
時實無堪以陞調之員惟查有麗江府知府嚴
廷玨年四十六歲浙江桐鄉縣貢生由捐納同
知分發雲南道光十一年到滇歷署大關臨安
阿迷嵩峩保山等同知州縣委運丙申年京銅
回滇署理澂江易門等府縣旋補雲南府同知
陞補今職因署易門縣任内拏獲鄰境盜犯奉
部調取並委運乙巳年京銅於道光二十七年
十一月初四日併案引
見奉
旨嚴廷玨著准其陞補雲南麗江府知府其獲盜之
案著照例加一級欽此復因運銅引

見奉
旨嚴廷玨著回任欽此奉文准其入於卓異班内先
儘陞用查該員才具精明辦事老當在滇年久
熟悉邊務夷情以之調補順寧府知府洵堪勝
任惟該員本任麗江府亦係極邊要缺今請調
補順寧府以繁調繁又順寧府出缺在先該員
陞補麗江府在後均與例稍有未符第迤西現
當兵燹之後該府地方漢回雜處事務益繁控
馭巡防較之麗江府尤為緊要不得不慎加選
調以期得人而治據藩臬兩司會詳請
奏前來臣等謹遵人地實在相需之例專摺奏懇
天恩俯念邊缺緊要准以麗江府知府嚴廷玨調補

顺寧府知府於地方實有裨益如蒙
俞允該員係現任知府請調知府銜缺相當毋庸送
部引
見其運銅卓異之案照例帶於新任所遺麗江府知
府亦係極邊要缺遵照新例俟部覆至日遴員
陞調再該員由雲南府同知陞補麗江府應完
罰俸銀兩現據完解清楚另行咨部核銷臣等
謹合詞恭摺具
奏伏乞
皇上聖鑒訓示謹
奏

吏部議奏

雲貴總督林則徐等奏摺　請以麗江知府嚴廷玨調補順寧知府
道光二十八年六月十五日

道光二十八年六月十五日

雲貴總督林則徐等奏摺　**審擬姚州白井所獲各犯並究出永昌順寧等處重犯請旨正法**

雲貴總督林則徐等奏摺　審擬姚州白井所獲各犯並究出永昌順寧等處重犯請旨正法

道光二十八年六月十五日

二八　雲貴總督林則徐等奏摺　審擬姚州白井所獲各犯並究出永昌順寧等處重犯請旨正法

道光二十八年六月十五日

雲貴總督臣林則徐
雲南巡撫臣程矞采　跪

奏為上年姚州地方匪徒糾衆燒搶殘斃多命及
白井練民搶奪滋事陸續獲犯二百三十六名
審明分別定擬並究出有在永順等處拒殺兵
練暨本案情罪重大各犯先後在楚雄府城及
省城恭請
王命正法以彰炯戒恭摺會奏仰祈
聖鑒事竊照上年八月間姚州回匪偰三竅等因謀
搶白井竈戶事洩被拏馬幗良等起意報復運
送軍械至沙汶英家藏頓漢民王開汶盤問口
角致被殺斃並馬致禾高添佑等理論爭鬬傷
斃沙汶英家九命及不識姓名回民二人燒殺

山腳官莊等處回寨回民𠈌八伊模馬幗良等
乘機糾衆燒殺漢民白塔街洋派官屯等村各
斃人命多寡不等並白井關外回民亦有被殺
之事臣等接據該署州咸孚馳稟飛飭楚雄府
協並調新授鶴麗鎮總兵音德布署武定營叅
將王濤酌帶弁兵並委甫經出省之署麗江府
裴驄馳往會同查辦旋據稟報先經府協前往
彈壓即已息鬭嚴拏各匪究辦等情當經臣等
將查辦情形奏明
聖鑒一面嚴飭上緊搜拏勿使漏網因查先據該州
勘報漢民被燒房屋二千六百八十餘間傷斃
男女三百二十七丁口回民被燒房屋二百六

十餘間傷斃男女六十五丁口是否尚有逃亡
難得確數應逐處清查再行具報其白井關外
被殺回民若干棄屍何處現尚查無下落等情
臣等以該匪等倚衆逞兇恐被燒被殺尚不止
此數飭令確查嗣據該州會同委員通海縣袁
風清候補縣王秀毓周歷清查回民被燒房屋
被傷人命悉與前數相符惟漢民被燒房屋共
有三千一百三十一間被傷人命共八百五十
丁口前因屍親搬避旁人無從指報兼有逃匿
各箐復被搜殺及墮巖溺水致斃故與前報多
寡未符現查並無遺漏並於白井關外等處陸
續起獲私埋及遺棄山箐男女回屍五十六具

均驗有傷一併造冊呈核並據該鎮府等先後
稟報督同州營文武嚴密捕拏除倮小重子等
十五名格傷解案訊供後身故倮伊歷一名因
指拏党匪倮有盈自圖減罪致被倮有盈殺斃
外陸續拏獲匪犯共一百數十名遂飭分起解
省發委雲南府等審辦因首要逃逸尚多復飭
搜捕歸案審究適保山哨匪滋事鶴麗鎮總兵
音德布調赴該處軍營而該州兵役力單勢難
分投堵緝該匪等自知罪重兼多四竄奔逃臣
等因思除惡務盡必當乘勢掩捕嚴加懲創庶
足以懾服人心而消弭後患臣林則徐於懲辦
保山彌渡永平蒙化趙州等處匪徒事竣撤兵

之便密派弁兵分紮四圍要隘並令昭通鎮總兵劉定選隨帶弁兵前往會同府協暨前署州咸孚現署州吳嘉思四路兜拏旋據弁兵差役拏獲首要倮八伊模等九十一名並經委員捐陞雲南通判沈傳經帶領丁練拏獲首要倮八老陝章小老倮玉淋三名候補縣嚴鉷帶領丁練拏獲首要倮老五何有洸倮小補子三名武定州吏目謝德淳帶領丁練拏獲首要倮幅安古盆子楊其能三名共計獲犯九十一名提解至郡督同委員連日研訊内倮八伊模等七十五犯或係起意糾衆燒搶致斃多命或聽從燒搶及事後搜山搶奪均殺人自一二命至四五

命不等並究出有曾在永昌江橋順寧猛庭寨
等處拒殺兵練運送火藥搶奪礮位等項情事
俱屬罪大惡極内馬留偰萬隴二犯因有在省
人犯多名須留以備質其偰八伊模等七十三
名未便稍稽顯戮臣林則徐於審明後分別凌
遲斬梟斬決即在楚雄府城恭請
王命飭委署楚雄府寶俊署楚雄協副將尚宗慶將
該犯等綁赴市曹分別處決應梟示者傳首犯
事地方懸竿示衆以昭炯戒並將馬留等二名
偰俊望等十六名解省併同前到各犯質審究
辦茲據該委員雲南府桑春榮等審明由藩臬
兩司覆審解勘前來臣等會同提犯親鞫緣姚

州回民多係㑩姓並非同宗㑩八伊模馬幗良㑩八老陝㑩幅安㑩伊麽㑩三竅等素性兇橫人皆側目道光二十七年七月間該犯等同章小老張汝淮屢次訛詐李洸㴩等銀兩被害之人畏不敢控嗣㑩三竅馬幗良㑩伊麽等以詐銀無多探知白井竈户羅晴川家道殷實與㑩思蒽㑩世㴩商謀糾搶私將器械藏寄張汝淮陳典家内因漏洩其事被井衆報官將㑩三竅拏獲馬幗良等起意向井民報復八月十三日將刀械藏放馬小班草馱送至白塔街回民沙汶英家寄頓街民王開汶盤問口角被沙汶英之戚㑩小老毆傷身死漢民馬致禾不依糾約

高添佑胡小萬椿彭爾受高幗賓及街衆多人前往理論並言如其不服即毆打洩忿因沙汶英家男婦齊出辱駡致相爭鬧小沙氏抓住馬致禾碰撞被馬致禾拔刀戳傷咽喉老沙氏拾石向高添佑擲打高添佑喝令彭爾受幫毆彭爾受用刀戳傷老沙氏左肋沙汶英與小老各向胡小萬椿高幗賓撲毆被胡小萬椿高幗賓各將沙汶英與小老砍傷與小沙氏等俱倒地斃命其餘沙汶英親屬五人並不識姓名回民二人亦與街衆互鬬被何人致斃人多勢衆不能確指馬致禾當令衆人將沙姓房屋拆毁因聞山脚官莊回民欲行報復馬致禾起意先發

制人糾衆燒殺該二處回寨欲使回衆畏懼不敢尋衅遂糾約畢老五彭爾受馬小荷包胡東昇高得和劉興楊啓亮馬添旺高偉高正詳董良厚畢芳李興高淨等及趕街各漢民共百餘人前往山腳官莊兩回寨放火燒殺畢老五復起意將回民小村一併焚燒各該處回民男婦被燒被殺及逃跑跌巖身死者共六十餘命時有一回婦出外逃走彭爾受將其砍傷身死漢民馬小荷包等十二人亦被回民傷斃回民偰八伊模以漢民欺凌同教正可藉報復爲名燒殺漢村搶掠財物隨糾允馬幗良等七十七人及其餘回衆共二百餘人分往白塔街洋派北

關官屯等村燒搶維時漢民男婦奔命分逃被
該犯等殺斃一二命至四五命不等並有被回
衆殺傷及跌巖落水致斃多命該犯等同回衆
搶獲銀錢衣物牲畜不計其數將各該村房屋
一併燒燬當各走回内張幗保搶獲牲畜銀兩
交張谷洪受寄銷賣張谷洪藉此分得多贓俁
八伊模因知漢人逃避康郎等處山箐帶有銀
物牲畜復起意糾約俁小三頭等五十三人及
其餘回衆分往搜山搶奪俁小三頭等各拒斃
漢民一命其餘回衆亦有將漢民拒殺得贓攜
回因聞官兵捕拏各自逃散此漢民馬致禾等
因向回民盤查收藏軍器起衅燒殺回寨致斃

回民六十餘命回民傒八伊模乘機糾衆燒掠
漢村並搜山搶奪致斃漢民八百餘命之原委
也嗣回民傒俊望馬幗安羅蒽傒小楞五楊映
望傒成尚何有潰傒幗安傒汶玉傒新保傒潮
富傒萬幅傒映潰傒添玉楊本椿楊小三苟馬
潮沅傒新成馬椿傒成厚王成保傒永保楊裁
馬椿漢劉唐路古麼傒本俸傒有潰傒萬淙傒
老八傒潮良張連科何小石老傒添潰傒玉成
傒小受傒有才等先後路過黑壩西邑隴山羅
家灣杜家屯稗子田等處因漢民均忿恨回教
遇回辱罵傒俊望等回詈爭毆各斃漢民一命
白井練民蕭老五因恨回民兇惡見該井關外

有回民數戶正在搬家起意糾搶當向晁添錫張有壬張錫王有濆李應旭白世良商允前往白世良畏懼中途轉回蕭老五等分投搶奪因事主攔護蕭老五晁添錫張有壬各自拒殺事主一命張錫幫同蕭老五刃傷事主將贓搶獲攜走時有幼孩拉住喊拏蕭老五認係回民起意致死即將該幼孩砍斃歸向白世良告知分給贓物當各逃走嗣該處回民不依至蕭老五村內搜查喊罵李小老大等勸解因被牽詈爭鬧李小老大用刀將一回民戳傷跌地該回民稱須報復李小老大起意致死當將該回民砍傷斃命其餘回民向張小喜得等爭鬭張小喜

雲貴總督林則徐等奏摺　審擬姚州白井所獲各犯並究出永昌順寧等處重犯請旨正法
道光二十八年六月十五日

得賀小長更盧小起何泳興各自毆斃回民一
命餘回被張揚張連甲何洸斗用矛戳傷逃跑
李小老大等将各屍移赴山箐掩埋獲屍啓驗
並查明被蕭老五等搶奪殺死等命係屬各姓
並非一家此又回民與漢民各自爭鬬及白井
練民搶奪回民財物拒捕事後搜查爭鬧致漢
回各有斃命之原委也臣等提訊各供不諱查
回民俁八伊模起意糾衆燒搶漢村致斃多命
照强盜殺人放火例應擬斬梟惟究出該犯於
二十六年在永昌疊次抗拒官兵燒燬江橋殺
死兵練十命實為兇惡之尤應請加擬凌遲俁
八老陜馬幗良俁幅安俁老五土應揚俁玉保

倮成盈倮洸有倮小補子倮有中章小老倮小六二倮小羊保倮小寬子何有洸倮玉淋古盆子倮小四頭楊才倮小七頭倮成陽馬小四八馬成富倮添華劉小三小利黑倮海羊倮有興馬留倮萬隴倮小石老倮正善倮升張成隴李滎華馬成玉倮倖潰黑姑路何小窰匠倮小重子小黑五何老六漆么大倮義學楊材羅老五倮順沅倮厚沅倮伊麼倮老六楊成倮添有倮正陽張幗保倮小五斤倮映有倮洪玉倮有旺馬春玉倮成良倮汰全倮應科小狗子倮小八子倮淙沅馬小班倮有盈倮倖小花子火里斯倮金倮成學毛驢子倮幗蒽馬幗俊倮三牛楊

中亮等七十七犯均聽糾燒搶各殺斃漢民自四五命及一二命不等內究出有於二十六年在永順等處抗拒官兵殺死兵練運送火藥搶奪礮位等項情事查謀叛已行律止斬決俱應從重照强盜殺人放火斬決梟示例問擬除倮伊麼已被倮有盈殺斃張成隴李灤華馬成玉倮俸潰黑姑路何小窑匠倮小重子小黑五何老六漆么大倮義學楊材羅老五被兵役格傷解案訊供後身死倮萬隴倮正善倮升馬幗俊倮三牛楊中亮解審在途在監病故外倮八老陝等五十七犯均請照例斬決梟示漢民馬致禾糾毆致斃回民沙汶英一家九命並復起意

糾衆燒殺回寨查聚衆共毆原無必殺之心而
毆死一家三命及挾仇放火燒房殺人均例應
斬決畢老五聽從燒殺復又起意另燒回民小
村亦例應斬決該犯等挾仇燒殺致斃多命情
殊兇殘均請加擬梟示漢民蕭老五糾搶回民
財物拒斃事主一命並另行謀殺十歲以下幼
孩一人查搶奪殺人及謀殺十歲以下幼孩均
應擬斬立決該犯兩犯斬決照例加擬梟示回
民倮小三頭楊其能楊富倮小奴牙海約倮添
成何珍倮幗安馬應椿倮小五四馬長零倮小
頭丁潰倮俊成馬萬椿李老五倮路湮楊映洪
火鐮隆飯團子小粿玀倮小老頭倮吽花倮隴

何小八四楊進俠海仁馬映洪何有倫沙鉢馬
小七楊洲閃潰丁老五楊雨生俠老抓馬成名
楊溷友楊小五頭馬淙受俠乳奴俠金汶俠小
煞波馬玉山楊添秀魯古麼俠志隴俠汝才俠
洸彩俠洪淙俠老五板俠老牛俠右事等五十
三犯聽糾搜山搶奪各自拒斃漢民一命内除
馬玉山楊添秀俠志隴俠汝才俠洸彩俠洪淙
俠老五板俠老牛俠右事等被兵役格傷解案
訊供後身死及解審在途在監病故外俠小三
頭等四十四犯均請照白晝搶奪殺人例擬斬
立決漢民彭爾受聽從高添佑主使戳斃老沙
氏一命照鬬殺下手為從罪止擬流其聽從焚

燒回村復故殺逃婦一命罪應斬候惟助惡燒
殺殊為兇殘應請加擬立決以上各犯情罪重
大未便稍稽顯戮内除㑇八伊模等七十三犯
已在楚雄府城恭請
王命先行正法外其馬致禾馬幗良馬留㑇小石老
㑇添華劉小三小利黑㑇海羊㑇有興㑇有盈
㑇俸小花子火里斯㑇金㑇成學毛驢子馬映
洪何有倫沙鉢馬小七楊洲閃潰丁老五楊雨
生㑇老抓馬成名楊溮友楊小五頭馬淙受㑇
乳奴㑇金汶㑇小煞波等三十二名恭請
王命飭委臬司及督撫兩標中軍城守營等押赴市
曹監視處決應梟示者將首級委員解赴犯事

地方懸竿曉示以昭炯戒漢民晁添錫張有壬
聽從蕭老五糾搶得贓各斃事主一命除晁添
錫業已病故外張有壬請照白晝搶奪殺人例
擬斬監候張錫聽從搶奪於蕭老五拒斃事主
時幫同刃傷請照搶奪殺人為從幫毆刃傷例
擬絞監候均秋後處決高添佑胡小萬椿高幗
賓聽從馬致禾糾毆該犯高添佑主使彭爾受
戳傷老沙氏致斃應以主使為首胡小萬椿高
幗賓各自毆傷沙汶英與小老身死照鬬殺律
均罪止絞候第沙汶英一家致死九命之多皆
由該犯等助毆所致情亦殘慘且至因此釀成
巨案除胡小萬椿高幗賓業已病故外高添佑

應請加擬立決李小老大等因蕭老五糾搶拒
捕被回民搜查解勸爭鬧李小老大故殺回民
一命請照故殺律擬斬監候張小喜得賀小長
更盧小起何泳興各自毆斃回民一命請照鬬
殺律擬絞監候回民倮俊望馬幗安羅蒽倮小
楞五楊映望倮成尚何有潰倮幗安倮汶玉倮
新保倮潮富倮萬幅倮映潰倮添玉楊本椿楊
小三茍馬潮沅倮新成馬椿倮成厚王成保倮
永保楊裁馬椿漢劉唐路古歷倮本俸倮有潰
倮萬淙倮老八倮潮良張連科何小石老倮添
潰倮玉安倮小受倮有才因先後與漢民口角
爭鬧各斃漢民一命除楊本椿張連科業已病

故外俠俊望等三十五犯均合依鬭殺律擬絞
監候俱秋後處決回民薩滿五羅小海勇馬洪
保俠小黄頭馬小九俠小囡子蕭小定楊騰隴
曹老三唐有受俠世碌馬洲馬成何盈俠俸蒽
馬騰隴俠世蒽馬存馬小五八俠保何小長受
俠小三馬受俠汶章俠洪受俠本立俠明安俠
亮俠小七五馬路甫俠小麼臉等聽從俠八伊
模糾約搜山搶奪並未傷人内除馬路甫俠小
麼臉業已病故外薩滿五等二十九犯請照回
民搶奪結夥三人以上例均實發雲貴兩廣極
邊烟瘴充軍回民張谷洪於張幗保搶獲漢村
牲畜銀物受寄銷賣分得多贓照知强盜後分

贓滿數例應發近邊充軍惟明知燒搶巨案輒
敢代為銷贓分肥較尋常分受盜贓尤為藐法
請從重發雲貴兩廣極邊烟瘴充軍回民㑳三
竅㑳世滐漢民張汝淮各自迭次訛詐擾害除
㑳三竅業已病故外㑳世滐張汝淮照兇惡棍
徒例均發極邊足四千里充軍漢民王有潰李
應旭聽從蕭老五搶奪回民財物當蕭老五等
拒斃事主之時該犯等在場目擊即屬為從請
照搶奪殺人為從未經幫毆成傷例發極邊足
四千里充軍漢民張揚張連甲何洸斗因與回
民口角爭鬭各用鐵矛戳傷回民平復請照兇
器傷人例均發近邊充軍回民㑳登瀛聽從㑳

八伊模糾約燒搶漢村臨時因病不行事後分
得贓物請照共謀為盜臨時患病不行事後分
贓例杖一百流三千里回民李映詳張連沅楊
中明莫如淋與汶盈與有功聽從與八伊模糾
約燒搶漢村漢民白世良聽從蕭老五糾搶回
戶均臨時畏懼不行事後分得贓物請照共謀
為盜臨時畏懼不行事後分贓例均杖一百徒
三年分别定地發配折責安置何小八頭聶倫
楊旭與小雙等聽從與八伊模糾約燒搶臨時
畏懼不行事後亦不分贓請照共謀為盜臨時
畏懼不行事後不分贓例各杖一百陳典訊不
知與三簸等謀搶竈戶情事惟聽寄刀械亦有

不合請照不應重律杖八十酌加枷號一個月
分別枷責發落姚州及白井地方經此懲創回
漢各知震懾閭閻均屬安靜仍飭該處文武隨
時稽查約束不得再滋事端此案雖經拏獲首
要多名盡法懲辦惟恐尚有潛匿並白井案犯
亦尚未悉數就獲仍飭嚴密查拏不得稍形鬆
懈續有弋獲另行審擬具
奏前署州咸孚於地方致斃多命雖失於防範第
因勢兇事驟力不能制今於數月之內協獲多
犯合無仰懇
聖慈寬免議處至回漢各犯先後共獲二百三十六
名內凌遲斬決梟示並罪應絞決等犯共有一

百三十八名之多係屬設法兜拴俾首要不致
漏網所有接署姚州及白井文武員弁並鄰境
暨在事差委各員或帶兵圍捕或購線密拏雖
皆分所應為之事但人犯衆多辦理均甚出力
臣等未便没其微勞可否量予鼓勵之處均出
恩施格外恭候
訓示遵行除全案犯供咨部外謹將各犯罪名事由
另繕清單恭呈
御覽伏祈
皇上聖鑒謹
奏
另有旨

道光二十八年六月　十五　日

雲貴總督林則徐清單　**拏獲姚州白鹽井等處滋事漢回各犯分別定擬罪名清單**

清單

雲貴總督林則徐清單　拏獲姚州白鹽井等處滋事漢回各犯分別定擬罪名清單　道光二十八年六月十五日

謹將拏獲姚州白鹽井等處滋事漢回各犯分
別定擬辦理繕具罪名清單恭呈
御覽

應擬凌遲人犯一名

倮八伊模為首起意糾衆燒搶殺死一命並究出二十六年糾衆赴永昌抗拒官兵燒燬江橋殺死兵丁六命練勇一命

應擬斬梟人犯八十名

倮八老陝糾衆燒搶殺死五命並在永昌抗拒官兵殺死一命

馬幗良糾衆燒搶殺死二命並在永昌抗拒官兵殺死練勇一命

倮幅安聽糾燒搶殺死二命並在永昌抗拒官兵殺死練勇一命

倮老五聽糾燒搶殺死三命並在永昌抗拒官兵殺死兵丁一命練勇一命

土應揚聽糾燒搶殺死二命並在永昌抗拒官兵殺死練勇二命

偰玉保 聽糾燒搶殺死二命並在永昌抗拒官兵殺死兵丁一命練勇一命

偰戍盈 聽糾燒搶殺死二命並在猛庭寨抗拒官兵殺死練勇一命

偰洸有 聽糾燒搶殺死一命並在永昌抗拒官兵殺死練勇一命

偰小補子 聽糾燒搶殺死三命殺傷二人並在猛庭寨抗拒官兵殺死練一命

偰有中 聽糾燒搶殺死三命並在永昌抗拒官兵運送火藥

章小老 聽糾燒搶殺死二命並在永昌抗拒官兵殺死練勇一命

偰小六二 聽糾燒搶殺死一命並在永昌抗拒官兵殺死練勇一命

偰小羊保 聽糾燒搶殺死一命殺傷一人並在永昌抗拒官兵殺死練勇一命

偰小寬子 聽糾燒搶殺死一命並在永昌抗拒官兵殺死練勇一命

何有洸 聽糾燒搶殺死一命並在永昌抗拒官兵殺死練勇一命

偰玉淋 聽糾燒搶殺死二命並在永昌抗拒官兵運送火藥

古盆子 聽糾燒搶殺死二命並在永昌抗拒官兵

雲貴總督林則徐清單 拏獲姚州白鹽井等處滋事漢回各犯分別定擬罪名清單

道光二十八年六月十五日

偰小四頭 聽糾燒搶殺死二命並在彌渡抗拒官兵

楊才 聽糾燒搶殺死一命並在永昌抗拒官兵殺死兵丁一命

偰小七頭 聽糾燒搶殺死一命並在永昌抗拒官兵殺死練勇一命

偰成陽 聽糾燒搶殺死一命並在永昌抗拒官兵殺傷練勇一人

馬小四八 聽糾燒搶殺死二命並在永昌抗拒官兵殺死練勇一命

馬成富 聽糾燒搶殺死一命並在永昌抗拒官兵夥搶鐵礮殺死兵丁一命

偰添華 聽糾燒搶殺死一命並在江橋抗拒官兵殺死兵丁一命

劉小三 聽糾燒搶殺死一命並在茅草哨抗拒官兵殺死練勇二命

小利黑 聽糾燒搶殺死一命又傷一人並在長灣抗拒官兵

偰海羊 聽糾燒搶殺死一命又傷一人並在官山抗拒官兵搶奪礮位

偰有興 聽糾燒搶殺死一命並在官山抗拒官兵搶奪礮位殺死練勇一命

馬留 聽糾燒搶殺死一命夥殺一命並在永昌抗拒官兵殺死練勇二命

偰萬隴聽糾燒搶殺死一命並在永昌抗拒官兵殺死練勇一命

偰小石老聽糾燒搶並在永昌疊次拒傷官兵搶奪礮位

偰正善聽糾燒搶殺死四命並在永昌抗拒官兵殺死練勇一命

偰升聽糾燒搶傷一人並在官山抗拒官兵搶奪礮位殺死練勇一命

張成隴聽糾燒搶殺死一命並在永昌抗拒官兵殺傷兵丁一人練勇一人

李灤華聽糾燒搶殺死一命並在永昌抗拒官兵搶奪搶械

馬成玉聽糾燒搶殺死一命並在永昌抗拒官兵殺傷練勇一人

偰俸潰聽糾燒搶殺死一命並在永昌抗拒官兵

黑姑路糾衆燒搶殺死二命並在永昌抗拒官兵殺傷兵丁一命

何小窑匠聽糾燒搶殺死一命並在永昌抗拒官兵搶奪搶械

偰小重子聽糾燒搶殺死二命並在永昌抗拒官兵殺傷練勇一命

小黑五聽糾燒搶殺死一命並在永昌抗拒官兵搶奪搶械

何老六聽糾燒搶殺死二命並在永昌抗拒官兵

漆公大聽糾燒搶殺死二命並在永昌抗拒官兵

㑇義學糾衆燒搶殺死一命並在永昌抗拒官兵殺死兵丁二命

楊　材聽糾燒搶殺死三命並在永昌抗拒官兵

羅老五聽糾燒搶殺死一命並在永昌抗拒官兵

以上四十六名均係燒搶殺人並曾往永昌抗拒官兵之犯

馬致禾糾衆燒殺致斃多命

畢老五聽糾燒殺回寨並復起意另燒回民小村

蕭老五起意糾搶拒殺事主一命復在白鹽井謀殺十歲以下幼孩一人

㑇順沅聽糾燒搶殺死五命

㑇厚沅聽糾燒搶殺死三命

二八

雲貴總督林則徐清單　拏獲姚州白鹽井等處滋事漢回各犯分別定擬罪名清單

道光二十八年六月十五日

傒伊歷聽糾燒搶致斃二命
傒老六聽糾燒搶殺死三命
楊　成聽糾燒搶殺死三命
傒添有聽糾燒搶殺死四命
傒正陽糾衆燒搶殺死二命
張幗保聽糾燒搶殺死二命
傒小五斤聽糾燒搶殺死二命
傒映有聽糾燒搶殺死二命
傒洪玉聽糾燒搶殺死二命
傒有旺聽糾燒搶殺死二命
馬春玉聽糾燒搶殺死二命
傒成良聽糾燒搶殺死二命

偰汏全聽糾燒搶殺死二命
偰應科聽糾燒搶殺死二命
小狗子聽糾燒搶殺死二命
偰小八子聽糾燒搶殺死二命
偰淙沅聽糾燒搶殺死一命夥殺一命
馬小班聽糾燒搶殺死一命
偰有盈聽糾燒搶殺死三命
偰　俸聽糾燒搶殺死四命
小花子聽糾燒搶殺死四命
火里斯聽糾燒搶殺死二命
偰　金聽糾燒搶殺死二命
偰成學聽糾燒搶殺死二命

毛驢子聽糾燒搶殺死二命傷一人
㑳幗蔥聽糾燒搶殺死二命
馬幗俊聽糾燒搶殺死一命
㑳三牛主聽糾燒搶殺死二命又搶奪刃傷事
楊中亮聽糾燒搶殺死二命
以上三十四名均係燒搶各殺二命至三
四命不等之犯
應擬斬決人犯五十四名
彭爾受
係聽從主使戳斃沙汶英家回婦一命並
聽糾焚燒回寨
㑳小三頭　楊其能　楊　富

以上三犯均係聽糾搶殺各斃一命並在
永昌抗拒官兵之犯
偰小奴　牙海約　偰添成　何　珍
偰幗安　馬應椿　偰小五四　馬長零
偰小頭　丁　潰　偰俊成　馬萬春
李老五　偰路湮　楊映洪　火鐮墜
飯團子　小粿玀　偰小老頭　偰吽花
偰　隴　何小八四　楊　進　偰海仁
馬映洪　何有倫　沙　鉢　馬小七
楊　洲　閔　潰　丁老五　楊雨生
偰老抓　馬成名　楊凟友　楊小五頭
馬淙受　偰乳奴　偰金汶　偰小煞波

馬玉山　楊添秀　魯古歷　㑇志隴
㑇汝才　㑇洸彩　㑇洪淙　㑇老五板
㑇老牛　㑇右事
以上五十名係聽糾搜搶各殺一命之犯

應擬斬監候人犯三名
張有壬聽糾搶奪拒斃事主一命
晁添錫聽糾搶奪拒斃事主一命
李小老大故殺一命

應擬絞決人犯三名
高添佑聽糾共毆致斃一家九命該犯主使毆斃一命
胡小萬椿聽糾共毆致斃一家九命該犯主使毆斃一命
高幗賓聽糾共毆致斃一家九命該犯主使毆斃一命

應擬絞候人犯四十二名

張　錫　聽糾搶奪刃傷事主

偰俊望　馬幗安　羅　蒠　偰小楞五

楊映望　偰成尚　何有潰　偰幗安

偰汶玉　偰新保　偰潮富　偰萬幅

偰映潰　偰添玉　楊本椿　楊小三苟

馬潮沅　偰新成　馬　椿　偰成厚

王成保　偰泳保　楊　栽　馬椿渼

劉　唐　路古歷　偰本俸　偰有潰

偰萬淙　偰老八　偰潮良　張連科

何小石老　偰添潰　偰王安　偰小受

偰有才　賀小長更　盧小起　何泳興

張小喜得
以上四十二名係鬬毆各殺一命之犯
應擬軍罪人犯四十名
薩滿五　羅小海勇　馬洪保　偰小黄頭
馬小九　偰小囤子　蕭小定　楊騰隴
曹老三　唐有受　偰世碌　馬　洲
馬　成　何　盈　偰俸蒽　馬騰隴
偰世蒽　馬　存　馬小五八　偰　保
何小長受　偰小三　馬　受　偰汶章
偰洪受　偰本立　偰明安　偰　亮
偰小七五　馬路甫　偰小厭臉　張谷洪
以上三十二名係聽糾搜山搶奪及受寄

分贓之犯

偰三敎　偰世滐　張汝淮

以上三名係疊次訛詐擾害之犯

王有潰　李應旭

以上二名係聽從搶奪目擊拒捕之犯

張　揚　張連甲　何洸斗

以上三名係兇器傷人之犯

應擬流罪人犯一名

偰登瀛

係聽糾燒搶因病不行事後分贓之犯

應擬徒罪人犯七名

李映祥　張連沅　楊中明　莫如淋

偰汶盈　偰有功　白世良
以上七名係聽從糾搶畏懼不行事後分
贓之犯
應擬杖罪人犯五名
何小八頭　聶　倫　楊　旭　偰小雙
陳　典
以上五名係被糾搶奪畏懼不行亦不分
贓及聽寄刀械不知謀搶之犯
以上通共獲犯二百三十六名

覽

雲貴總督林則徐等奏摺　籌辦迤西善後請將永昌順寧並景東鎮沅改為歲科兩考並行

二八　雲貴總督林則徐等奏摺　籌辦迤西善後請將永昌順寧並景東鎮沅改為歲科兩考並行

道光二十八年六月十五日

雲貴總督臣林則徐
雲南巡撫臣程矞采跪

奏為籌辦迤西善後事宜請將永昌順寧兩府並
景東鎮沅二廳循照滇南邊遠府分改為歲科
兩考並行恭摺會奏仰祈
聖鑒事竊本年因永昌哨民滋事經臣等會摺奏請
暫緩永順兩府生童考試俟平定後即以歲兼
科奉
旨依議欽此欽遵在案現在哨匪均經懲辦地方一
律肅清學臣孫毓溎查照向例於省城科試事
竣應赴迤東迤南以次按臨再往迤西一帶考
試景東廳後補行永昌順寧二府歲科兩考計
期已在冬底春初臣林則徐臣程矞采現在籌

議迤西善後事宜似考試一端亦宜量為變通
做照滇省現行事例庶因利乘便於地方均有
所裨辦理亦無窒礙如雲南府一棚有東川府
附考曲靖府一棚有昭通府附考廣西州一棚
有廣南府附考景東廳一棚有普洱府附考皆
由道途窵遠士子往返資斧維艱是以例定歲
試兼科固屬體恤生童亦即因地制宜之道臣
等查順寧府萬山叢峙一路中通近江處所俱
多嵐瘴故生童考試附入永昌府合為一棚而
永郡東西廣四百四十里南北袤一千一百二
十里其間滄江怒水鳥道羊腸已極山川之險
所屬如龍陵騰越二廳地界兩江境通八隘永

平縣亦係深巖絶澗峻嶺重巒行者備嘗險阻
若歲科並考寒畯實屬便宜地方亦稍節勞費
至景東廳為舊荒服居徼外之極邊廣袤七百
餘里道路尤為嶮巇且林深箐密瘴氣最易侵
尋兼之徑僻人稀即夫馬亦難於覓雇每逢學
政按臨地方官必須先期預備士子多憚於蹦
蹻擔簦之苦遂致裹足不前查普洱府與鎮沅
廳考試均附景東而普洱一府向係歲科兩考
並行似景東與鎮沅兩廳亦應歸於一次併考
不但考棚經費可期撙節即多士三年雲集亦
省一番遠道奔馳於官民兩有裨益相應請
旨飭下部臣核議將永昌順寧兩府景東鎮沅兩廳

均改為歲科兩考並行是於變通之中仍寓體
恤之意如此永為定例士子無不及時欲試人
才得廣搜羅風氣可為之一變是否有當應候
部覆到日遵照施行謹會同學臣孫毓溎合詞
恭摺具
奏伏祈
皇上聖鑒訓示謹
奏
該部議奏

二八

雲貴總督林則徐等奏摺　籌辦迤西善後請將永昌順寧並景東鎮沅改為歲科兩考並行

道光二十八年六月十五日

雲貴總督林則徐奏片　委令江川縣知縣劉邵高接署雲南大關同知

再署大關同知王觀潮現應撤省另候差委所遺大關同知缺應即委員接署該同知地方壤接川黔漢夷雜處政務殷繁非幹練之員弗克勝任查有江川縣知縣劉邵高才具明幹辦事安詳堪以調署據藩臬兩司會詳前來除檄飭遵照並將江川縣知縣缺另行委員接署外臣等謹合詞附片具奏伏乞

聖鑒謹奏

覽

雲貴總督林則徐奏片　**查明順寧知縣楊覲等業將滋事回犯張富殲斃請賞還頂戴**

再順寧縣知縣楊覲前署順雲營參將劉思禮
先因未能將滋事回匪張富拏獲經原任督臣
賀長齡
奏參摘頂勒緝該縣楊覲遵即添募練勇協同劉
思禮所派弁兵會合兜緝在雲州之觀音閣地
方隨同大兵與回匪接仗該犯張富被兵練格
殺身死經調任督臣李星沅縷晰具
奏在案因張富格斃一節是否確實欽奉
諭旨飭查是以該員等摘頂之案尚未聲請開復上
年臣林則徐於到任後遵
旨再行確查並傳到與張富素有讎衅各人證提省
研審張富業已殲斃屬實復經附片覆奏奉

硃批諒可信矣欽此是該員等別無承緝之責現在
順寧等處報獲匪犯之案較多緝捕已有起色
所有順寧縣知縣楊覲前署順雲營叅將劉思
禮二員相應仰懇
天恩賞還頂戴出自
聖主鴻慈謹合詞繕片附陳伏乞
聖鑒謹
奏
另有旨

大學士管理户部事務潘世恩等題本
遵議林則徐請動項採買昭通鎮戍中等三年備貯不敷兵米

二八 大學士管理户部事務潘世恩等題本 遵議林則徐請動項採買昭通鎮戊申等三年備貯不敷兵米 道光二十八年六月二十一日

太傅大學士管理戶部事務臣潘世恩等謹
題爲循例等事戶科抄出雲貴總督林則徐題滇
省昭通鎮應需戊申等三年備貯不敷兵米動
項採買一案道光貳拾柒年拾壹月初捌日題
貳拾捌年叁月初肆日奉
旨該部議奏欽此欽遵於本日抄出到部
該臣等查得雲貴總督林則徐疏稱昭通鎮標
駐劄夷疆應需兵糧歷係預期動支道庫正款
銀兩發給該府廳縣各就産米地方買運供支
茲據雲南糧儲道王贻桂會同布政使趙光祖
詳稱查昭通鎮制額兵丁除裁減外實存兵三千

二百三十四名道光戊申年計三百五十四日應需
米壹萬壹千肆百肆拾捌石叁斗陸升內除大
建月分配放蕎折八日小建月分配放蕎折七日
共計九十日該配放蕎折米貳千玖百壹拾石陸
斗內除恩安縣貳拾陸年截曠蕎折米壹斗陸
升魯甸通判貳拾陸年截曠蕎折米貳斗叁升
二共蕎折米叁斗玖升應行計抵外實該蕎折
米貳千玖百壹拾石貳斗壹升合蕎伍千捌百
貳拾石肆斗貳升每蕎壹石合銀柒錢伍分該
銀肆千叁百陸拾伍兩叁錢壹分伍釐應倒折
給外尚應需二百六十四日本米捌千伍百叁拾柒
石柒斗陸升昭通府與恩安縣同城駐劄兵一千

二八　大學士管理户部事務潘世恩等題本　遵議林則徐請動項採買昭通鎮戊申等三年備貯不敷兵米　道光二十八年六月二十一日

一百八十名歲需米肆千壹百柒拾柒石貳斗內應配放九十日蕎折米壹千陸拾貳石內除恩安縣貳拾陸年截曠蕎折壹斗陸升應行計抵外實該蕎折米壹千陸拾壹石捌斗肆升實應放二百六十四日本米叁千壹百壹拾伍石貳斗府縣二倉各分放二季米壹千伍百伍拾柒石陸斗昭通府倉放至道光貳拾柒年冬季止存米叁千壹百壹拾伍石叁斗柒升以戊申己酉庚戌三年足額計算共應需米肆千陸百柒拾貳石捌斗按倉存之數不敷米壹千伍百伍拾柒石肆斗叁升應於恩安縣道光貳拾柒年分額徵秋糧內撥收米伍百貳拾肆石肆斗叁升柒合陸

勺仍不敷米壹千叁拾貳石玖斗玖升貳合肆
勺照例採買供支又恩安縣倉收至道光貳拾
柒年秋季止存米叁千玖拾陸石叁斗玖升加
以道光貳拾柒年分額徵秋糧米貳千壹百石
捌斗肆升柒合陸勺內除撥交路通府倉米伍
百貳拾肆石肆斗叁升柒合陸勺外實徵存本
倉米壹千伍百柒拾陸石肆斗壹升連舊存共
米肆千陸百柒拾貳石捌斗以戊申己酉庚戌
三年定額計算共應需米肆千陸百柒拾貳石
捌斗按倉存之數足敷備供毋庸採買又大關
廳駐兵六百九十六名歲需米貳千肆百陸拾叁
石捌斗肆升內應配放九十日春折米陸百貳拾

陸石肆斗實放二百六十四日本米壹千捌百叁
拾柒石肆斗肆升該倉放至道光貳拾柒年冬
季止存倉並應收道光貳拾柒年分額徵秋糧
條改共米肆千陸百叁拾玖石叁斗陸升陸合
陸勺以戊申己酉庚戌三年定額計算共應需
米伍千伍百壹拾貳石叁斗貳升抵倉存之數
核計不敷米捌百柒拾貳石玖斗伍升叁合肆
勺又魯甸廳駐兵六百八十名歲需米貳千肆百
柒石貳斗內應配放九十日蕎折米陸百壹拾
貳石內除貳拾陸年截曠蕎折米貳斗叁升應
行計抵外實該蕎折米陸百壹拾壹石柒斗柒
升實應放二百六十四日本米壹千柒百玖拾

伍石貳斗該倉放至道光貳拾柒年冬季止存倉
並應收道光貳拾柒年分額徵秋糧共米肆千貳
百壹石柒斗壹升叁合柒勺以戊申己酉庚戌
三年定額計算共應需米伍千叁百捌拾伍石
陸斗按倉存之數核計不敷米壹千壹百捌拾
叁石捌斗捌升陸合叁勺又永善縣兵六百
七十八名歲需米貳千肆百石壹斗貳升內應配
放九十日蕎折米陸百壹拾石貳斗實放二百六
十四日本米壹千柒百捌拾玖石玖斗貳升該倉
放至道光貳拾柒年冬季止存倉並應收道光
貳拾柒年分額徵秋糧共米叁千柒百陸拾壹石
玖斗肆升陸合陸勺以戊申己酉庚戌三年定額

計算共應需米伍千叁百陸拾玖石柒斗陸升
按倉存之數核計不敷米壹千陸百柒石捌斗
壹升叁合肆勺以上共不敷米肆千陸百玖拾柒
石陸斗肆升伍合伍勺照例每石預發銀貳兩該
銀玖千叁百玖拾伍兩貳錢玖分壹釐又配放
蕎折銀肆千叁百陸拾伍兩叁錢壹分伍釐工共
銀壹萬叁千柒百陸拾兩陸錢陸釐照例於道
庫收存永折改折正款銀內動支將蕎折銀兩
發給鎮營領回散放其米價銀兩分發昭通等
府廳縣承領各將所需米石乘時採買運倉備
供所有應找尾銀續行核發造冊報銷不得有
逾例銷之數如有捏報米價浮冒運腳及派買

滋累等弊查出揭參相應詳請查核具題等情
臣覆查無異謹會同雲南巡撫臣程矞采合詞恭
疏具題等因前來　查滇省昭通鎮應需兵
糧向係備貯三年其不敷米石按年採買所需價
脚銀兩在於道庫存留米折銀內動支核實題
銷歷經辦理在案今據雲貴總督林則徐疏稱
昭通鎮駐劄兵丁除恩安縣倉存足敷備供毋
庸採買外所有昭通大關魯甸永善等府廳縣
戊申等三年兵米按照倉存並道光貳拾柒年額
徵秋糧條改糧米數目核算共不敷米肆千陸
百玖拾柒石陸斗肆升伍合伍勺每石預發銀
貳兩該銀玖千叁百玖拾伍兩貳錢玖分壹釐

又配放蕎折銀肆千叁百陸拾伍兩叁錢壹分
伍釐二共銀壹萬叁千柒百陸拾兩陸錢陸釐
照例於道庫收存正款銀内動支發給昭通等
府廳縣採買備供等語查前項採買備貯兵米
既據該督題請動項採買臣部按照倉存並額
徵之數核算與應買米數相符其採買價銀經
臣部節次於題請採買案内行令該督撫轉飭
該府廳縣前項採買米石係備貯之米例應於
隣近糧價平減地方採辦何得逐年仍以每石
預發銀貳兩採買並稱應找尾銀續行核發現
在節省經費尤應撙節採辦毋致浮費而重庫
項其折給兵丁蕎價銀兩應令該督撫轉飭造

入貳拾柒年兵馬奏銷案內題報查核此案於
道光貳拾捌年叁月初肆日科抄到部旋於陸
月貳拾壹日辦理具
題合併聲明臣等未敢擅便謹
題請
旨

臣潘世恩
臣賽尚阿
臣祁寯藻

左侍郎兼管三庫事務正白旗滿洲副都統總管內務府大臣鑲紅旗護軍統領臣柏葰
左侍郎兼管三庫事務臣趙光差
吏部左侍郎署户部左侍郎兼管三庫事務臣季芝昌
右侍郎兼管錢法堂事務總管內務府大臣鑲黃旗漢軍副都統臣阿靈阿
右侍郎兼管錢法堂事務臣朱鳳標差
禮部右侍郎署户部右侍郎兼管錢法堂事務臣吳鍾駿
雲南清吏司郎中臣康昌
郎中臣甘熙
郎中臣陸以烜
員外郎臣熙麟
員外郎臣德啟
員外郎臣張汲

主事臣德倫

主事臣單興詩

主事臣王映斗

額外主事臣慶和

額外主事臣馬晉如

額外主事臣田祥

額外主事臣張臬本

雲貴總督林則徐題本　查核貴州省道光二十七年各標鎮協營兵馬支用錢糧（首缺）

楊光藻傷賞銀叁拾兩列爲貳等傷兵丁楊長
春傷賞銀貳拾伍兩列爲叁等傷兵丁鍾治祥
傷賞銀貳拾兩又拒傷身死屯軍萬致敏恤賞
銀伍拾兩合共銀貳百貳拾伍兩行令在於兵
餉建曠項下給領報查等因業經遵奉在於道
光貳拾柒年兵餉建曠銀内照數動支給領應
請核銷以上共動支銀捌千捌百柒拾柒兩叁
錢陸釐外實存建曠銀陸千貳拾兩貳錢捌分
一扣存本年分明銀貳萬貳百貳拾肆兩叁錢
玖分叁釐内除動支各標鎮協營買補存營倒
斃限滿馬柒百叁拾叁匹每匹價銀壹拾捌兩
共銀壹萬叁千壹百玖拾肆兩又動支兵部充

二八 雲貴總督林則徐題本 查核貴州省道光二十七年各標鎮協營兵馬支用錢糧

道光二十八年六月二十五日

公銀壹百肆拾兩陸錢實存銀陸千捌百捌拾
玖兩柒錢玖分叁釐賠樁銀無項皮臟銀叁百
陸拾陸兩伍錢內除動支兵部充公銀柒兩叁
錢叁分實存銀叁百伍拾玖兩壹錢柒分又扣
存副將遊擊都司千把總降罰俸銀叁百肆拾
壹兩壹分捌釐又扣存世俸銀貳千貳百捌拾
壹兩叁錢叁釐又扣存興義川陝貳案牛餉未
折銀伍拾伍兩貳錢捌分陸釐以上共支通銀
貳萬貳千貳百壹拾玖兩貳錢叁分陸釐實存
本年朋罰建曠皮臟世俸牛餉等銀壹萬伍千
玖百肆拾陸兩捌錢伍分又道光貳拾陸年分
朋罰建曠皮臟世俸牛餉等銀壹萬玖千捌百

二八 雲貴總督林則徐題本 查核貴州省道光二十七年各標鎮協營兵馬支用錢糧

道光二十八年六月二十五日

壹拾伍兩貳錢貳分壹釐內除扣存撫標叅將
文英等降罰俸銀肆百貳拾陸兩貳錢陸分玖
釐於道光貳拾柒年玖月內詳請撥充黔省道
光貳拾捌年分兵餉銀兩在案請俟造入道光
貳拾捌年兵馬錢糧奏銷案內新收項下查核
外實存建曠朋繳世俸半餉銀壹萬玖千叁百
捌拾捌兩玖錢伍分貳釐俟奉核覆造入道光
貳拾捌年秋季冊內報撥應請照數開除現在
實存本年朋罰建曠皮繳世俸半餉等銀壹萬
伍千玖百肆拾陸兩捌錢伍分此司庫銀款管
收除在之實數也又糧儲兵備道收支米穀冊
造舊管道光貳拾陸年底各屬支剩存倉米壹

拾肆萬叁千肆百捌拾陸石玖斗伍升叁合貳
勺新收貴陽等府廳州縣暨州同州判道光貳
拾柒年分應徵秋糧正耗米豆及穀蕎折共米
壹拾貳萬壹千捌百捌拾壹石壹斗貳升捌合
捌勺又收銅仁府縣松桃同知道光貳拾柒年
分應徵秋糧耗米壹百柒拾叁石貳斗伍升陸
合又收興義府普安同知興義縣普安縣道光
貳拾柒年分應徵秋糧耗米壹千貳百壹拾玖
石柒斗玖升捌合又收都勻鎮遠黎平思南石
阡思州銅仁興義遵義等府屬道光貳拾柒年
分應徵地丁改徵米叁萬叁千陸百陸拾陸石
伍升伍合柒勺又收銅仁府縣松桃同知道光

貳拾柒年分應徵地丁餘耗銀兩改徵米壹千
叁百叁拾陸石陸斗玖升玖合壹勺一於敬陳
穀價等事案內據都勻八寨關泰等府廳縣及
黎平府經歷司冊報採買運供古州朗洞下江
叁鎮營道光貳拾柒年玖月起兵糧米壹千玖
百肆拾壹石叁斗陸升捌合一於請
旨事案內據黎平府分駐古州同知冊報採買運回
備供古州鎮道光貳拾柒年玖月起兵糧米壹
千玖百柒拾叁石肆斗一於遵
旨議奏事案內據荔波縣冊報採買備支荔波營道
光貳拾柒年玖月起兵糧及廩生餼糧共米貳
千叁百貳拾伍石伍斗貳升一於酌議採買屯

苗餘糧等事案內據古州台拱八寨清江丹江
永從等廳縣册報道光貳拾陸年分收買屯軍
工食變價屯糧餘田租米並收買屯苗餘糧備
供古州台拱八寨清江丹江下江等鎮協營道
光貳拾柒年玖月起兵糧米柒千柒百石伍斗
柒升又據古州丹江貳廳册報採買備供古州
朗洞丹江叁鎮營兵糧及古州廳慶生餘糧共
米叁千玖拾肆石肆斗一於撥增客明事案內
據都江通判册報採買備供上江協道光貳拾
柒年玖月起兵糧米壹百壹拾柒石一於黔省
添補兵額等事案內據興義都匀八寨仁懷開
泰等府廳縣及黎平府經歷司册報採買備供

安義古州上江仁懷等鎮協營道光貳拾柒年
玖月起兵糧米壹千壹百捌拾貳石陸斗貳升
一於請免徵支折色兵糧等事案内據定番州
及大塘州判冊報採買備供定廣協存汎及分
防大塘兵丁道光貳拾柒年玖月起不足月糧
撥支一半採買米壹千壹百叁拾伍石捌斗肆
升一於遵
旨議奏事案内據銅仁府縣松桃同知冊報採買備
供銅仁松桃貳協兵丁道光貳拾柒年玖月起
兵糧米壹千叁百捌拾玖石肆斗肆升又據銅
仁府冊報應徵小竹山逆產田畝分收租穀折
米柒百玖石陸斗壹升一於詳請採買駐礀兵

丁月糧等事案内據思州府册報採買運供道
光貳拾柒年玖月起碉兵糧米叁百柒拾柒石
叁斗捌升一於
聖治當重熙等事案内據大定府施秉縣册報各學
病故廪生彭商書陳銘勳應扣驥米壹石玖斗
壹升壹合貳勺追繳存倉以上新收共米壹拾
捌萬貳百貳拾伍石玖斗玖升陸合捌勺總計
舊管新收共米叁拾貳萬叁千柒百壹拾貳石
玖斗伍升開除黔省制營兵丁自道光貳拾柒
年正月起至拾貳月底止實支米壹拾貳萬玖
千肆百柒拾捌石柒斗捌升内支銀折米壹萬
貳百肆拾貳石玖斗叁升又支貴陽等府廳州

縣學廪生米伍千捌百玖拾貳石貳斗肆升肆
合伍勺又給天柱縣屬道光貳拾柒年分鋪夫
食米陸拾石叁斗伍升又孤貧口糧米叁拾陸
石又據黎平府平越直隸州開泰縣開報道光
貳拾柒年分折徵傳運丹江朗洞貳營兵糧米
叁千伍百捌拾捌石現在造冊詳請咨部將折
徵銀兩提解道庫又據大定石阡思南普安水
城平越開州平遠黔西鎮寧正安麻哈黄平貴
筑龍里貴定修文普定安平清鎮畢節遵義桐
梓綏陽甕安湄潭普安安南羅斛等府廳州縣
州判冊報道光貳拾柒年分平糶過節年徵收
支剩餘米伍萬柒百玖拾貳石柒斗伍升玖合

柒勺現在道用詳請咨部將糶價銀兩提解道
庫總計黔省制營兵丁月糧及各學廩生餘糧
及天柱縣屬鋪夫食米孤貧口糧並折徵平糶
等項共開除米壹拾捌萬玖千捌百肆拾捌石
壹斗叁升肆合貳勺內除古州等鎮協營兵丁
支過銀折米壹萬貳百肆拾貳石玖斗叁升每
石價銀自陸錢貳分起至壹兩肆錢壹分不等
共折銀壹萬貳千壹百壹拾壹兩玖釐於道庫
收存各屬平糶米價及司庫備用銀內開除外
實動支各屬存倉秋糧改徵採買及收買苗糧
並逆產租穀折米等項共米壹拾柒萬玖千陸
百伍石貳斗肆合貳勺實在道光貳拾柒年底

各屬支剩存倉米壹拾肆萬肆千壹百柒石柒
斗肆升伍合捌勺內除威寧州易貯穀壹萬石
各屬貯米壹拾叁萬玖千壹百柒石柒斗肆升
伍合捌勺留為支給各標鎮協營兵丁道光貳
拾捌年正月起月糧及天柱縣屬鋪夫孤貧口
糧等項之用其支剩秋糧餘米現在遵照部文
清查以次出糶此係糧儲兵備道經管米數管
收除在之實數也又貴東兵備道收支屯糧冊
造古州八寨台拱叁同知丹江清江貳通判所
屬地方設立恩榮等壹百貳拾堡共安屯軍捌
千玖百叁拾玖戶共分授上中下田陸萬叁千
壹百貳拾陸畝玖分叁釐共應徵本色屯糧米

伍千肆百玖拾捌石貳斗貳升柒勺舊管米玖
千捌百陸拾玖石捌升捌合肆勺新收米伍千
肆百玖拾捌石貳斗貳升柒勺管收共米壹萬
伍千叁百陸拾柒石叁斗玖合壹勺開除恩樑
等堡百戶總旗小旗支過工食並製備操演藥
鉛變價及古州等九衛存剩屯糧變賣餘米共
開除米伍千肆百玖拾捌石貳斗貳升柒勺實
在道光貳拾柒年底支剩存倉屯糧米玖千捌
百陸拾玖石捌升捌合肆勺此係貴東兵備道
經管屯糧管收除在之實數也所有道光貳拾
柒年分黔省兵馬錢糧理合分晰彙造總冊同
各標鎮協營細冊一併詳請察核

二八 雲貴總督林則徐題本 查核貴州省道光二十七年各標鎮協營兵馬支用錢糧

道光二十八年六月二十五日

題銷等情到臣該臣看得黔省各標鎮協營經制
官兵支過俸餉銀米及馬乾銀兩例應按年
題銷茲據貴州布政使羅繞典將道光貳拾柒年
正月起至拾貳月底止各標鎮協營官兵馬匹
實支俸餉馬乾銀兩扣存截曠小建數目並據
糧儲道孫起蠵將收支官兵米數及貴東道周
作楫將收支屯軍糧數均各按款造冊同各標
鎮協營細冊由司一併報銷前來臣按款覆核
無異除冊分送部科外謹將實支銀米總數恭
繕黃冊進呈
御覽伏乞
皇上聖鑒敕部核覆施行為此具本謹

二八

雲貴總督林則徐題本　查核貴州省道光二十七年各標鎮協營兵馬支用錢糧

道光二十八年六月二十五日

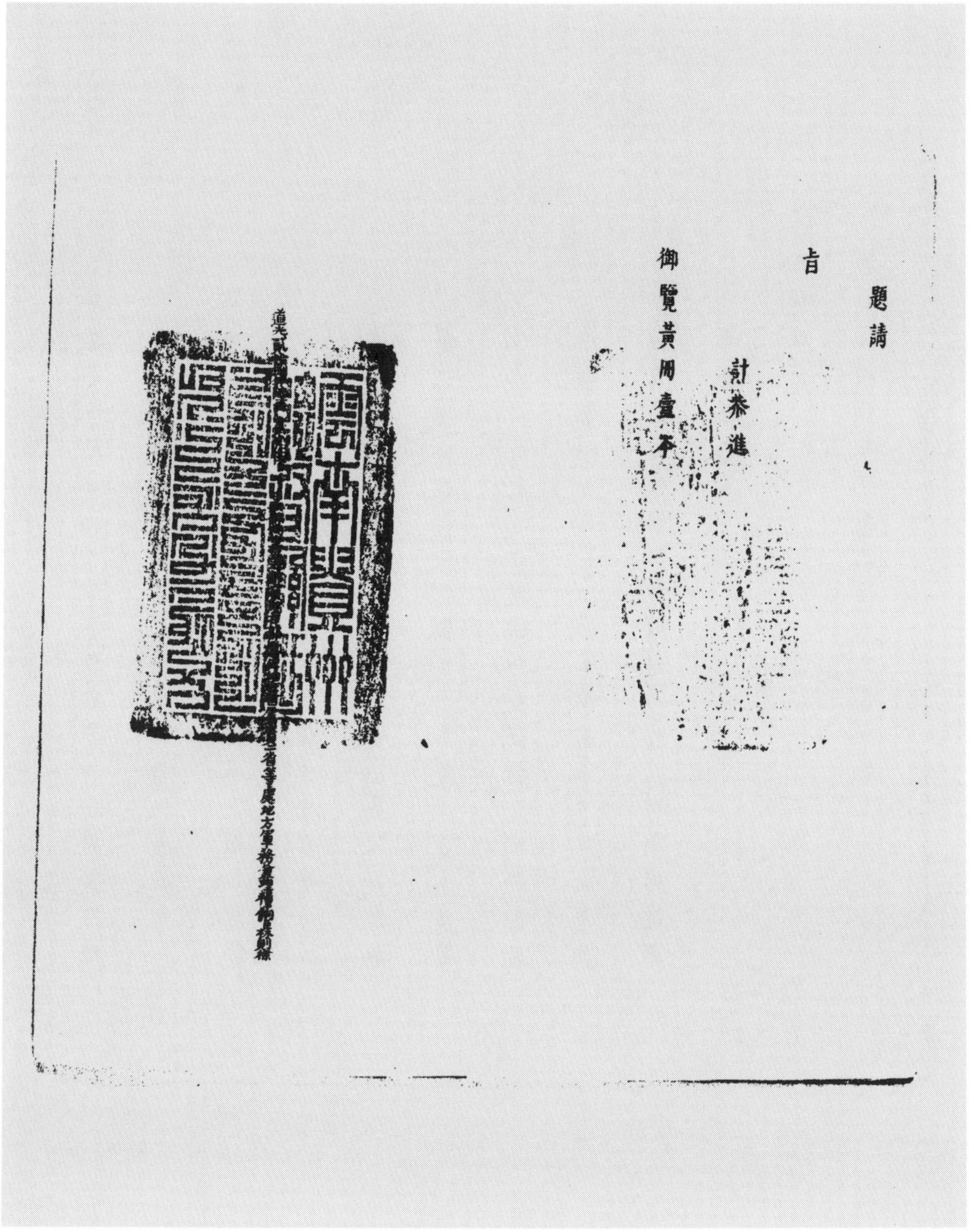
題請
旨
計恭進
御覽黃冊壹本

二八　雲貴總督林則徐題本　查核貴州省道光二十七年各標鎮協營兵馬支用錢糧

道光二十八年六月二十五日

兵部尚書兼都察院右副都御史總督雲貴二省等處地方軍務兼理糧餉臣林則徐謹
題為
奏鎮道光貳拾柒年兵馬錢糧事。該臣看得黔省
各標鎮協營經制官兵支過俸餉銀米及馬乾
銀兩，例應按年
題銷。茲據貴州布政使羅繞典將道光貳拾柒年
正月起至拾貳月底止各標鎮協營官兵馬匹
實支俸餉馬乾銀兩扣存截曠小建數目並錄
糧儲道孫起瑞將收支官兵米數及貴東道周
作楫將收支屯軍糧數均各按款造冊，同各標
鎮協營細冊由司一併報銷前來。臣按款覆核
無異，除各冊分送部科外，謹將實支銀米總數
恭繕黃冊進呈
御覽，謹
題請
旨。

上諭 著照林則徐所請以李熙齡調補雲南普洱府知府

道光二十八年七月初七日内閣奉

上諭林則徐等奏請調邊要知府一摺著照所請雲

南普洱府知府員缺准其以李熙齡調補該部知

道欽此

大學士管理户部事務潘世恩等題本　**遵議林則徐請動項採買騰越龍陵戊申等三年備貯不敷兵米**（尾缺）

依議

題

二八　大學士管理户部事務潘世恩等題本　遵議林則徐請動項採買騰越龍陵戊申等三年備貯不敷兵米

道光二十八年七月初七日

太傅大學士管理户部事務臣潘世恩等謹

題爲循例等事户科抄出雲貴總督林則徐題滇

省騰越龍陵二鎮協應需道光戊申等三年備

貯不敷兵米動項採買一案道光貳拾柒年拾

壹月初捌日題貳拾捌年叁月初肆日奉

旨該部議奏欽此欽遵於本日抄出到部

該臣等查得雲貴總督林則徐疏稱騰越龍陵

等鎮協制領官兵每年不敷糧米例應題請發

銀買備供支兹據南糧儲道王貽桂會同布政

使趙光祖詳稱查保山縣駐劄永昌協兵丁除

奉裁外實存兵一千一百七十六名歲需米肆

二八 大學士管理户部事務潘世恩等題本 遵議林則徐請動項採買騰越龍陵戊申等三年備貯不敷兵米 道光二十八年七月初七日

千貳百叁拾叁石陸斗遇閏加米叁百伍拾貳石捌斗每歲應攤計米壹百壹拾柒石陸斗計道光戊申己酉庚戌三年共應需米壹萬貳千捌百壹拾捌石肆斗該倉放至道光貳拾柒年冬季止應存米捌千陸百肆拾柒石捌斗貳升較三年歲需之數不敷米肆千壹百柒拾石伍斗捌升於該縣道光貳拾柒年分額徵秋糧條改共米伍千壹百肆拾肆石玖斗貳升伍合內徵收備供外仍餘米玖百柒拾肆石叁斗肆升伍合並永昌府道光貳拾柒年分額税秋條改共米捌百叁拾叁石陸斗壹合陸勺一併照例以每石折銀壹兩徵收解道存爲發買各屬不

數兵糧之用又騰越廳駐劄騰越鎮兵丁二千
八百一十四名歲需米壹萬壹百叁拾石肆斗
通閏加米捌百肆拾肆石貳斗每歲應撥計米
貳百捌拾壹石肆斗計道光戊申己酉庚戌三
年共應需米叁萬陸百柒拾貳石陸斗該倉秋
至道光貳拾柒年冬季止應存米貳萬陸百柒
拾玖石陸斗柒升加以道光貳拾柒年分該廳
額徵稅秋米伍千捌百玖拾石玖斗伍升肆合
肆勺二共舊存新收米貳萬陸千伍百柒拾石
陸斗貳升肆合肆勺較三年歲需之數不敷米
肆千壹百壹石玖斗柒升伍合陸勺龍陵廳駐
劄龍陵協兵丁一千二百零一名歲需米肆千

叁百貳拾叁石陸斗遇閏加米叁百陸拾石叁
斗每歲應撥計米壹百貳拾石壹斗計道光戊
申己酉庚戌三年共應需米壹萬叁千玖拾石
玖斗該倉截至道光貳拾柒年冬季止應存米
捌千捌百貳拾柒石叁斗伍升加以道光貳拾
柒年分該廳額徵秋糧改條共米玖拾壹石叁
斗捌升伍合貳勺二共舊存新徵米捌千玖百
壹拾捌石柒斗叁升伍合貳勺較三年歲需之
數不敷米肆千壹百柒拾貳石壹斗陸升肆合
捌勺以上騰越龍陵二廳不敷米石應請遵照
題定支銷例案以每石合銀壹兩叁錢發買計
騰越廳不敷米肆千壹百壹石玖斗柒升伍合

二八　大學士管理户部事務潘世恩等題本　遵議林則徐請動項採買騰越龍陵戊申等三年備貯不敷兵米　道光二十八年七月初七日

陸勺該價銀伍千叁百叁拾貳兩伍錢陸分捌
釐貳毫捌絲龍陵廳不敷米捌千壹百柒拾貳
石壹斗陸升肆合捌勺該價銀伍千肆百貳拾
叁兩捌錢壹分肆釐貳毫肆絲二共不敷米捌
千貳百柒拾肆石壹斗肆升肆勺該銀壹萬柒
百伍拾陸兩叁錢捌分貳釐伍毫貳絲照例在
於騰庫收存民秋米動撥內[illegible]
二廳遵照於秋成後在於土司地方查明可買
之處將銀兩當同土司發給採買僱脚挽運並
責成該管永昌府稽查倘有浮冒攙混等弊查
出即行揭參所買米石依限全完照例造具冊
收由府核[illegible]加[illegible]詳報請銷理合詳請查核具

二八　大學士管理户部事務潘世恩等題本　遵議林則徐請動項採買騰越龍陵戊申等三年備貯不敷兵米

道光二十八年七月初七日

題等情臣覆核無異謹會同雲南巡撫臣程矞
采合詞恭疏具題等因前來　查滇省騰越
龍陵二鎮協應需兵米向係備貯三年其不敷
米石按照每石壹兩叁錢給價採買又永昌協
制額兵丁前據該督奏明裁減其歲需兵米於
保山縣額徵稅秋米內徵收備供外尚有餘剩
米石變價折銀解道經臣部覆准節年遵照在
案今據雲貴總督林則徐疏稱保山縣駐劄永
昌協兵丁應需道光戊申等三年備貯兵米按
照倉存並額徵道光貳拾柒年稅秋米石徵收
備供外尚餘米玖百柒拾肆石叁斗肆升伍合
並永昌府道光貳拾柒年分應徵稅秋條改米

二八　大學士管理户部事務潘世恩等題本　遵議林則徐請動項採買騰越龍陵戊申等三年備貯不敷兵米　道光二十八年七月初七日

捌百叁拾叁石陸斗壹合陸勺一併照例以每
石折銀壹兩徵收解道又騰越龍陵二鎮協兵
丁應需道光戊申等三年備貯兵米按照倉存
並道光貳拾柒年額徵税秋條改糧米數目核
算共不敷米捌千貳百柒拾肆石壹斗肆升肆
勺以每石壹兩叁錢發銀採買共該銀壹萬柒
百伍拾陸兩叁錢捌分貳釐伍毫貳絲照例在
於糧庫米折銀内如數動支給發該二廳採買
運供依限造具冊結倉收題請核銷等語查前
項採買備貯不敷兵米動支價銀既據該督題
請動項採買臣部按照倉存並額徵之數核算
與應買米數相符其用過米價銀兩經臣部節

二八　大學士管理户部事務潘世恩等題本　遵議林則徐請動項採買騰越龍陵戊申等三年備貯不敷兵米

道光二十八年七月初七日

次於題請採買兵米案內行令該督撫轉飭該
之廳前項採買米石係備貯之米於附近糧價
平減地方採買現當節省經費何得逐年仍按
壹兩叁錢發銀採買致滋浮費至既稱保山縣
駐劄永昌協兵丁不敷米石在於保山縣額徵
税秋米內徵收備供外尚[illegible]昌府額
徵税秋兵米壹千捌百柒石玖斗肆升陸合陸
勺以每石折銀壹兩解道存留各屬不敷兵糧
之用應令雲貴總督雲南巡撫轉飭照數解道
造入道光貳拾柒年地丁奏銷冊內新收項下
題報查核此案於道光貳拾捌年叁月初肆日
科抄到部茲於柒月初柒日辦理具

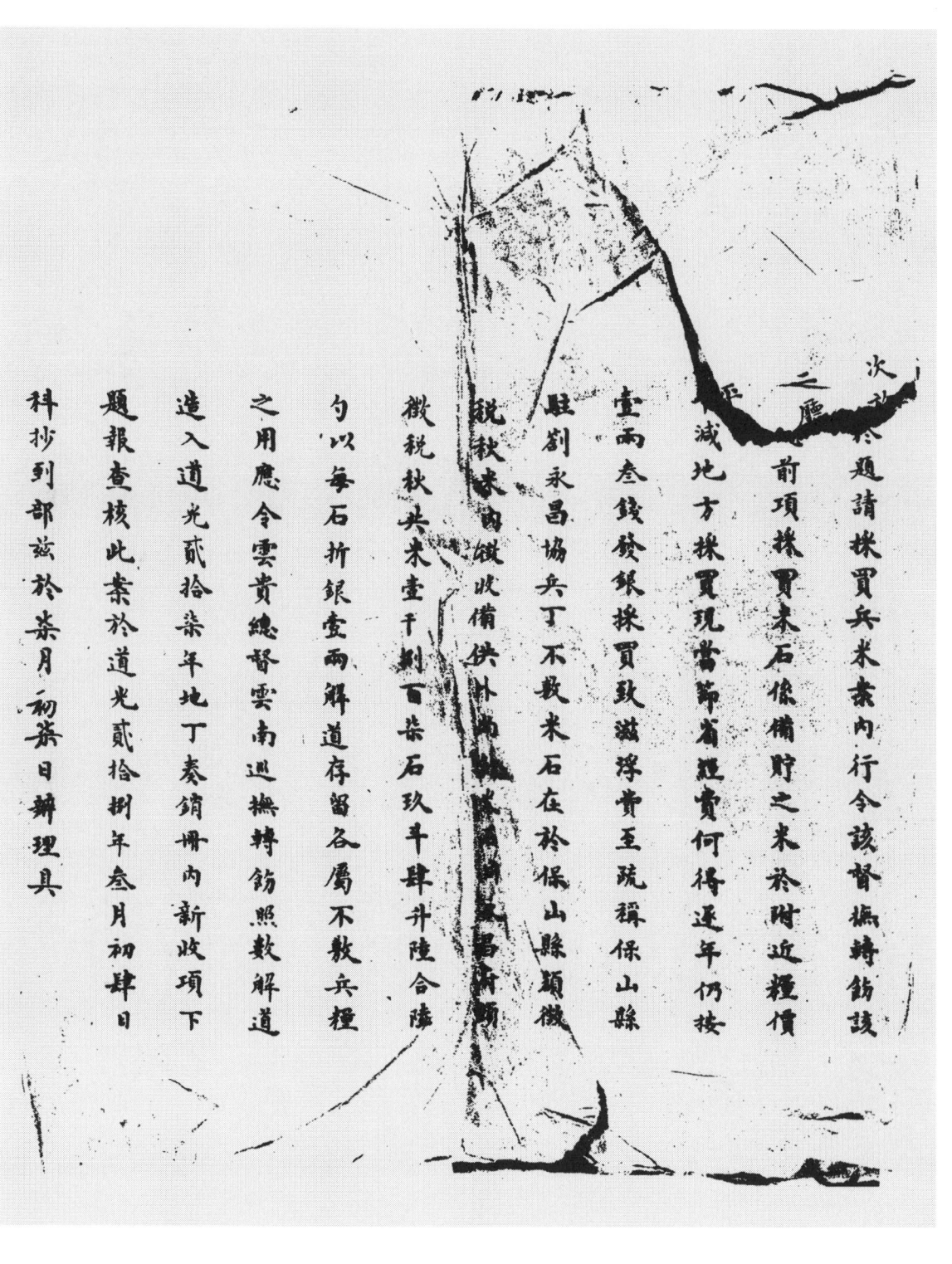

大學士管理户部事務潘世恩等題本　遵議林則徐請動項採買騰越龍陵戊申等三年備貯不敷兵米

道光二十八年七月初七日

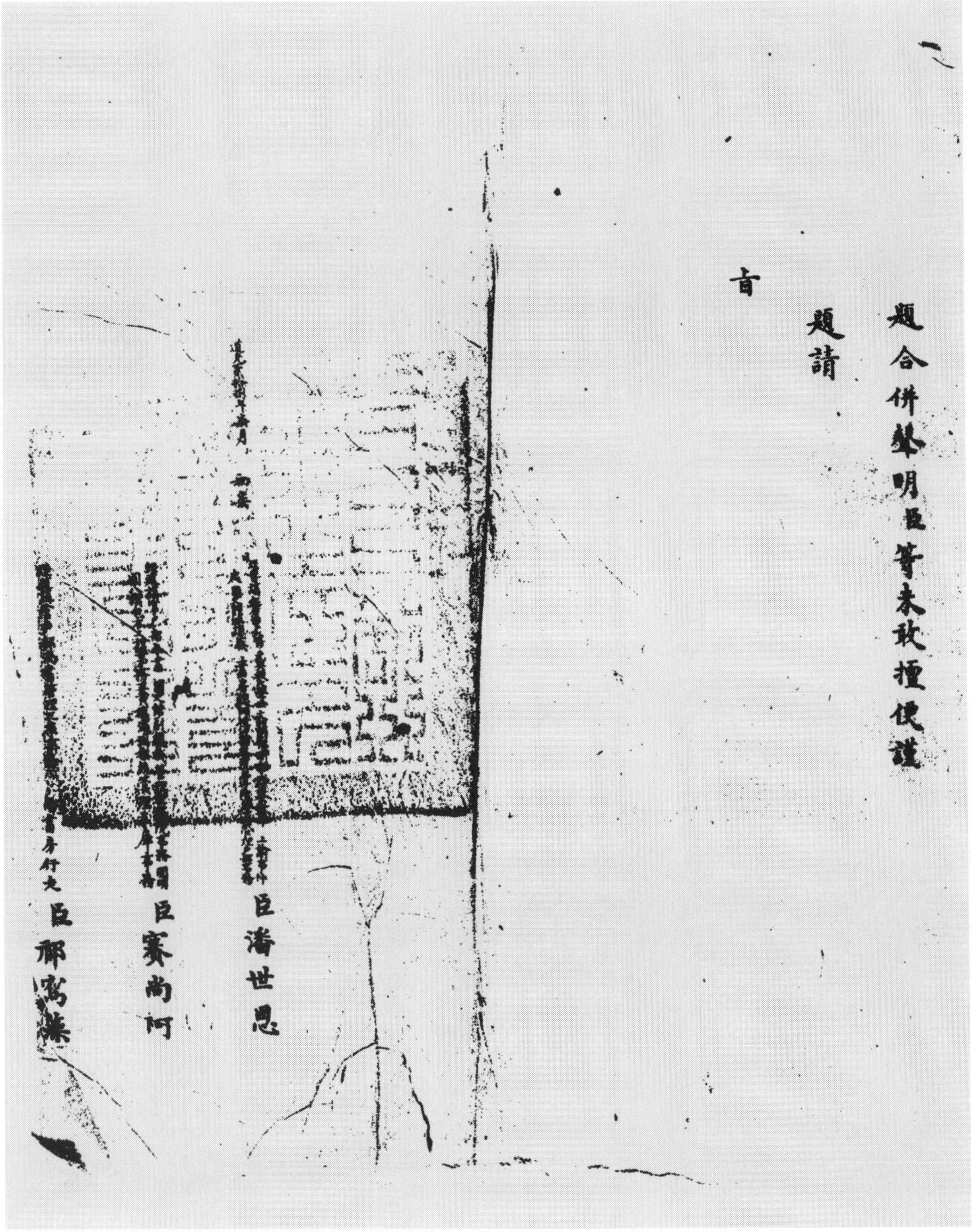

題合併聲明臣等未敢擅便謹

題請

旨

臣潘世恩

臣賽尚阿

臣祁寯藻

雲貴總督林則徐等奏摺

雲南黑鹽井提舉蕭榕辦理鹽務出力請賞加運同銜

二八 雲貴總督林則徐等奏摺 雲南黑鹽井提舉蕭榕辦理鹽務出力請賞加運同銜

道光二十八年七月十一日

雲貴總督臣林則徐
雲南巡撫臣程矞采跪

奏為井員催徵鹽課五年全完並徵解加價溢課等款銀兩總計數逾百萬辦理實為出力仰懇

賞准加銜以示鼓勵恭摺奏祈

聖鑒事竊照滇省鹽井開浚年久滷淡薪艱煎銷每形疲滯惟在井員妥為籌辦設法催徵方於課款不致墮誤而黑鹽井每年應徵正溢各課及代償琅鹽安寧等井缺額並公廉井費等款共銀十八萬六千三百九十餘兩遇閏加增銀一萬三千三百五十餘兩額款較為重大該提舉蕭榕於道光二十二年到任除該年課款並非一手經理例不併計外其自二十三年正月起

至二十七年十二月止計五年之内連閏應徵
正溢各課及代儹琅鹽安寧等井缺額並公廉
井費等項均於奏銷前按年掃數全完並無絲
毫蒂欠節次奉部議叙准其不論俸滿即陞統
共五年徵解銀至九十五萬八千四百餘兩該
提舉復於捐輸海疆經費案内勸諭各該竈民
共捐銀五萬兩又於永昌初次軍需勸諭各該
竈民續捐銀五萬兩雖係分年接續呈繳已據
按限催解過銀六萬兩無稍延誤總計儹徵課
款及催解捐輸已數逾百萬該提舉職司井務
固屬分所應為第井地課從鹽出鹽賴薪煎該
井採辦年久近山樹木砍伐已盡須於遠處購

買價腳較昂兼之滷水淡薄尤須督竈加工車
格提煎俾額鹽不致墮缺其元興永濟二子井
係屬山腹產礁硐深路遠工費倍增竈戶交課
全在認真儹催商販運銷亦須遠道招致一切
稽煎儹課等事較前辦理尤難倘督責稍疎則
貽誤甚鉅該提舉實心經理竭力催徵計五年
之內儹解正溢等款銀兩至百餘萬實屬勤能
請將該提舉蕭榕奏請
加恩鼓勵等情由藩司趙光祖鹽法道朱致蕃會詳
前來臣等復查雲南黑鹽井課款重大甲於滇
省諸井近年滷淡薪艱本昂額鉅一切督煎儹
課尤非易易該提舉蕭榕於五年之內催徵正

二八 雲貴總督林則徐等奏摺 雲南黑鹽井提舉蕭榕辦理鹽務出力請賞加運同銜 道光二十八年七月十一日

溢各課及代償琅鹽安寧等井缺額並公廉井
費等項至九十五萬八千四百餘兩均於奏銷
前掃數全完又按限催解竈民捐輸海疆經費
暨續捐永昌初次軍需數内銀六萬兩毫無拖
欠總計償解各款數逾百萬洵屬催徵出力任
事實心該員已於提舉任内
大計保薦卓異並又疊邀議叙實爲鹽務中出色
之員合無仰懇
天恩俯准將雲南黑鹽井提舉蕭榕
賞加運同銜仍照例不論俸滿即陞以示鼓勵而昭
激勸之處出自格外
恩施謹合詞恭摺具

二八 雲貴總督林則徐等奏摺 雲南黑鹽井提舉蕭榕辦理鹽務出力請賞加運同銜

道光二十八年七月十一日

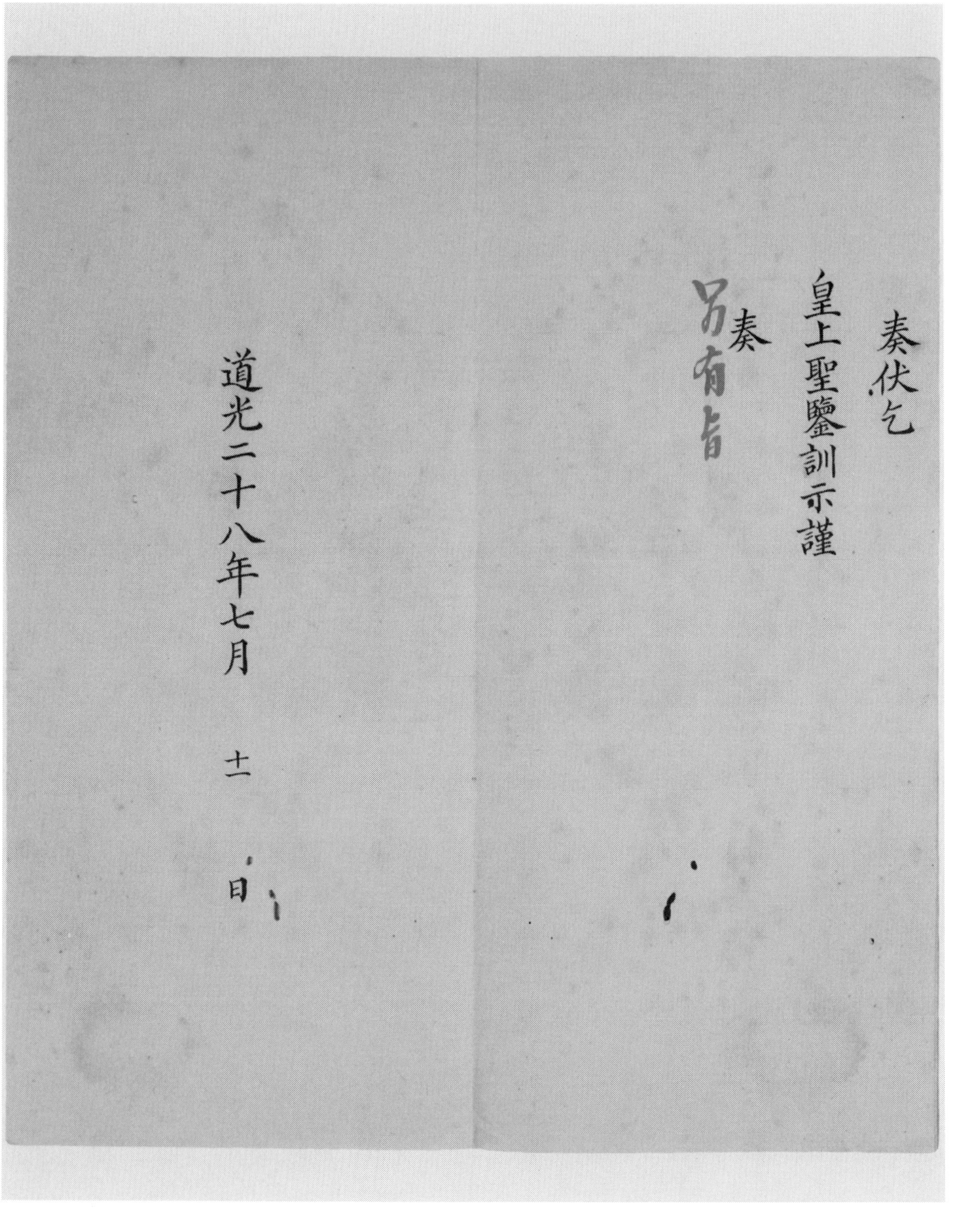
奏伏乞
皇上聖鑒訓示謹
奏
另有旨
道光二十八年七月　十一　日

雲貴總督林則徐等奏摺

請准將土司經管之悉宜銀廠額徵課銀減半報解

二八 雲貴總督林則徐等奏摺 請准將土司經管之悉宜銀廠額徵課銀減半報解

道光二十八年七月十一日

雲貴總督臣林則徐
雲南巡撫臣程矞采 跪

奏為土司經管之悉宜銀廠開採年久出礦細微
抽課實難敷額懇
恩減課報解以卹邊夷恭摺奏祈
聖鑒事竊查滇省金銀各廠抽收額課均應按年完
解以副奏銷不容稍有蒂欠本年奏銷案內臣
等逐加綜核有悉宜廠額徵課銀未經報解並
該廠節年欠款亦屢催未據完繳溯查悉宜銀
廠係在順寧府屬耿馬土司地界自乾隆四十
九年奏明開採每年額解課銀八百兩遇閏加
銀六十六兩零由該土司經管報解按年入冊
奏銷從前出礦尚豐年納課銀俱係照額完解

至嘉慶六年以後廠勢漸衰徵課遂形支絀迨
嘉慶十七年經前督撫臣等查明舊硐業已廢
棄所開子廠出礦甚微未便仍照原額責令土
司按年賠課奏明自嘉慶十六年起將應徵課
銀儘收儘解十六年至十八年報解課銀三百
兩至四百數十兩不等十九年以後雖仍據該
土司攢報原額而徵解甚屬艱難且完舊欠新
遂致遞年墮壓計自道光二十年至二十五年
連閏積欠課銀四千九百三十三兩零催據該
土司以該廠出礦細微抽課短絀該土司無力
賠解請自二十六年起照原額減半徵收並積
欠課銀亦請減半分限解繳等情具稟經藩司

飭令該管順寧府親往確查屬實由迤西道覆
核移司詳經前撫臣據情咨部嗣准戶部咨覆
該廠於開採之年酌定課銀及中間請改儘收
儘解均由該督等專摺奏請今該省查明該廠
情形請減課額本部未便據咨率准應咨該撫
確切詳查倘因開採年久實係各該子廠出礦
甚微應行奏明辦理等因臣等查該廠課銀自
奏准儘收儘解後仍據僨報原額今復請減額銀
恐該土司有侵挪捏飾情弊飭令藩司移行該
管道府認真勘辦勿任稍有飾混兹據迤西道
王發越轉據署順寧府潘如棟詳稱屢經前府
暨署府親往查勘該廠因採辦年久礦砂衰薄

腥色亦低年抽課銀較開採之初倍形短少係
屬實情詢之該土司據稱前蒙奏准儘收儘解
原冀此後出礦漸豐不敢因課無定額稍滋墮
誤是以仍前儧報原額以圖勉副責成然完舊
欠新已屬年形竭蹷今舊課既難儧補新課又
多不敷實增賠累不得已禀懇減額委無捏飾
侵挪議請自道光二十七年起每年應徵課銀
照原額減半批解其積欠道光二十年至二十
五年連閏課銀四千九百三十三兩零又欠解
二十六年連閏課銀八百六十六兩六錢零共
銀五千八百兩零亦請減免一半以道光二十
七年起分限十年帶繳清款取結由道確查移

經藩司趙光祖核議詳請具
奏前來臣等覆查該銀廠因開採年久礦微質薄
年抽課銀較額倍減既據該管道府疊次查勘
係屬實在情形該土司舊課既難補苴新課又
形短缺似責令按數賠解非所以體卹邊夷若
仍令照額徵收亦轉致虛懸款項臣等會同籌
議所有該廠課銀合無仰懇
聖恩俯准自道光二十七年起照原額銀八百兩之
數酌減一半每年徵解四百兩遇閏亦減半加
徵三十三兩三錢三分三釐五毫其自道光二
十年至二十五年連閏積欠課銀四千九百三
十三兩三錢三分四釐又欠解二十六年連閏

課銀八百六十六兩六錢六分七釐共銀五千
八百兩富請減免一半其餘一半銀二千九百
兩以道光二十七年起予限十年每年帶繳銀
二百九十兩依限催解完款按年入冊報撥倘
再有短少即將該管土司嚴恭究懲仍飭令踹
覓子廠設法調劑若以後廠有起色出礦豐裕
隨時核實加增不得拘於減額藉詞短解是否
有當謹合詞恭摺具
奏伏乞
皇上聖鑒訓示謹
奏
戶部議奏

二八　雲貴總督林則徐等奏摺　請准將土司經管之悉宜銀廠額徵課銀減半報解

道光二十八年七月十一日

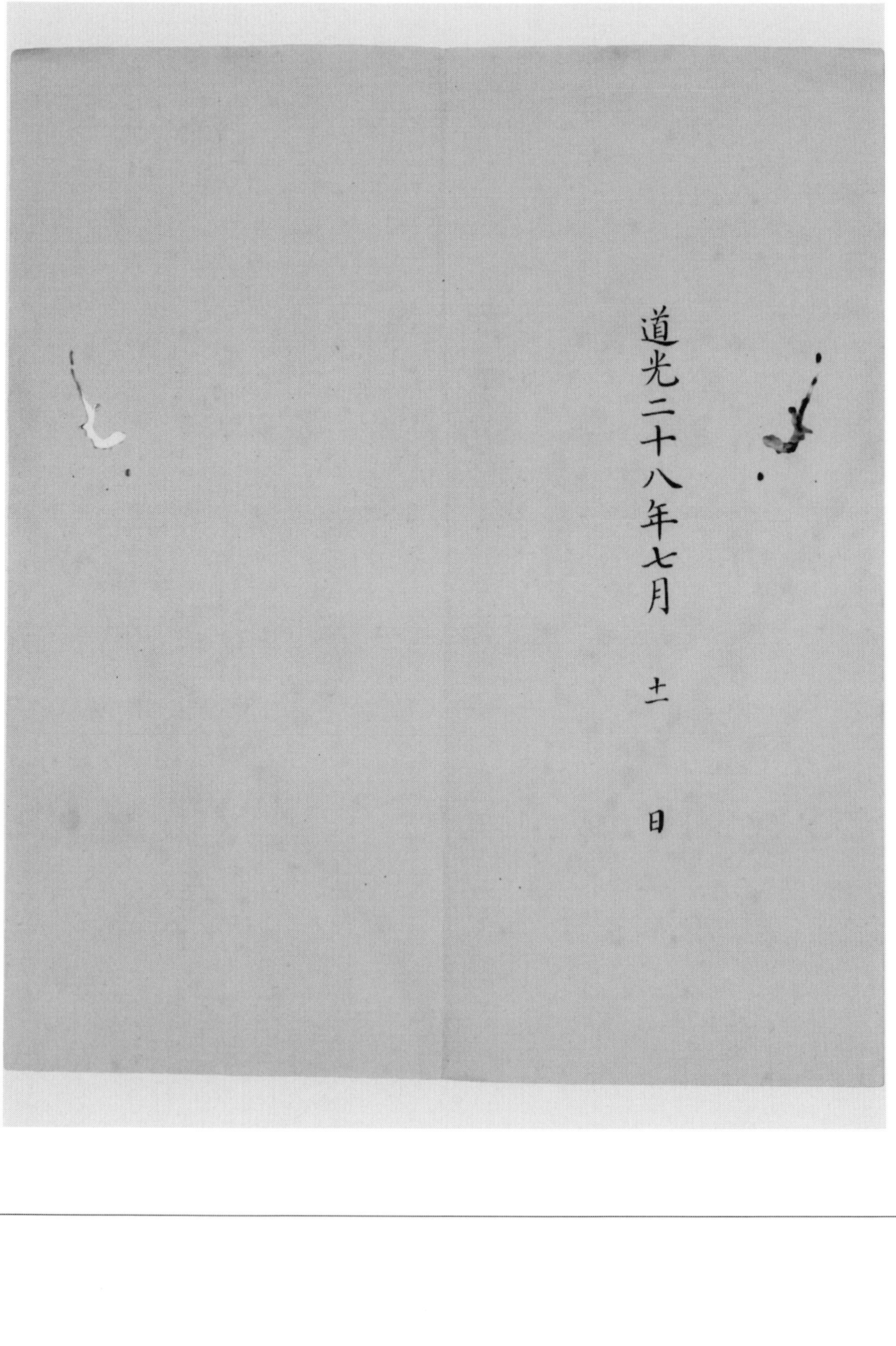

道光二十八年七月　十一　日

上諭　林則徐剿辦彌渡辦理善後諸臻妥協著賞銜戴翎等情

道光二十八年七月十九日内閣奉

上諭林則徐奏遵查剿辦彌渡匪徒出力員弁懇請獎勵一摺雲南保山哨匪滋事前經該督等調集各路重兵進剿中途一聞彌渡警報即行先移兵剿辦將弁同心士卒用命不但將彌渡匪徒立予殲除且大振軍威俾保山民人悔罪輸誠不敢恃其負嵎之勢且辦理善後事宜諸臻妥協洵屬調度有方林則徐著加恩賞加太子太保銜並賞戴花翎以示優獎雲南提督榮玉材鶴麗鎮總兵音德布剿撫得力均著加恩交部從優議敘其在事出力文武員弁均著有勤勞加恩著照所請署賓川州知州保山縣知縣李崢嶸著賞戴藍翎以同

知直隸州知州遇缺即補署雲南縣知縣雲龍州
知州董宗超著以同知直隸州知州即行升用大
理府知府唐惇培著交部從優議敘署太和縣知
縣熊家彥著交部議敘署賓川州吏目陳建廷著
賞加州同銜以府經歷縣丞儘先升用武定州吏
目謝德淳著賞戴藍翎以府經歷縣丞遇缺即補
提標中軍參將存住著賞加副將銜督標右營遊擊
馬福著賞戴花翎題補元江營參將恒權署提標
左營遊擊吉爾杭阿署督標中軍都司巴哈布准
升維西協都司楊遵題升定廣協守備蔣洪道均
著交部從優議敘題補鶴麗鎮都司陳得功著賞給
健勇巴圖魯名號尋霑營守備王國才著賞給勝

硃

硃

勇巴圖魯名號仍各以應升之缺儘先升用昭通鎮標守備李鳳山著賞戴藍翎威寧鎮標守備任方太著以都司儘先升用先換頂帶督標左營左哨千總李廷楷准其升補昭通鎮中營守備右哨千總施嘉祥准其升補新嵨營守備永北營左軍千總楊溯沂准其升補督標右營守備並各賞戴藍翎千總狄春王萬祥均著以守備儘先升用千總張得權陸應魁楊致遠李占先謝炳洲恩騎尉蕭潤均著賞加守備銜千總孫占魁把總曹文科外委趙鳳揚楊慶張星明劉廣丁奉章額外外委趙永清楊茂春兵丁莊成袁文治李元張明金榮張廷湛均著賞戴藍翎其陣亡弁兵著咨部照例

議卹餘著照所擬辦理該部知道單併發欽此

上諭　著寬免咸孚所得處分並著林則徐保奬姚州在事出力員弁

道光二十八年七月十九日内閣奉

上諭林則徐等奏審擬姚州匪徒及白井練民糾衆滋事一摺雲南前署姚州知州咸孚於地方匪徒致斃多命雖失於防範究因勢兇事驟力不能制且數月内協獲多犯著准其寬免處分此案在事出力文武員弁著該督等擇其尤為出力者覈實保奏候朕施恩毋許冒濫餘著刑部議奏單併發

欽此

清宫林则徐檔案匯編 二八

上諭

保山回民京控案之勒休知州恒文著革職永不叙用

上諭 保山回民京控案之勒休知州恒文著革職永不叙用
道光二十八年七月十九日

著刑部議奏欽此
不足蔽辜恒文亦著革職永不叙用以示懲儆餘
之羅天池同辦此案厥咎惟均若僅予勒令休致
容亦屬昏瞶不識況該員與已革道員永不叙用
殺並縱令練丁滋事致釀慘殺重案該員即未縱
形一摺此案勒休知州恒文於家人黄潰挾讎妄
上諭林則徐等奏遵旨審明保山回民京控辦理情
道光二十八年七月十九日內閣奉

上諭　已革知州彭衍墀著加恩留於雲南以布政司經歷州同補用

道光二十八年七月十九日内閣奉

上諭林則徐等奏請鼓勵行營出力委員等語雲南已革知州彭衍墀訊取生擒匪犯確供一百數十名不辭勞瘁著加恩留於雲南以布政司經歷州同補用該部知道欽此

上諭　著照林則徐等所請將順寧知縣楊覲等開復頂戴

道光二十八年七月十九日内閣奉

上諭林則徐等奏請開復知縣及署叅將頂帶等語雲南順寧縣知縣楊覲前署順雲營叅將劉思禮前因未能將滋事回匪張富拏獲曾經降旨摘去頂帶勒限嚴緝兹據該督等奏稱張富業已殲斃該員等別無承緝之責現在順寧等處報獲匪犯之案較多緝捕已有起色尚知愧奮楊覲劉思禮俱著准其開復頂帶該部知道欽此

上諭　著照所請准張萬吉瑪克塔春分別陞署古州鎮並長壩營遊擊

道光二十八年七月十九日內閣奉

上諭林則徐奏揀員升署苗疆要缺遊擊一摺著照所請貴州古州鎮標左營遊擊員缺著准其以張萬吉升署長壩營遊擊員缺著准其以瑪克塔春升署均照例送部引見仍俟扣足各該員歷俸日期另請實授該部知道欽此

上諭　已革守備馬起鳳於被參後延不交出鈐記著斥革雲騎尉世職

道光二十八年七月十九日內閣奉

上諭林則徐奏訊明已革守備虧短公項業已措繳

全完一摺雲南已革守備馬起鳳侵用公項六十

兩零業于限內全完著照例免其治罪惟該革員

於被參後鈐記延不交出實屬抗玩其所兼雲騎

尉世職著一併斥革另行承襲以示懲儆餘著照

所擬辦理該部知道欽此

清宮林則徐檔案匯編　二八　職　上諭　已革守備馬起鳳於被參後延不交出鈐記著斥革雲騎尉世職　道光二十八年七月十九日

上諭　革員劉晸昌復遣抱告來京具控著林則徐秉公研訊定擬具奏

道光二十八年七月二十日奉

旨此案已革道員劉晸昌前控各情業交林則徐提訊茲復遣抱告來京具控著一併交林則徐親提人證卷宗歸案秉公研訊按律定擬具奏抱告賀齡該部照例解往備質欽此

雲貴總督林則徐題本　查核貴州省二十六年各標鎮協營差兵護餉解犯支過銀兩

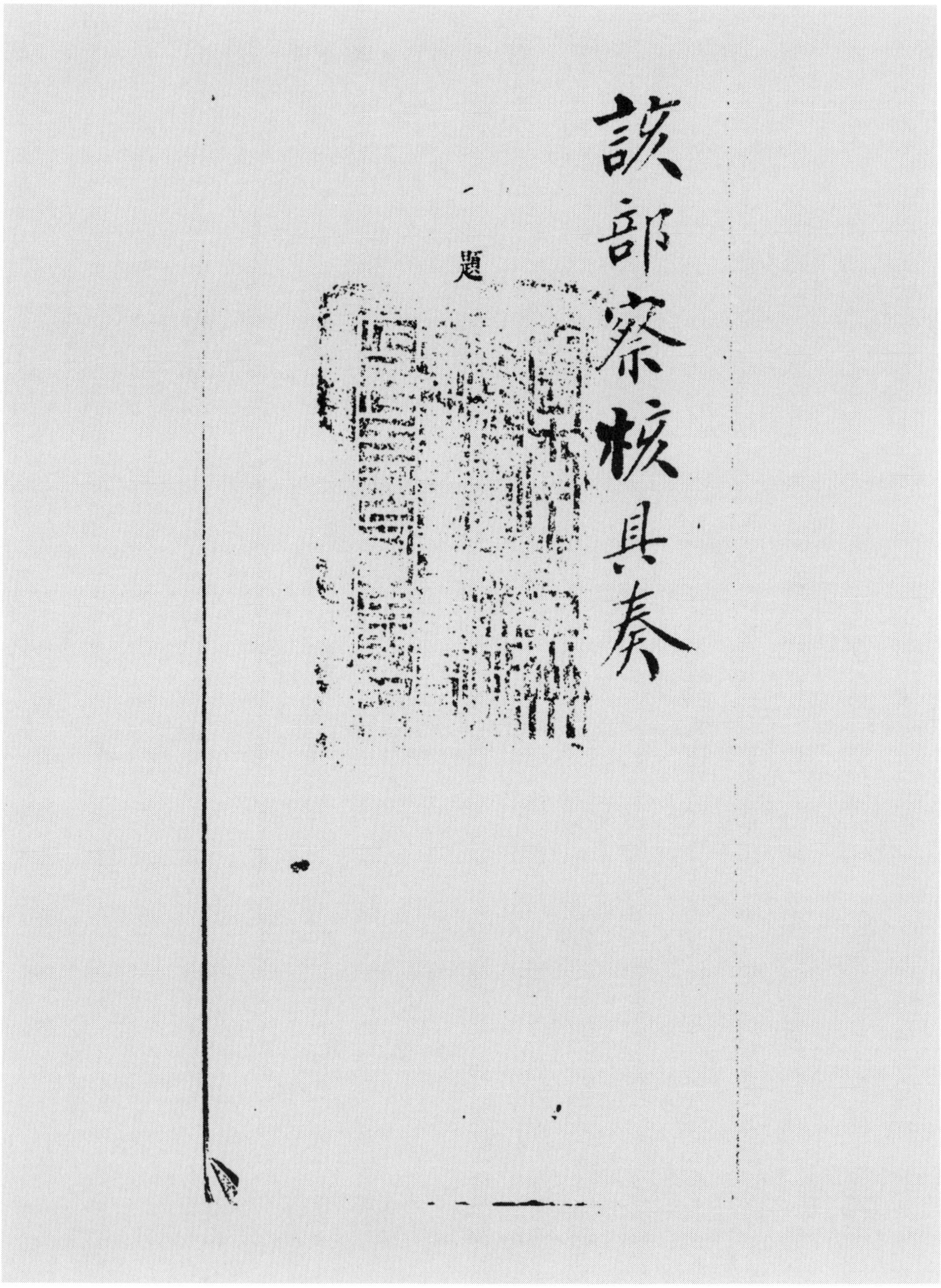
該部察核具奏
題

雲貴總督林則徐題本　查核貴州省二十六年各標鎮協營差兵護餉解犯支過銀兩

道光二十八年七月二十一日

兵部尚書兼都察院右都御史總督雲貴二省等處地方軍務兼理糧餉臣林則徐謹

題爲報銷兵丁差費銀兩事。據貴州布政使羅繞典詳稱：案於道光肆年伍月内奉准户部咨，貴州司案呈户科抄出雲貴總督明山題，貴州省各營兵丁護餉解犯等項差務，准貴州提督劉榮慶咨稱：黔省地瘠民貧，一經入伍，每日操防之外，並無别項營運，各兵護餉解犯所需盤費銀兩，向係自行公攤捐食，並未報銷。而路當孔道之鎮遠、安順、普安等標營，每日護送餉鞘、遞解人犯，差務絡繹，尤形竭蹶。各省兵丁差費，多係在於餘存公費内支銷。黔省各營兵丁護餉解犯差務，每年所需銀壹千數百兩，飭據貴州

雲貴總督林則徐題本　查核貴州省二十六年各標鎮協營差兵護餉解犯支過銀兩

道光二十八年七月二十一日

布政司麇奇瑜詳請在於公費項下支銷以恤
兵艱按陸拾里爲壹站照山東等省之例每兵
每日酌給鹽費銀叁分如本日可以交替回營
者不准支給臣謹會同貴州巡撫程國仁合詞
恭疏具題等因前來查定例貴州等省各標營
辦差兵丁向於本營扣存公費名糧銀內協濟
毋庸另行籌給差費今黔省各營兵丁護餉解
犯等項既係自行捐貼未免竭蹶應照例酌給
差費以恤兵艱並與山東等省例案相符應
如所請按陸拾里爲壹站每兵每日准給鹽費
銀叁分其本日可以交替回營者不准支給計
每年護餉解犯約需銀壹千數百兩嗣後應給

雲貴總督林則徐題本　查核貴州省二十六年各標鎮協營差兵護餉解犯支過銀兩　道光二十八年七月二十一日

遵照開銷不得逾數請領亦不得於扣存公費
之外另款動用應令核實辦理飭將按年支給
銀數詳細造入公費報銷冊内送部查核等因
道光肆年叁月拾捌日題本月貳拾日奉
旨依議欽此相應行文雲貴總督遵照可也又於道
光陸年陸月貳拾捌日奉准戶部咨開據雲貴
總督咨稱貴陽營護餉解犯差使由省城至清
鎮由清鎮至安平計程貳站雖不及陸拾里而
皆在伍拾里以外山路崎嶇斷非壹日可能交
替回營若令枵腹奔馳未免苦累咨請無論大
道僻路均照領餉之例按站支給應如所請准
其將壹月不能交替往回之清鎮安平貳站按

每站每日給銀叁分之例一體支給此外平坦
道路知計程不及陸拾里而壹日可能交替往
回者仍不准支給以昭限制至稱有驛地方按
站給領無驛之處按程給發亦應知所請無論
大道僻路准其按程站每兵日給銀叁分之例
支給俾免苦累而示體恤仍令遵照原題每年
不能逾壹千數百兩亦不得於扣存公費之外
另款開支相應咨覆雲貴總督轉飭查照可也
等因咨院行司轉移各營查照辦理在案茲陸
續准據威寧古州鎮遠都匀大定永安遵義平
遠定廣黎平貴陽畢赤平越思南普安黔西安
順凱里黃平天柱安南新添石阡仁懷等標協

營將道光貳拾陸年分差兵護餉解犯支過盤
費銀兩造册請銷前來該布政使查黔省各標
鎮協營道光貳拾陸年分應需核定差兵護餉
解犯盤費銀壹千柒百叁拾肆兩應於各營報
銷道光貳拾陸年存剩公費銀内支給今查各
營道光貳拾陸年分共領過差兵護餉解犯盤
費銀壹千陸百玖拾肆兩叁錢内除册報請銷
銀壹千陸百壹兩玖分外存剩銀玖拾叁兩貳
錢壹分已准各營照數解繳同核定自行捐給
辦理之安義清江上江松桃銅仁台拱朗洞丹
江長寨荔波下江歸化長壩水城册亨等標協
營未支差兵解犯盤費銀叁拾玖兩柒錢共繳

壹百叁拾貳兩玖錢壹分一併收還動支道光
貳拾陸年公費原款外所有各營報銷道光貳
拾陸年分差兵護餉解犯共實支過盤費銀壹
千陸百壹兩玖分該布政使按冊覆核無浮應
請照數准銷理合彙總造具清冊同各營送到
撒冊並戶部副冊一併具文詳候察核
題銷等情前來臣覆查無異除冊送部外謹會同
貴州巡撫臣喬用遷合詞恭疏具
題伏乞
皇上聖鑒勅部核覆施行爲此具本謹
題請
旨

二八　雲貴總督林則徐題本　查核貴州省二十六年各標鎮協營差兵護餉解犯支過銀兩

道光二十八年七月二十一日

兵部尚書兼都察院右都御史總督雲貴二省等處地方軍務兼理糧餉臣林則徐謹
題爲報銷兵丁差費銀兩事據貴州布政使羅繞
典詳稱案奉戶部議覆黔省各營公費動支差
兵護餉解犯盤費銀兩准其報銷茲陸續准據
各標鎮協營冊報道光貳拾陸年分差兵護餉
解犯共支銀壹千陸百壹兩玖分按冊覆核無
浮彙冊詳請
題銷前來臣覆查無異除冊送部外謹會
題請
旨

道光……等處地方軍務兼理糧餉臣林則徐

大學士管理户部事務潘世恩等題本　**查核騰越龍陵二廳採買丁未等三年備貯不敷兵米用過銀兩**

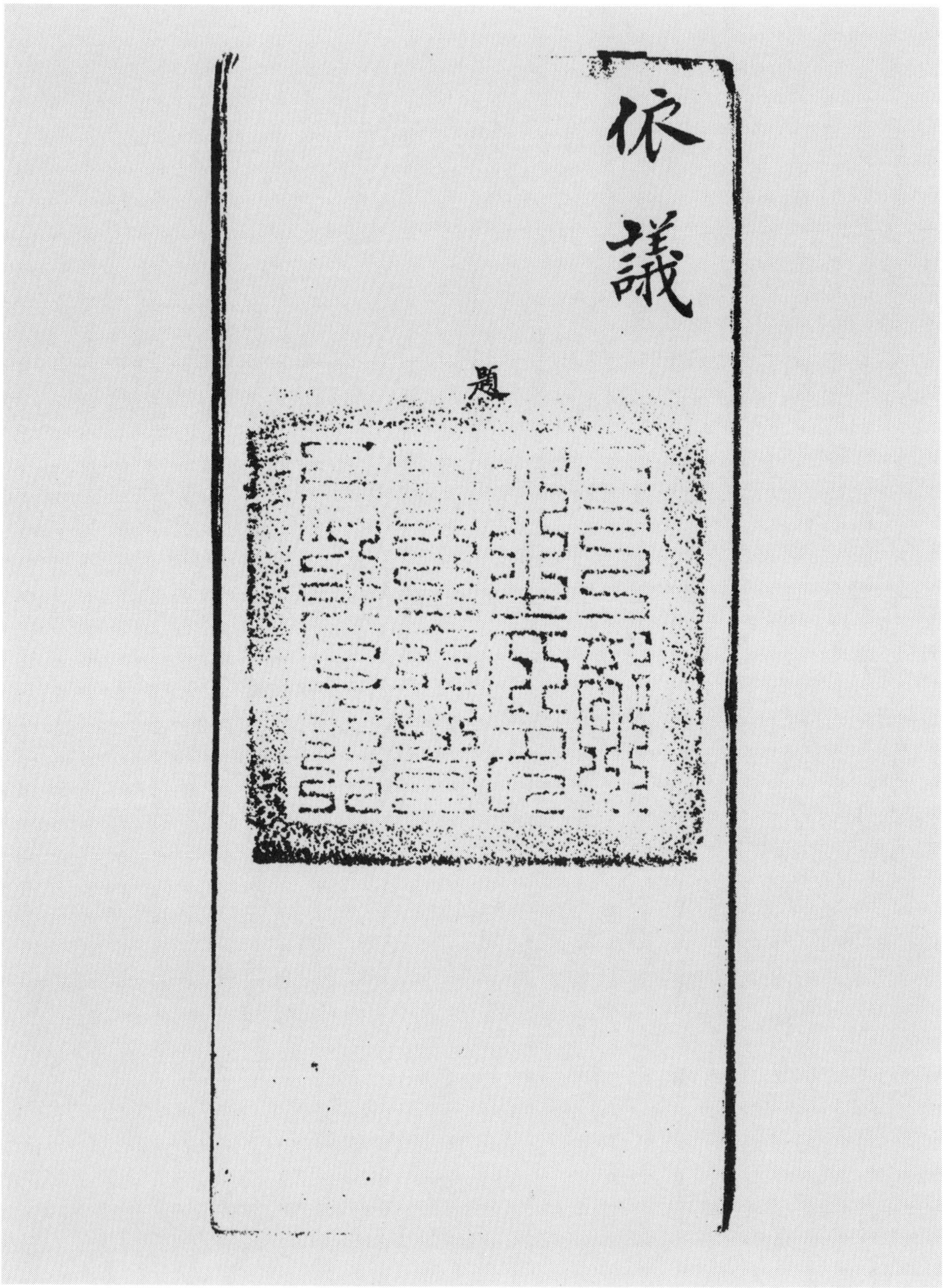

太傅大學士管理户部事務臣潘世恩等謹
題為循例等事户科抄出雲貴總督林則徐題滇
省騰越龍陵二廳採買丁未等三年備貯不敷
兵米用過價銀造冊題銷一案道光貳拾柒年
拾貳月貳拾日題貳拾捌年叁月貳拾伍日奉
旨該部察核具奏欽此欽遵於本日抄出到部
該臣等查得雲貴總督林則徐疏稱騰越龍陵
二廳採買騰越龍陵二鎮協不敷兵米例應造
冊取收題銷茲據雲南糧儲道王貽桂會同布
政使趙光祖詳稱騰越同知冊載採買丁未年
不敷兵糧米肆千玖百壹拾叁石陸斗柒升伍

二八 大學士管理户部事務潘世恩等題本 查核騰越龍陵二廳採買丁未等三年備貯不敷兵米用過銀兩 道光二十八年七月二十一日

合陸勺每石價銀一兩三錢用銀陸千叁百捌
拾柒兩柒錢柒分捌釐貳毫捌絲龍陵同知冊
載採買丁未年不敷兵糧米肆千伍百貳拾壹
石柒升肆合捌勺每石價銀一兩三錢用銀伍
千捌百柒拾柒兩叁錢玖分柒釐貳毫肆絲二
共買備不敷米玖千肆百叁拾肆石柒斗伍升
肆勺共用過銀壹萬貳千貳百陸拾伍兩壹錢
柒分伍釐伍毫貳絲逐一核算俱屬相符所用
銀兩亦與題定價值並無浮冒應請照例准銷
除將所買米石及動用銀兩入於道光貳拾陸
年民屯錢糧節年收支糧米銀款奏銷各冊內
分別收除造報在案應請照數准銷免其節減

合將奉發冊結倉收詳請查核具題等情臣覆
查無異除冊結倉收分送部科查核外謹會同
雲南巡撫臣程矞采合詞恭疏具題等因前
來
查滇省騰越龍陵二廳採買丁未等三
年備貯不敷兵米前據雲貴總督題請動項採
買經臣部核覆行令將用過米價銀兩核實節
減造冊題銷在案今據該督疏冊内騰越龍陵
二廳共採買米玖千肆百叁拾肆石柒斗伍升
肆勺每石價銀一兩三錢共用過銀壹萬貳千
貳百陸拾伍兩壹錢柒分伍釐伍毫貳絲均各
照數在於附近各土司地方採買完倉造冊題
銷等語查前項採買備貯兵米用過價銀臣部

核與原題採買米數相符共用過米價銀兩前
經臣部於題請採買兵米案內行令該督撫轉
飭將前項採買米石係備貯之米於附近糧價
平減地方採買現當節省經費何得逐年每石
仍按一兩三錢發銀採買致滋浮費並於上屆
題銷案內行令據實節減報部核銷亦在案今
據該督疏冊內稱騰越龍陵共採買米玖千肆
百叁拾肆石柒斗伍升肆勺共用過米價銀壹
萬貳千貳百陸拾伍兩壹錢柒分伍釐零之多
仍按原數題銷並無節減迭經查飭迄今置若
罔聞應令該督撫據實聲明力加節減同上屆
採買一併題報核銷毋任宕飾至所有動用銀

兩據稱入於道光貳拾陸年民屯錢糧奏銷冊
內造報核與該年地丁奏銷冊內造報銀數相
符應毋庸議此案於道光貳拾捌年叁月貳拾
伍日科抄到部茲於柒月貳拾壹日辦理具
題合併聲明臣等未敢擅便謹
題請
旨

二八 大學士管理户部事務潘世恩等題本 查核騰越龍陵二廳採買丁未等三年備貯不敷兵米用過銀兩

道光二十八年七月二十一日

[illegible]臣潘世恩

[illegible]臣賽尚阿

[illegible]行走臣祁寯藻

左侍郎兼管三庫事務正白旗滿洲副都統總管內務府大臣鑲紅旗護軍統領臣柏葰

左侍郎兼管三庫事務臣趙光 差

吏部左侍郎署户部左侍郎兼管三庫事務臣季芝昌

右侍郎兼管錢法堂事務總管內務府[illegible]臣阿靈阿

右侍郎兼管錢法堂事務臣朱鳳標

雲南清吏司郎中臣[illegible]

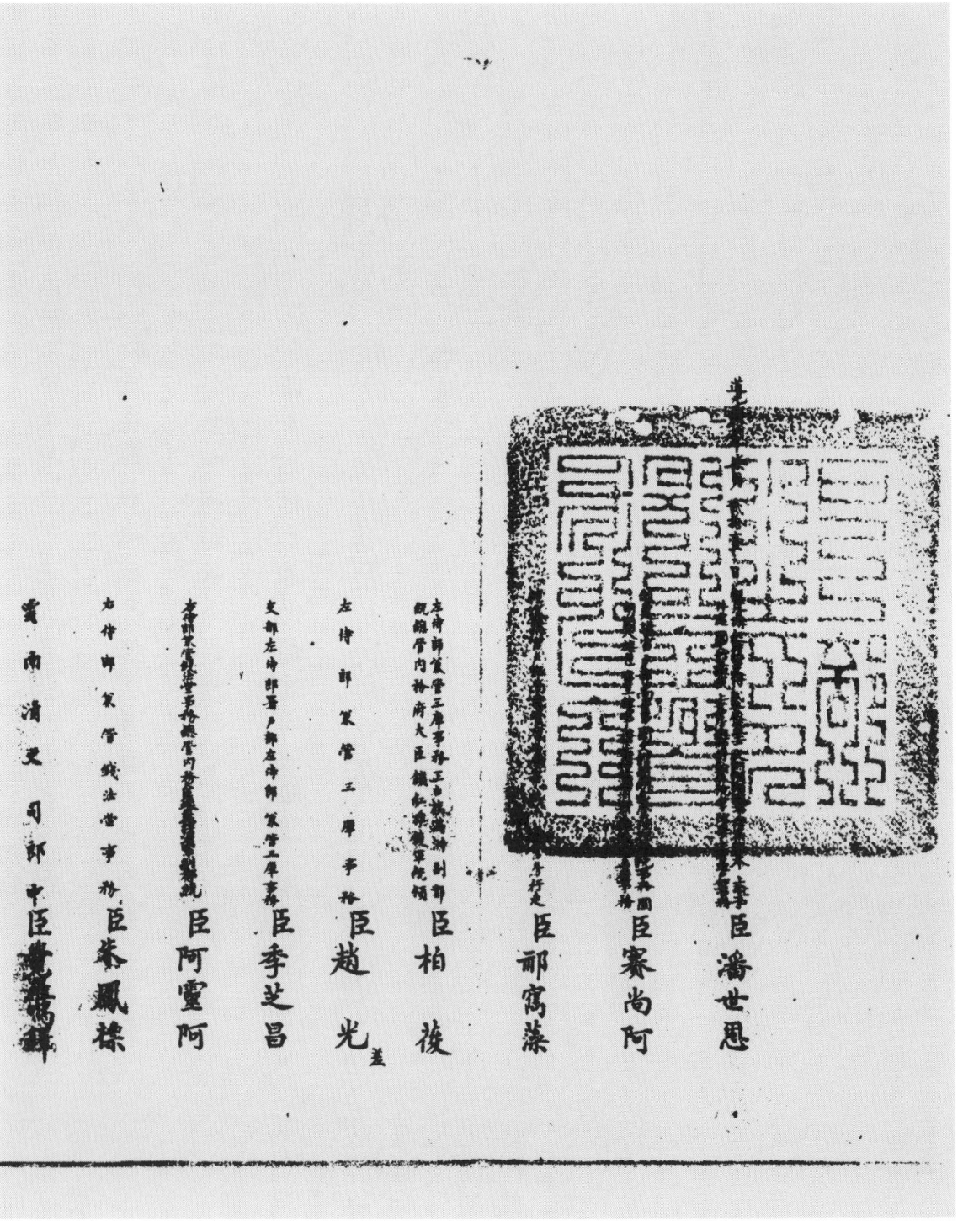

大學士管理户部事務潘世恩等題本 查核騰越龍陵二廳採買丁未等三年備貯不敷兵米用過銀兩
道光二十八年七月二十一日

郎中臣康昌
郎中臣甘熙
郎中臣陸以恒
員外郎臣熙麟
員外郎臣德啟
員外郎臣張汲
主事臣德倫
主事臣單興詩
額外主事臣慶和
額外主事臣王映斗
額外主事臣馬晋如
額外主事臣田祥

大學士管理户部事務潘世恩等題本　查核騰越龍陵二廳採買丁未等三年備貯不敷兵米用過銀兩　道光二十八年七月二十一日

額外主事臣張崇本

雲貴總督林則徐奏摺

遵旨審擬參革在籍道員劉晸昌遣抱赴京呈控案

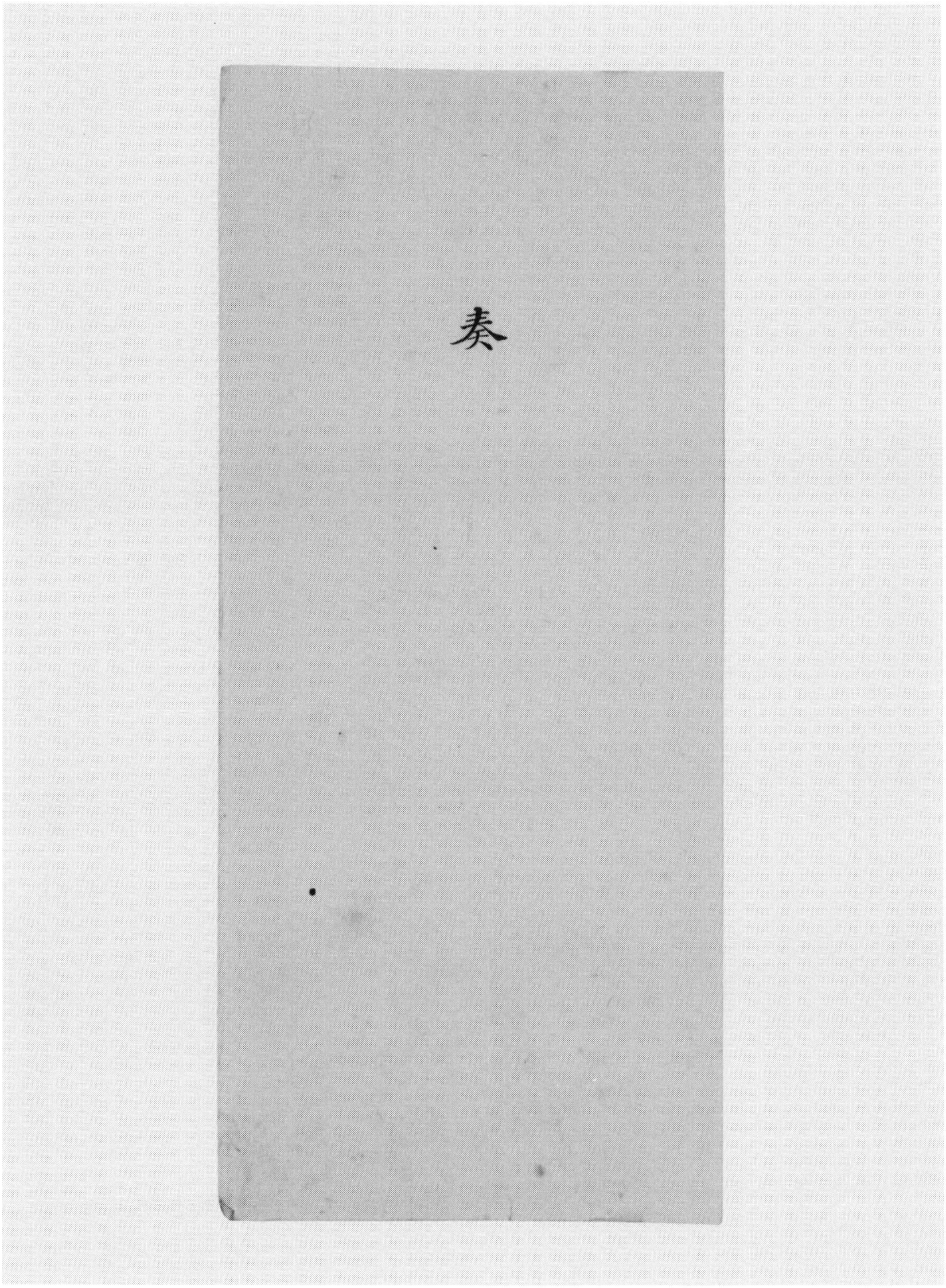

二八

雲貴總督林則徐奏摺　遵旨審擬參革在籍道員劉晸昌遣抱赴京呈控案

道光二十八年七月二十九日

雲貴總督臣林則徐跪

奏為遵

旨提訊叅革在籍道員劉晸昌究出京控原呈係伊

兄劉景昌捏寫情詞並刋本分散該革員亦聽

從附和現經逐款審明按律定擬恭摺奏祈

聖鑒事竊臣於上年十月准貴州撫臣喬用遷咨會

奏叅在籍道員倚勢犯尊被控滋擾各款一摺奉

上諭喬用遷奏在籍道員被控各款請暫行革職提

審一摺貴州在籍前任道員劉晸昌因與小功服

叔債務涉訟輒肆辱罵牽涉地方公事希圖挾制

並藉端挾嫌糾眾將人房屋打毀種種滋事如果

屬實殊屬不知安分前任廣東南韶連道劉晸昌

著即行革職並將附和滋事之生監陳秉乾等一
併咨革交該撫提同全案人證研訊確情秉公究
辦欽此鈔摺移咨到臣旋於十二月二十八日准
刑部咨都察院奏劉晸昌遣抱呈訴一摺奉
旨前因喬用遷奏在籍道員劉晸昌被控各款當有
旨將該員革職交該撫秉公訊辦本日據都察院
奏該革員遣抱赴京呈訴牽涉甚多此案著改交
林則徐親提人證卷宗秉公研訊按律定擬具奏
抱告楊升曾發該部照例解往備質欽此恭録知
照前來維時原呈未經咨到抱告亦未抵滇無
憑指提人證即先札飭貴州臬司查明案内應
提人卷委員解滇以憑審辦嗣有保山軍務臣

於本年正月親赴迤西督辦據該臬司吳振棫
先將被告及應質之原任道員邱煌抱告邱元
理原任知縣馮雲祥職員劉延培舉人王步雲
生員張瑩楊玉枝等檢同巡撫批詞及文卷於
二月内申解前來聲明原告劉晸昌等另解迨
三月内據沿途州縣將京控抱告楊升曾發連
都察院鈔咨原呈遞送到滇臣因軍務未竣尚
駐迤西先委雲南藩臬兩司訊取現到人證確
供並飭貴州臬司將通案原被人等趕緊全解
嗣五月内軍務告竣臣回至省署催據該臬司
將革員劉晸昌同案内應訊人證陳秉乾等於
七月初間陸續委解到滇因查原控歷任畢節

二八 雲貴總督林則徐奏摺 遵旨審擬參革在籍道員劉晸昌遣抱赴京呈控案

道光二十八年七月二十九日

縣尅扣鉛斤運腳一款該縣知縣係經手領放
之員呈內未據指出姓名卷查道光二十五年
畢節縣知縣竺陳簡稟准試辦短站運鉛接署
該縣張瀚中何鋌亦皆照辦業經咨部覆准有
案今除竺陳簡已故外所有現署知縣何鋌前
署知縣張瀚中並該管大定府知府黃宅中均
應來滇質對當卽查照成案行文札調旋據該
員等與被控之在籍主事路璋職員糜肇勳均
各報到前來臣卽督同雲南藩司趙光祖臬司
普泰糧道王貽桂鹽道史致蕃並雲南府桑春
榮等悉心覈卷審訊查控呈內臚列情節以巡
撫吸食鴉片煙及藩司府縣扣尅鉛斤運腳沾

染分肥兩款為最重而巡撫吸煙尤為駭人聽
聞若如原呈所稱兵民皆知則是眾口沸騰斷
難掩飾臣分札黔省文職司道府州武職叅游
以上並令轉詢在籍職分較大之鄉紳均據覆
稱從未聞有此事疊具印甘各結申送前來臣
又因雲南撫臣程矞采向與喬用遷同充軍機
章京有年提臣榮玉材亦在貴州年久復各向
其密詢均稱斷不至此因憶臣任兩廣總督時
喬用遷為廣東臬司所獲吸煙人犯甚多往往
公同熬審接連數晝夜毫無倦容且其體貌豐
腴精神充足臣自覺遠不能及豈有吸煙之人
而能如是當向革員劉晸昌根究實據即據供

稱喬巡撫本無吸食鴉片黙省兵民亦毫無擬
議實因伊胞兄劉景昌上年七月在省聞知巡
撫發摺將伊叅革情急作呈代伊出名遣抱京
控恐仍發回巡撫訊辦必更受虧是以揑造巡
撫吸煙情事兾圖聳准改發
欽差審理迨伊自家起程七月二十二日到省始見
伊兄呈底當以誣控無憑向其抱怨而伊兄所
遣抱告楊升曾發先已起身伊連夜另雇陳小
七兼程追取前呈不料陳小七到京前呈已遞
七日及至折回始知無及令伊兄雖已病故現
有抱告諸人可質等語當提楊升曾發陳小七
等隔别研訊供亦相同復就在案官紳人等一

一察詢均供並未聞喬巡撫有吸煙情事是吸煙之為誣控實已毫無疑義又所控畢節縣鉛斤馱價一款據原呈稱工部定價每馱約一兩五錢八分遞減至今僅發六錢八分此項每年四運又加辦一運扣帑約二萬兩歷年扣存共一百餘萬兩指為藩司府縣沾染分贓又刋本及在省控詞内稱黄知府每運扣銀二百兩一年五運共扣一千兩等語徧查工部則例並無運鉛脚價之條即户部例内亦衹稱每站每百斤脚費銀一錢二分九釐二毫並無每馱一兩五錢八分之語是原呈所稱例文已屬揑撰當經札飭貴州藩司府縣各先切實稟覆隨據藩

司羅繞典稟稱畢節縣承運媽姑福集二廠鉛
斤每年四運每運應扣二分帮費五釐公費局
員養廉並七斤八斤節省短站節省各款均經
奏咨有案統計全年實領脚價連運費等款共祇
三萬九千四百餘兩歷年案據可稽若扣去二
萬兩則祇賸一萬九千四百餘兩姑就原呈所
稱年須三萬餘千馱每馱減發價銀六錢八分
計算則三萬馱亦需銀二萬四百兩畢節縣已
應貼銀千兩何論尚有餘千馱乎況司庫發銀
均給護牌逐站僉派兵役護送如銀數果有扣
短沿途營縣誰肯擔承豈待該革員控告等語
又據大定府知府黄宅中稟稱藩庫所發畢節

縣鉛運銀兩係交與該縣原派丁役在省領收
回縣辦運該府並無丁胥經手何從沾染剋扣
且一年衹分春夏秋冬四運並無五運之事其
所稱五運共扣銀一千兩之語運數尚且虛捏
剋扣更屬誣妄等情又據原署畢節縣事之普
安同知張瀚中稟稱該縣承運廠鉛至四川永
寧縣交替原分六站所發馱馬脚價歷係照依
市價隨時增減道光二十五年有已故前署縣
笁陳簡因糧貴價長馬户居奇例價不敷幾至
停運稟請兼用人夫背負將六長站改為十短
站無論馬馱人負一日總可轉回窮民易遂謀
生鉛運始免停悞且每運尚可節省銀四百三

十兩以四百兩批解藩庫以三十兩存縣津貼・
奉批試辦嗣經照行有效咨准部覆以旣可節
省又無悞運自屬可行等因在案至腳價增減
本係因時非官所能勒捐大率穀偶貴則價增
偶賤則價減農稍忙則價增稍隙則價減天氣
陰寒則價增晴暖則價減存鉛多夫馬少則價
增存鉛少夫馬多則價減歷照時價雇募聽其
自來從無抑勒至腳價以外因運需費之處尤
為不少慮夫馬逃逸則沿途保户承管需費慮
鉛塊遺失則沿途僨屋收發需費慮壓擱停滯
則分投稽覈催趲種種需費雖書巡亦有領項・
實屬不敷支發總在腳價内通融撥給截長補

短該縣尚有捐貼不敢開銷如有剋扣情弊脚
户何肯踴躍承攬求為詳察等情並據現署畢
節縣知縣何鋋稟同前由當將以上查覆各情
向案内人證逐一詢究均稱運鉛夫馬實由民
夫自願領價承運絶無科派安能剋扣詰據劉
晸昌供稱實未查知部例及

奏咨捐扣節省各案由祇因伊兄劉景昌私託劉
應魁鄧毓芬等鈔得縣署残缺不全之鉛運須
知册及藩署遠年鉛運事宜册其中外漏牽混
之處悮信為實業已具呈砌控該革員不悉原
委在黔省隨聲附和今經審明始知原呈全係
錯悮所控藩司府縣剋扣各情實係伊兄誣控

等供。臣覈對歷年運鉛案據與藩司府縣所稟暨知府黄宅中並前後署縣之張瀚中、何鋌當堂所遞親供悉相符合。查該處廠鉛每年四運，有六百餘萬斤之多，短站須運十站，即長站亦分六站，其脚價以及運費各款統算不及四萬兩，似亦無可再減，至原呈有民不堪命之語，如果屬實，則人夫皆應裹足，何以轉能踴躍？可見專用馱馬，徒為馬户牟利，改用背夫，正可利益窮民。部覆所以准行職此之故。是鉛斤運脚不能剋扣沾染，亦無疑義。至原控馮雲祥等私責祭田一節，訊因乾隆年間該縣紳士捐修文廟，以餘銀置田四段，收租作為春秋添頒胙肉

並撥充書院脩火之資立有碑記道光五年曾
因公田蕪廢變賣十餘畝將價另置良田此次
齋長楊玉枝張瑩因祭田尚有一分坐落城内
縣署後身人畜往來作踐以致累年減租擬倣
從前辦法變賣另置適休致道員邱煌回籍買
地蓋屋商同紳士阮文燮卯廷獻馮雲祥王步
雲陳必智徐宸棠張鳴陽暨劉晸昌之叔劉延
培劉玉書並楊玉枝張瑩共十一人公同畫押
立契將田作價銀二百兩賣與邱煌另行置田
二分收租邱煌遂將其地攔築圍墻挖池造屋
二十六年二月劉晸昌告病回籍因與邱煌姻
親撰寫對聯稱賀旋奉伊母寄居清鎮縣遂未

往來是年黔省鄉試畢節縣中式人少劉景昌
與生員陳秉乾以為學田被挖有礙風水與同
學之人商議欲令邱煌填池未允劉景昌先後
邀約生員張松枝楊宗泮吳錫章趙國燮陳異
撰翟畾曾武生王開甲劉燮等每人月給火食
錢米帶同劉澤劉河並婦女人等住居新屋不
容邱煌搬入至次年四月二十六日邱煌之弟
邱燾與張松枝等口角劉景昌又囑陳秉乾前
往率同張松枝等將邱煌屋內門窗石欄打毀
數處五月初一日劉景昌又因馮雲祥係同賣
學田之人亦遣張松枝吳錫章王開甲陳異撰
康泰辛榮周興邦等前至其家住坐致與邱煌

等互控結釁今訊之劉晸昌亦稱此項學田有
紳士多人畫押公賣不得謂之私買其遣人在
邱馮等家坐擾均係伊兄起意該革員雖於其
時已回畢節而奉母另居鄉間距城十里實未
通同主使質之陳秉乾張松枝等各供相符又
劉晸昌與伊兄劉景昌被小功堂叔劉延培控
告債務一節訊因劉晸昌弟兄父故時均尚幼
稺所有延師讀書一切係伊胞叔祖樂浦即延
培之父撫養成立鹽當家資雖分仍合樂浦故
後即係延培接管嗣因各鋪虧折該欠外賬分
認償還延培認還銀四千兩其堂弟延薪認還
銀三千兩景昌弟兄認還銀七千兩迨劉晸昌

外任廣東南韶連道劉延薪曾至署中告帮得
銀三千兩攜歸還賬劉晸昌告病回籍延培以
其寄家銀兩景昌並未分給屢向索帮還債劉
晸昌陸續給過銀一千一百餘兩延培因延薪
所認之賬未曾出自己資伊欠外賬亦欲晸昌
代還未允心懷不甘疑係景昌造言讒間所致
遂赴藩司衙門具控該藩司羅繞典以家庭債
務細故不應越訴未經准理嗣劉景昌亦遣人
呈訴並代族人作呈公稟均經該司訓斥諭令
自憑親友理處維時在省紳士前任漕督朱澍
道員王玥楊培周顎知府劉榮熙等聯名致書
劉晸昌囑其赴省自為了結該革員因公函内

語涉恐嚇心生氣忿卽以請詳請奏之語寫信
答覆詎劉景昌將其信稾遠付刋刻傳播被劉
延培粘呈刋本赴巡撫衙門呈控以致
奏參革審該革員因伊兄在省刋本旣經散布不
得不隨同附和至原控六月十三七月十七兩
次遞呈巡撫不收並責打代書將抱告收禁等
語經臣飭據臬司並咨准撫臣喬用遷查覆均
稱並無其事質之劉晸昌亦稱伊於七月二十
二日始經到省二十二日以前安得有該革員
之呈實係伊兄自行擬就在省未遞復於京控
時粘呈補遞架詞聳聽其大定府黄宅中奉調
進省會審招解翻供之案本與此案無涉該革

員未到省時黄宅中即已出省在途相遇並無
充當此案問官之事所有原呈誣揑情節均非
該革員所為確有時日可稽非敢諉卸等語又
告病在籍知縣路孟逵係劉㝡昌長輩親戚劉
景昌糾人至邱煌家打鬧因路孟逵不肯附和
致被挾嫌詬詈並辱及路姓先塋路孟逵寫書
將劉㝡昌斥責未經接收遂將書信貼其門首
路孟逵之弟路騰逵亦懷忿激復以村俗俚語
作書謾駡一併粘貼維時劉景昌弟兄在鄉修
屋雇有工匠多人路姓族中商議以劉景昌曾
糾人滋鬧邱馮二家恐亦波及伊處因聚族人
佃戶在家防備劉景昌聞知即令族弟劉裕昌

等以路宅聚匪報縣路孟逵之佃户丁么等亦
以劉家聚匪製械欲踏路姓等詞赴縣控訴經
該縣差查祗因彼此微嫌互訐已俱赴省上控
兹集兩造質明實祗兩相詈駡所有京控呈内
牽及路孟逵路瑋捏造謀反一語委係劉景昌
架聳之詞至呈後添寫巡撫臬司與承審官俱
代路瑋薦各州縣乾館一節亦經暗查明訊均
屬子虛又邱煌將移新屋之時劉景昌遣人阻
鬧邱宅家人因以不見金葉之言向踞住之人
虛嚇其實本無失物邱煌並未具呈報竊亦無
唆令劉廷培上控之事以上各情向劉晸昌逐
一研訊凡所虛捏牽砌之處均經據實供明不

敢狡執惟堅稱呈詞一切俱係伊兄劉景昌所
為查劉景昌已於上年八月初十日在貴州省
城病故令劉晸昌稱係伊兄代伊列名架控顯
因情虛畏罪推諸死無可質之人必得從嚴澈
究當又分提抱告之楊升曾發並追呈之陳小
七逐加刑嚇令其確指何人作呈何日遣抱起
身並隨後追呈一層是否揑飾據楊升曾發始
終堅供劉景昌在省付伊呈詞遣令趕緊赴京
之時劉晸昌實未到省陳小七則供劉晸昌雇
伊沿途追趕楊升等伊恐不能趕上再四推辭
劉晸昌許以果能追回於盤纏外倍加重賞伊
始勉強前往後果無及至今不勝追悔蔑其供

二八　雲貴總督林則徐奏摺　遵旨審擬參革在籍道員劉晸昌遣抱赴京呈控案

道光二十八年七月二十九日

情歷歷如繪又已革文生陳秉乾等均因被糾
阻鬧致遭斥革如果係劉晸昌主使正欲當堂
指實俾伊等各得脫身今隔別開導無不堅供
實係已故劉景昌主使絕無異詞臣又與司道
等細覈京控原呈既以劉晸昌出名而忽然稱
為主人者又有五處且呈中引例而並未查照
例文身未到省而云三次遞呈不收並自認屬
人打毀而以再四阻止四字屬諸伊兄尤不似
該革員自己口氣此外字句不明款式不合之
處更屬不勝枚舉查該革員劉晸昌係由軍機
章京外放道員諒不至文理如此荒謬其為伊
故兄劉景昌代作似屬可信當又訊與該革員

互控之劉廷培等亦稱劉晟昌實惟伊兄之言
是聽詰以伊兄既死此後與劉晟昌是否相安
咸稱情願仍前和好並據兩造聯名具約當堂
呈送前來臣體察衆情多深憾於劉景昌是劉
晟昌祇係聽從附和伊兄實已僉供如一案既
審明應即擬結查律載一家人共犯祇坐尊長
又例載蓦越赴京告重事不實發邊遠充軍等
語此案劉景昌因伊堂叔劉廷培向其弟劉晟
昌索助不遂疑伊造言譏間本係家庭細故乃
不善為理處動輒負氣爭訟甚至蓦越京控其
所告巡撫吸煙藩司扣帑各重情究明均係伊
獨自誣揑自應以該犯坐罪劉景昌應革去貤

封六品銜照蓦越赴京告重事不實例發邊遠充軍
業經病故應毋庸議已革告病道員劉晸昌於
伊兄揑砌重款京控雖訊明先不知情亦無糾
衆打毀房屋情事惟與堂叔劉延培在本省涉
訟經紳士公函勸息不從其所作覆信盡屬氣
忿之語甚且詆毀尊屬官長經伊兄刋本傳播
尚不及早悔悟銷燬猶復隨同附和誠如
聖諭殊屬不知安分惟一家共犯按律祗坐尊長未
便將其弟兄一併科罪卽該革員詈罵小功尊
屬亦罪祗杖七十但以監司大員告病在籍不
思睦族洽鄰輒聽伊兄健訟多事業經奉
旨革職應不准其開復以為職官不自檢束者戒已

革文生陳秉乾張松枝楊錦枝卽楊宗泮吳錫
章與未到案之革生趙國燮陳異撰翟晶曾巳
革武生劉燮王開甲民人劉澤劉河雇工康泰
幸榮周興邦等聽從劉景昌主使或帶眷住坐
人家或打毀欄杆窗扇應各照不應重律杖八
十該革生陳秉乾等俱係不守臥碑雖杖不滿
百應一併褫革衣頂不准納贖以示懲儆民人
劉澤劉河雇工康泰幸榮周興邦均照擬折責
發落文生鄧毓芬武生劉應魁均代鈔遠年不
全舊冊鄧毓芬訊已得受銀十二兩計贓應杖
七十從重褫革衣頂不准納贖劉應魁訊係於
廢紙内檢得殘冊七頁隨手給付並未受銀應

與作信謾罵之路騰達各照不應輕律笞四十
劉應魁並准收贖休致湖北糧道邱煌商同紳
董馮雲祥等十一人做照舊案將漸次荒蕪之
學田作價受買蓋屋另置良田收租帮胙契經
投稅並非私買私賣惟學校中既因礙於風水
嘖有煩言若不退還其地終恐不能相安已據
邱煌當堂具結情願退地並不收回買價案內
人證亦各出具合同指明丈尺以定界址衆情
均稱允協是邱煌尚能懲忿睦鄰並無誣竊唆
訟及邀議馱價等事應與伊弟姪邱燾邱元理
暨商同立契畫押之紳士阮文燮卯廷獻馮雲
祥王步雲陳必智徐宸棠張鳴陽劉玉書楊玉

枝張瑩等均毋庸議劉延培控告小功服姪負
欠雖有未實而於劉晸昌弟兄分屬尊長且到
案即據供明情願自清債務不復向劉晸昌饒
舌應與該族劉兆椿劉延薪延釗劉蕃昌逢昌
等均免置議路孟逵以長輩親戚被劉景昌詬
辱寫書斥責尚無不合應與訊無得受乾館束
脩之伊子路璋均毋庸議捐職糜肇勳在黔被
控有名緣其開有鹽店兩座養馬最多前此馬
戶居奇本難保糜肇勳無把持情事惟據到案
力辯並供嗣後不敢以馬匹牟利等情應令畢
節縣加意稽查如有過犯再行詳明懲處現與
作抱不知控情之楊升曾發受雇追呈之陳小

七均免置議邱煌被毀窗扇欄杆估值無幾且
係應拆之處並免著賠無干省釋未到人證應
責革者仍飭貴州臬司就近查提照例辦理藩
司羅繞典大定府知府黃宅中前署畢節縣知
縣普安同知張瀚中接署知縣何鋋訊無通同
剋扣分肥情弊應與作書勸令息訟並無不合
之在籍紳士人等均毋庸議黃宅中等各飭回
任供職刋本追繳案結銷燬畢節縣領發鉛斤
運費現雖查無剋扣病民等事第恐日久玩生
應飭隨時妥協經理以重鉛運而免滋弊除將
全案供招分咨刑部都察院外所有臣遵
旨親提訊擬緣由理合恭摺具

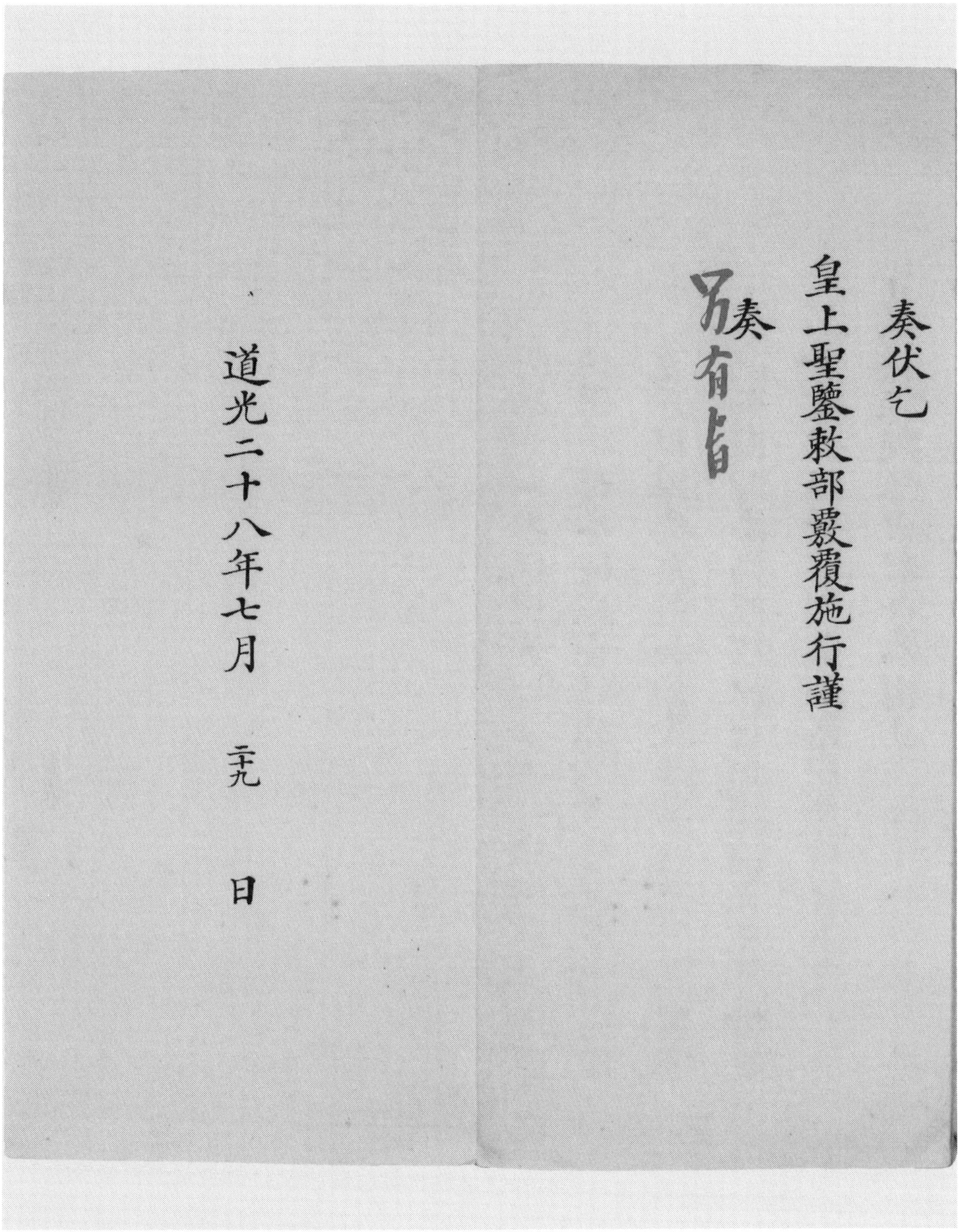
奏伏乞
皇上聖鑒敕部覈覆施行謹
奏
另有旨
道光二十八年七月　廿九　日

雲貴總督林則徐等奏摺　請以同知銜鎮雄州知州李德生陞補東川府分防巧家同知

二八 雲貴總督林則徐等奏摺 請以同知銜鎮雄州知州李德生陞補東川府分防巧家同知

道光二十八年七月二十九日

雲貴總督臣林則徐
雲南巡撫臣程矞采跪

奏爲夷疆要缺同知管轄銅廠重地請將辦銅有
效之知州仰懇
聖恩俯准升補以裨地方事竊查現任雲南東川府
巧家同知王燮推升甘肅平涼府知府接准部
咨行令給咨送部引
見所遺員缺係屬夷疆例應在外揀選題調該廳地
連川界漢夷雜處且三面皆環銅廠最易藏奸
必須熟悉廠地夷情之員方足以資治理臣等
與藩臬兩司於通省應調人員内逐加遴選非
現居要缺即人地未宜雖有軍[illegible]出力及揀發
候補之員於此缺亦難勝任此外實無合例堪

調之員惟查有同知銜鎮雄州知州李德生年
六十歲河南進士奉
旨以知縣用選授定遠縣知縣道光十三年八月到
任嗣因易門縣承辦京銅極為緊要奏請以該
員調補十八年正月到任該員認真經理於厰
務調劑得宜十九年十月題升鎮雄州知州復
以易門縣任內一年加辦銅一百一十餘萬勵
保奏奉
旨賞加同知銜請咨送部引
見奉
旨李德生准其升補鎮雄州知州欽此二十一年八
月准升到任二十二年九月因東川府湯丹等

廠硔砂衰薄採辦維艱銅額日形短絀雖嘉慶
四年奏明酌減銅觔一百一十七萬九千有奇
而每年仍辦三百七十一萬九千餘觔遇閏加
增三十萬九千餘觔額課最為重大經前督撫
臣奏委該員代理東川府篆數年來銅務得資
熟手無悞兊運京銅已於二十七年
大計將該員卓異在案查該員精明幹練樸實老
成以之升補東川府分防巧家同知洵堪勝任
惟該員邊俸尚未報滿與例未符第所以未能
報滿之故實因代理東川府辦銅有效必得責
成一手經理是以未回鎮雄本任若從題升知
州計起則為時已歷九年且巧家廳亦屬吏量

雲貴總督林則徐等奏摺　請以同知銜鎮雄州知州李德生陞補東川府分防巧家同知

道光二十八年七月二十九日

兼之三面俱環銅廠，該員處處曾經親歷，熟[illegible]

情形，於廠地實為得力。據藩臬兩司具詳請

奏前來，臣等為京銅支絀，起見期於集思廣益，俾

歲額得以無虧，且人地實在相需，未敢拘泥成

例，謹專摺奏懇

天恩，俯准將同知銜鎮雄州知州李德生升補東川

府分防巧家同知，於夷疆邊缺實有裨益。如蒙[illegible]

俞允，該員係現任知州，請升同知銜小缺，大俟部覆

至日，照例給咨送部引

見。所遺鎮雄州知州係夷疆題調之缺，謹遵新例，俟

接准部覆，另容遴員調補。所有該員任內參罰

各案銀兩俱已於限，如數完解，合併陳明。臣等

二八

雲貴總督林則徐等奏摺　請以同知銜鎮雄州知州李德生陞補東川府分防巧家同知

道光二十八年七月二十九日

謹合詞恭[illegible]
奏伏祈
皇上聖鑒訓示謹
奏
吏部議奏
道光二十八年七月　廿九　日

清宮林則徐檔案匯編 二八

雲貴總督林則徐等奏摺　酌籌道光二十八年迤西軍需動款請免造冊分年歸補

雲貴總督林則徐等奏摺　酌籌道光二十八年迤西軍需動款請免造冊分年歸補　道光二十八年七月二十九日

奏

口文

林則徐等　迤西軍需動款籌
昭補由

九月初五日

二八 雲貴總督林則徐等奏摺 酌籌道光二十八年迤西軍需動款請免造册分年歸補

道光二十八年七月二十九日

雲貴總督臣林則徐
雲南巡撫臣程矞采 跪

奏爲本年迤西軍需動款未敢作正開銷酌籌分年
歸補以重帑項恭摺奏祈
聖鑒事竊臣等前因保山漢匪抗官奪犯焚民劫囚是以
殘殺不得不示以軍威當經
奏調雲貴兩省官兵前往剿辦並因彌渡永平等處
亦有匪徒乘隙焚掠村寨搶奪行商擾佑辦也
擇要援剿查有歷年永順雲緬剿辦倚匪竄
入茲也當作一帶野匪內侵並上年擬也及白井
地方逆匪糾眾焚掠燒殺各案內當委
多竄匪臣等會商以此等凶惡搶殺懲治爲
陳將地方亦據經請臣林則徐親臨迤西兼收

二八　雲貴總督林則徐等奏摺　酌籌道光二十八年迤西軍需動款請免造冊分年歸補

道光二十八年七月二十九日

大軍集時，分投兩面會合協力剿捕，除殲斃外，
統計保山、彌渡、永平、雲龍、順寧、趙州、鄧川、浪穹
傳獻擒拏共獲匪犯一千八十餘名，從逆起釁訊明分
別定擬，凡情罪重大者均奉
王命先行正法，以昭炯戒，業將籌辦獲犯各由會
同臣程矞采先後具
奏在案。所有迤西一帶連年滋擾匪徒，經此次懲創
之餘，解散殆盡，人心咸知畏服，地方俱就敉安，現
將撤留各兵分布要路防範巡緝，俟兵勇撤竣
帳，均已凱撤歸伍。查此次經費，先經
奏明，於糧鹽課項下撥動銀十萬兩，嗣又欽奉
諭旨，由貴州兩局籌撥之款，並准其先行動支等

因飭此仰見
皇上俯念窮邊、瘠土、攤款甚難，
軫恤周詳，莫名感激。臣等方加稽覈，所以稍有盈餘、廉、應
者，此次軍需開銷已五月，計共動用銀十七萬
八千九百三十二兩有奇，在
聖慈俯請也。惟於軍餉原無稍惜，惟他判用孔多之際
而國者有即應由本省籌資，不得正項彈匪請即
指攤，仍應歸款，不敢因本有
恩旨准其先行動支，遂以為正開銷，而臣等再三籌
移查，滇省堪攤諸款，通錢數辦，旺之年，移正
遣撥外，當有攤出溢餘一款，遞年以來八年為皆積
收元慶，請按年撥，實造報，以一事歸於攤其

外一半留歸本省以備過境等項例不准銷之款，然

此等銷案

旨允准在案。茲查歷年所留一半之款，每次約四五萬兩至七八

六三萬有奇不等，其間除支放項下有經奏請銷者外，

有暫行借動者，均已按年造冊，諮部歷歷可稽。

竊思此項以本省之銀，濟本省之用，雖係用之於不一

而最為關要者，莫過於軍需。此次軍需先經借動

司庫銀兩項十萬兩，並陳明借撥指輸款內之五萬

八千九百三十二兩零，均應歸於此項餘留一半之內補還。

但司庫款項本係實存，自應速為撥還。八年以來每年該款

餘剩無幾，何能以本省之用，如數全行撥還，勢不能不將別

項用度歲時借支，而專補軍需。倘款項不適

年迭經節省並無歸補軍需又歷屆於此款內

借支之銀凡可扣回者均已竭力催追扣收歸補

此外無可扣收五年之內仍可歸款歸清今年仰懇

天恩俯准將本屆迤西軍需一切用款俟動銀一十五萬

八千九百三十二兩零即於核准後謹照各款

內另作五年分別節省扣歸清原款仍於每年

奏銷冊內將款數聲明以便及年歸完不得遲延

年即已清款自當據實

奏請咨銷五年中屆銷之款尚未歸補全完者

應數以咨有隨從核查另補管理若干作

抵此項迤西軍需既歸滇省自行籌補不得率請

日後並案報銷請免其造冊報銷

以歸簡易臣等亦當遵照部議咸以此次撥
列本年所用軍需並不另立冊
歸款而滇黔兩省指撥之款較上年年底以前撥
過者係從軍需借動銀兩外核數尚有贏餘應
於本年撥項按銷一律收有數統以彼新舊
錢糧同成本酌量歸補緣由謹合詞恭摺具
奏伏乞
皇上聖鑒訓示謹
奏
道光二十八年九月初三日奉
硃批依議戶部知道欽此
七月二十九日

雲貴總督林則徐奏片

雲南鶴麗鎮總兵音德布進京陛見委令豐仲護理篆務

臣林則徐

奏再雲南鶴麗鎮總兵音德布現在遵
旨進京
陛見所有鶴麗鎮總兵篆務自應委員接署以便該
鎮交卸起程臣查有現署維西協副將之涞發
叅將豐仲年壯才明勤於訓練堪以委令就近
護理除檄飭遵照外所有委護總兵篆務緣由
理合循例繕片附陳伏乞
聖鑒謹
奏

覧

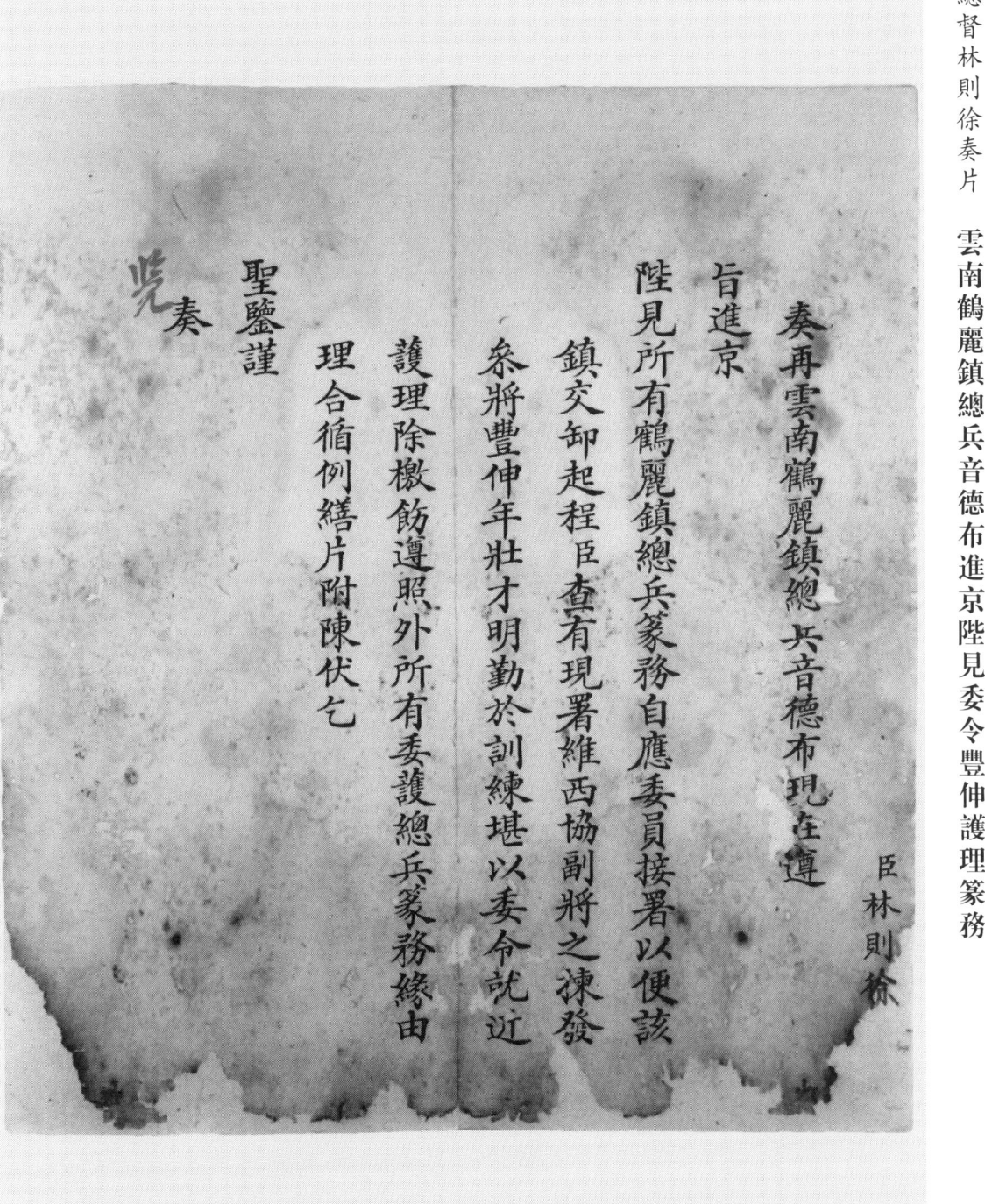

大學士管理户部事務潘世恩等題本　**查核思茅等廳縣採買丁未戊申年備貯不敷兵米用過銀兩**

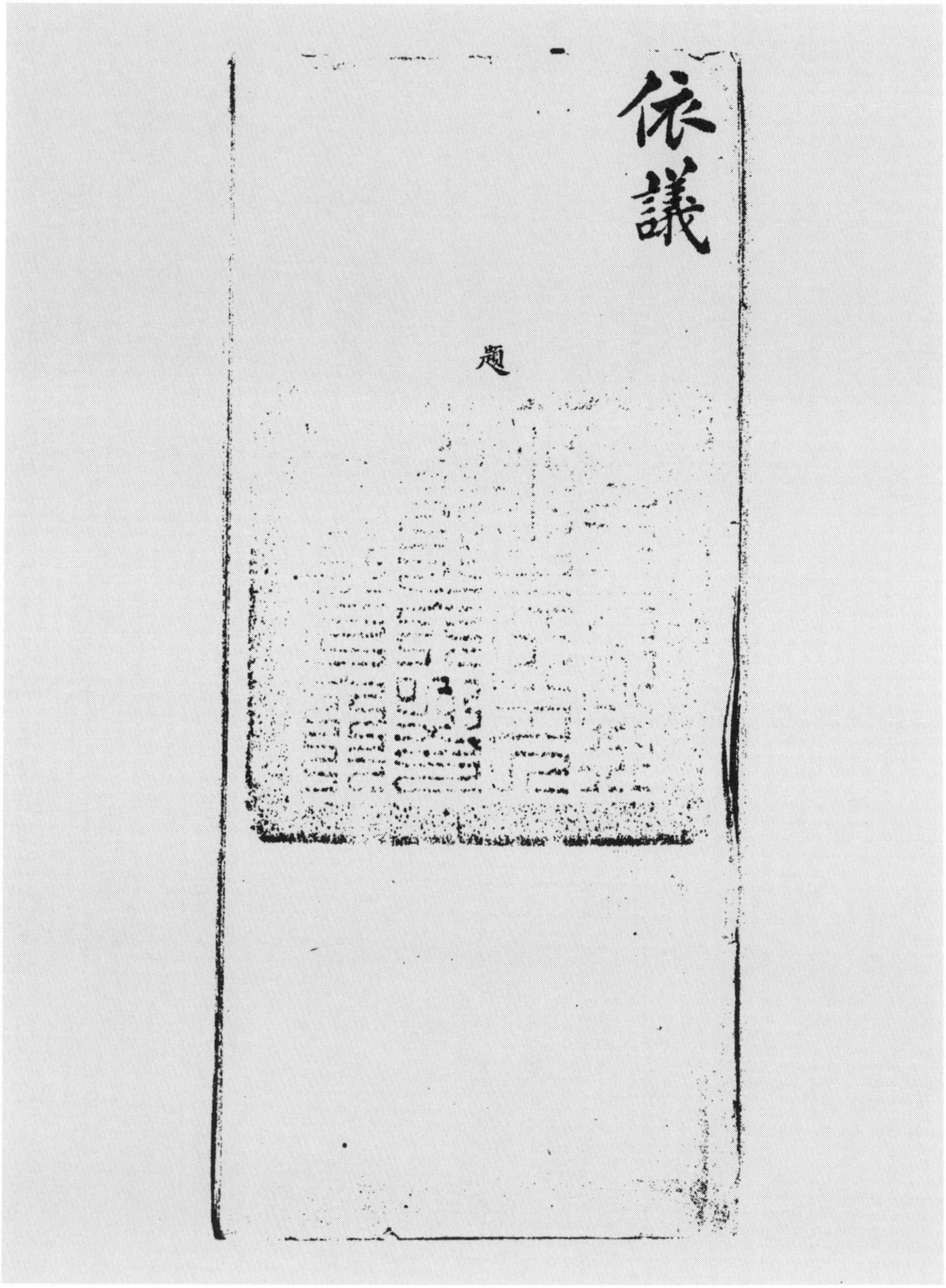
依議
題

太傅大學士管理户部事務臣潘世恩等謹
題爲詳請等事户科抄出雲貴總督林則徐題滇
省思茅等廳縣採買丁未戊申二年備貯不敷
兵米用過米價運脚銀兩造册題銷一案道光
貳拾柒年拾貳月貳拾日題貳拾捌年叁月貳
拾捌日奉
旨該部察核具奏欽此欽遵於本日抄出到部
該臣等查得雲貴總督林則徐疏稱普洱鎮兵
丁應需丁未等年不敷兵糧先經具題動銀分
發採買在案兹據雲南糧儲道王貽桂會同布
政使趙光祖詳稱鎮沅直隸同知册載採買米

貳百貳拾貳石叁斗柒升伍合陸勺共用過價
腳銀貳百陸拾陸兩捌錢伍分零柒毫貳絲思
茅同知冊載採買米貳千柒百伍拾柒石捌斗
捌升捌勺原須米價銀貳千柒百伍拾柒兩捌
錢捌分捌毫又攸樂等處折徵秋糧採買米壹
千貳百柒拾肆石伍斗柒升玖合該銀壹千貳
百柒拾肆兩伍錢柒分玖釐二共米肆千叁拾
貳石肆斗伍升玖合捌勺該銀肆千叁拾貳兩
肆錢伍分玖釐捌毫又請領運腳銀叁千貳百
貳拾伍兩玖錢陸分柒釐捌毫肆絲二共米價
運腳銀柒千貳百伍拾捌兩肆錢貳分柒釐陸
毫肆絲每米壹石價銀壹兩應買米肆千叁拾

貳石肆斗伍升玖合捌勺用過銀肆千叁拾貳
兩肆錢伍分玖釐捌毫所需運脚自三站至四
站不等每石每站給銀貳錢共給運脚銀叁千
壹百玖拾壹兩捌錢壹分陸釐二共用過米價
運脚銀柒千貳百貳拾肆兩貳錢柒分伍釐捌
毫節省銀叁拾肆兩壹錢伍分壹釐捌毫肆絲
寧洱縣冊載採買米叁千貳百玖拾玖石壹斗
陸升玖勺原領米價銀叁千貳百玖拾玖兩壹
錢陸分玖毫運脚銀貳千陸百叁拾玖兩叁錢
貳分捌釐柒毫貳絲二共銀伍千玖百叁拾捌
兩肆錢捌分玖釐陸毫貳絲每米壹石價銀壹
兩應買米叁千貳百玖拾玖石壹斗陸升玖勺

用過銀叁千貳百玖拾玖兩壹錢陸分玖毫所
需運脚自二站至四站不等每石每站給銀貳
錢共給運脚銀貳千叁百叁拾陸兩二共米價
運脚銀伍千陸百叁拾伍兩壹錢陸分玖毫節
省銀叁百叁兩叁錢貳分捌釐柒毫貳絲歸於
採買普籐等處折徵米内動用又該縣另册開
造折徵採買米價銀肆百捌拾壹兩叁錢伍分
壹釐又收採買米項下節省銀叁百叁兩叁錢貳
分捌釐柒毫貳絲共銀柒百捌拾肆兩陸錢柒
分玖釐柒毫貳絲每米壹石價銀壹兩應買米
肆百捌拾壹石叁斗伍升壹合用過銀肆百捌
拾壹兩叁錢伍分壹釐所需運脚自二站至四

站不等每石每站給銀貳錢共給運腳銀貳百
玖拾貳兩捌錢二共米價運腳銀柒百柒拾肆
兩壹錢伍分賣釐節省銀壹拾兩伍錢貳分捌
釐柒毫貳絲威遠同知冊載採買米壹千玖百
貳拾柒石捌斗陸升玖合伍勺每石價銀壹兩
外加四站運腳銀捌錢共用價腳銀叁千肆百
柒拾兩壹錢陸分伍釐壹毫以上該廳縣共原
領採買米捌千貳百柒石貳斗捌升陸合捌勺
又攸樂普藤等處秋糧折徵採買米壹千柒百
伍拾伍石玖斗叁升二共米玖千玖百陸拾叁
石貳斗壹升陸合捌勺共該米價運腳銀壹萬
柒千叁百柒拾兩陸錢叁釐伍毫貳絲較原經

二八　大學士管理户部事務潘世恩等題本　查核思茅等廳縣採買丁未戊申年備貯不敷兵米用過銀兩

道光二十八年八月初二日

題請動支道庫米折應發米價運脚銀壹萬伍千陸百伍拾玖兩叁錢伍分肆釐捌絲又思茅廳屬之攸樂等處寧洱縣屬之普籐等處秋糧照例折徵採買銀壹千柒百伍拾伍兩玖錢叁分二共銀壹萬柒千肆百壹拾伍兩貳錢捌分肆釐捌絲之數節省銀肆拾肆兩陸錢捌分伍毫陸絲已據完解所有該廳縣採買米石及用過價脚並節省銀兩業經入於道光貳拾陸年民屯錢糧收支糧米銀款奏銷各冊内分別收除造報詳請查核具題等情臣覆查無異除冊結倉收分送部科查核外臣謹會同雲南巡撫臣程矞采合詞恭疏具題等因前來　查滇

省普洱鎮兵丁應需丁未戊申二年備貯不敷
兵米前據雲貴總督題請動項採買經臣部題
准行令將用過米價運脚銀兩核實撙節採買
報部題銷在案今據該督疏冊內稱鎮沅思茅
寧洱威遠等廳縣共採買米玖千玖百陸拾叁
石貳斗壹升陸合捌勺每石米價銀壹兩共銀
玖千玖百陸拾叁兩貳錢壹分陸釐捌毫所需
運脚自二站至四站不等每石每站給銀貳錢
共給運脚銀柒千肆百柒兩叁錢捌分柒釐柒
毫貳絲較原題動支道庫米折並攸樂普藤等
處秋糧折徵共銀壹萬柒千肆百壹拾伍兩貳
錢捌分肆釐捌絲之數計節省銀肆拾肆兩陸

錢捌分伍毫陸絲已據完解入於道光貳拾陸
年地丁奏銷冊內收造等語查前項採買米石
臣部核與原題採買米數相符其用過運腳銀
兩前經臣部於題請採買兵米案內行令該督
撫轉飭將前項採買米石係備貯之米例應於
隣近糧價平減地方採買何得遠派四站之外
採辦現當節省經費若不撙節採買必致多銷
運腳轉滋浮費並於上屆題銷採買案內行令
據實節減亦在案今據該督疏冊內稱鎮沅思
茅寧洱威遠等廳縣共採買米玖千玖百陸拾
叁石貳斗壹升陸合捌勺每石米價銀壹兩所
需運腳仍以二站自四站不等共該米價運腳

銀壹萬柒千叁百柒拾兩陸錢柒釐伍毫貳絲
之多亦未節減迭經查飭殊屬冐開應令該督
撫轉飭據實聲明力加節減同上届採買一併
題報核銷毋任飾宕所有前項節省銀肆拾肆
兩陸錢捌分伍毫貳絲既據疏稱入於道光貳
拾陸年地丁奏銷册内收造查與該年地丁奏
銷册内收造銀數相符應毋庸議此案於道光
貳拾捌年叁月貳拾捌日科抄到部兹於捌月
初貳日辦理具
題合併聲明臣等未敢擅便謹
題請
旨

二八

大學士管理户部事務潘世恩等題本　查核思茅等廳縣採買丁未戊申年備貯不敷兵米用過銀兩

道光二十八年八月初二日

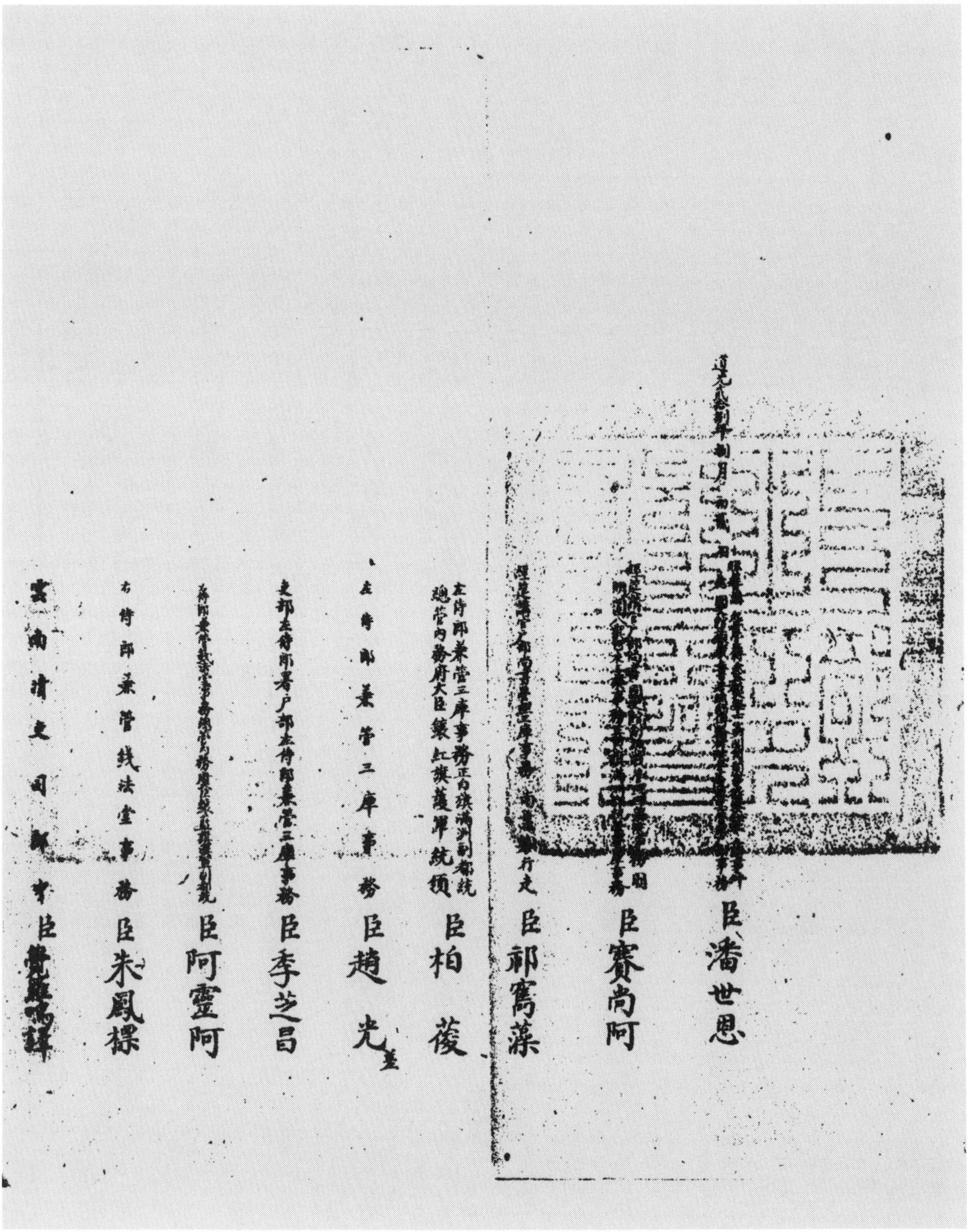

道光貳拾捌年捌月初貳日

[illegible] 臣潘世恩

[illegible] 臣賽尚阿

[illegible] 行走 臣祁寯藻

左侍郎兼管三庫事務正白旗滿洲副都統
總管内務府大臣鑲紅旗護軍統領 臣柏葰

左侍郎兼管三庫事務 臣趙光 差

吏部左侍郎署户部左侍郎兼管三庫事務 臣季芝昌

[illegible] 臣阿靈阿

右侍郎兼管錢法堂事務 臣朱鳳標

雲南清吏司郎中臣[illegible]

郎中臣康昌
郎中臣陸以烜
郎中臣甘熙
員外郎臣熙麟
員外郎臣德啟
員外郎臣張汲
主事臣德倫
主事臣單興詩
主事臣王映斗
額外主事臣慶和
額外主事臣田祥
額外主事臣馬晉如

大學士管理户部事務潘世恩等題本 查核思茅等廳縣採買丁未戊申年備貯不敷兵米用過銀兩 道光二十八年八月初二日

額外主事臣饒應坤

額外主事臣張崇本

大學士管理户部事務潘世恩等題本 查核滇省昭通鎮採買丁未等三年備貯不敷兵米用過銀兩

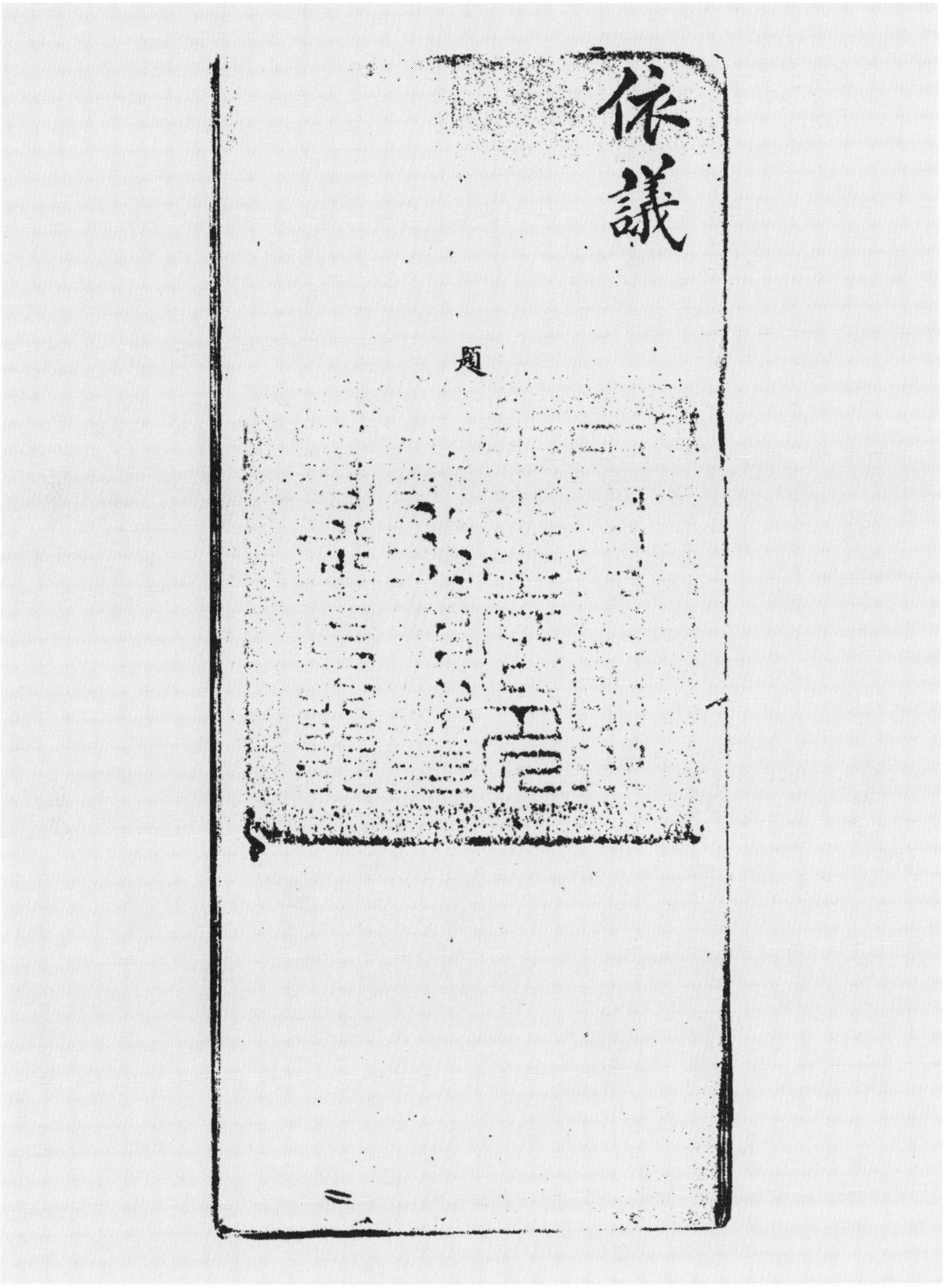
依議

題

大學士管理户部事務潘世恩等題本 查核滇省昭通鎮採買丁未等三年備貯不敷兵米用過銀兩

道光二十八年八月初二日

太傅大學士管理户部事務臣潘世恩等謹

題為備例等事户科抄出雲貴總督林則徐題滇省昭通等府廳縣採買昭通鎮應需丁未等三年備貯不敷兵米用過價脚銀兩造冊題銷一案道光貳拾柒年拾貳月貳拾日題貳拾捌年叁月貳拾捌日奉

旨該部察核具奏欽此欽遵於本日抄出到部

該臣等查得雲貴總督林則徐疏稱昭通鎮應需丁未等年不敷兵米先經具題動銀分發採買在案茲據雲南糧儲道王貽桂會同布政使趙光祖詳稱昭通鎮在本境採買米壹千肆拾貳石貳斗貳升貳合肆勺共用過米價銀貳千

捌百叁兩伍錢柒分捌釐大關廳採買米捌百
柒拾貳石玖斗伍升叁合肆勺共用過米價銀
貳千叁百伍拾陸兩玖錢柒分肆釐魯甸廳採
買米壹千壹百捌拾肆石陸斗柒升陸合叁勺
共用過米價銀叁千壹百玖拾捌兩陸錢貳分陸
釐永善縣冊載赴川採買米壹千陸百柒石捌
斗壹升叁合肆勺共用過米價運脚等銀肆千
叁百叁拾柒兩壹錢總計買運米肆千柒百柒
石陸斗陸升伍合伍勺原發續發銀壹萬貳千
陸百玖拾陸兩貳錢柒分捌釐價脚牽算每米
壹石合銀貳兩陸錢玖分陸釐核與題定每石
貳兩陸柒錢之價並無浮多據昭通大關魯甸

二八 大學士管理戶部事務潘世恩等題本 查核滇省昭通鎮採買丁未等三年備貯不敷兵米用過銀兩 道光二十八年八月初二日

三府廳在本境採買米石核與迤東道並該府
廳所報道光貳拾陸年拾月分市賣米價稍減
又永善縣赴四川瀘州採買米石亦與該縣取
獲川省秋成市賣米價相符其用過水陸運腳
銀兩與歷年報銷之數均屬符合並取有地方
官米價印結附送委無浮冒情弊所買米肆千
柒百柒石陸斗陸升伍合伍勺原發米價銀玖
千肆百壹拾伍兩叁錢叁分壹釐業經入於道
光貳拾陸年兵馬民屯錢糧節年收支糧米銀
款奏銷各冊內收除造報至戎發銀叁千貳百
捌拾兩玖錢肆分柒釐陸毫貳絲壹忽捌纖捌
塵叁渺捌漠另於貳拾柒年民屯錢糧銀款冊

内除造应请照例准销合将送到册结仓收详
请查核题销等情臣覆查无异除册结仓收分
送部科外谨会同云南巡抚臣程矞采合词恭
疏具题等因前来 查滇省昭通镇应需兵
米向系备贮三年其不敷米石按年采买所需
价脚银两在于道库存贮米折银内动支核实
题销历经办理在案今 据该督疏称昭通等
府厅县道光贰拾陆年在本境及四川泸州地
方采买米肆千柒百柒石陆斗陆升伍合伍勺
共用过米价运脚银壹万贰千陆百玖拾陆两
贰钱柒分捌厘取造册结仓收题请核销等语
查前项采买米石臣部核与原题采买米数相

葬所有昭通大關魯甸永善等府廳縣採買米石，前經臣部於題請兵米案内行令該督撫轉飭該府廳縣將前項採買米石係備貯之米，飭應於隣近糧價平減地方採辦，何得逐年仍以每石豫發銀貳兩題銷？其所稱應找尾銀續行核發之處，現在節省經費，尤應撙節採辦，毋致浮費錢糧，並於上屆採買案内行令據實節減，亦在案。今據該督疏冊内稱：昭通、大關、魯甸等府廳在本境及永善縣在四川瀘店共採買米肆千柒百柒石陸斗陸升伍合伍勺，價腳牽算每石合銀仍以貳兩陸錢玖分陸釐零之數題銷，亦未節減。迭經查飭，殊屬㱿閱。應令該督撫

轉飭據實查明力加節減同上屆採買案内價
腳一併報部核銷至原發米價銀玖千肆百壹
拾伍兩叁錢叁分壹釐據稱入於道光貳拾陸
年民屯奏銷冊内造報核與該年地丁奏銷冊
内造報米數相符至找發銀叁千貳百捌拾兩
玖錢肆分柒釐零另於貳拾柒年民屯奏銷冊
内除造之處應俟該年地丁奏銷造報至日再
行查核此案於道光貳拾捌年叁月貳拾捌日
科抄到部應於捌月初貳日辦理具
題合併聲明臣等未敢擅便謹
題請
旨

大學士管理户部事務潘世恩等題本　查核滇省昭通鎮採買丁未等三年備貯不敷兵米用過銀兩

道光二十八年八月初二日

道光二十八年八月[illegible] 臣潘世恩

[illegible]事務 臣賽尚阿

經筵講官[illegible]户部[illegible]三庫事務南書房行走 臣祁寯藻

左侍郎兼管三庫事務正白旗滿洲副都統總管內務府大臣鑲紅旗護軍統領 臣柏葰

左侍郎兼管三庫事務 臣趙光 差

吏部左侍郎署户部左侍郎兼管三庫事務 臣季芝昌

右侍郎兼管錢法堂事務總管內務府大臣[illegible]副都統 臣阿靈阿

右侍郎兼管錢法堂事務 臣朱鳳標

雲南清吏司郎中 臣覺羅鴻鐸

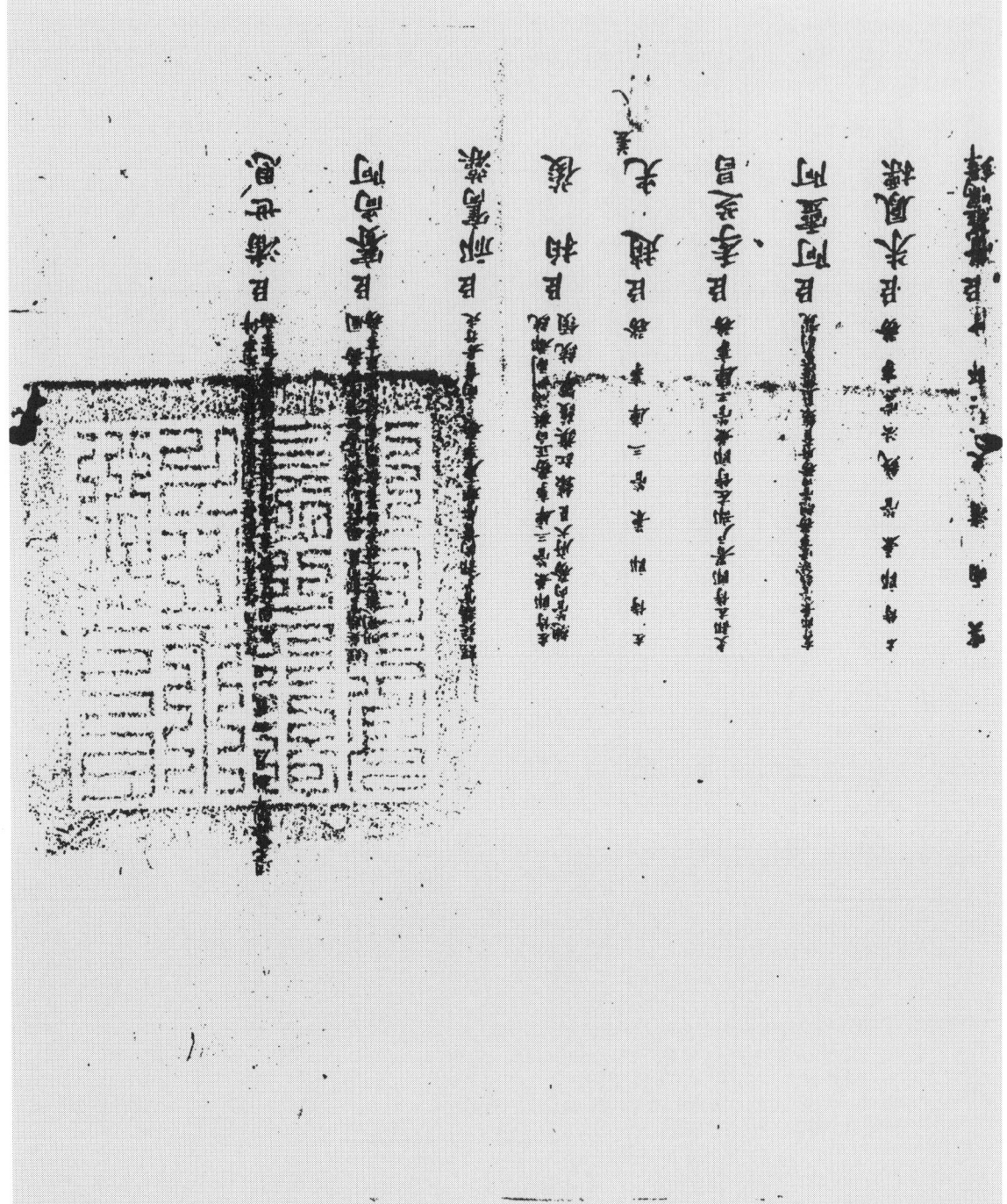

郎中臣康昌
郎中臣陸以烜
郎中臣甘熙
員外郎臣熙麟
員外郎臣德啟
員外郎臣張汲
主事臣德倫
主事臣單與詩
主事臣王映斗
額外主事臣慶和
額外主事臣饒應坤
額外主事臣田祥

額外主事臣馬晉如

額外主事臣張崇本

雲貴總督林則徐等奏摺　署雲龍州事准補鄧川知州沈承恩辦銅出力請以同知陞用

二八 雲貴總督林則徐等奏摺 署雲龍州事准補鄧川知州沈承恩辦銅出力請以同知陞用

道光二十八年八月十二日

雲貴總督臣林則徐
雲南巡撫臣程矞采 跪

奏為廠員於年額外多辦銅觔循例奏懇

聖恩俯加鼓勵事竊查滇省年辦額銅攸關京外鼓鑄近年各廠採辦數多短絀全在廠員設法調劑額外加辦藉供挹注而濟要需臣等查雲龍州經管之大功廠年辦額銅三十五萬七千數百觔又白羊廠年辦額銅九萬六千數百觔前因大功礶硐被淹白羊銀銅並產煆煉費工廠情疲滯經前督撫臣飭據現署雲龍州知州沈承恩督率爐丁竭力攻採加工煎煉不特經理得宜即銅質亦歸純淨並稟稱年額之外約可加辦數十萬觔臣等到任後催據該員具報自

道光二十六年三月初九日接管起至十二月
止大功廠額外多辦銅八十二萬八千八百二
十餘觔白羊廠額外多辦銅二萬二千二百餘
觔業已入册奏銷發運關店收作京銅聲明另
行詳請鼓勵在案又大功廠自二十七年正月
起至三月底止該員復額外加辦銅三十萬觔
亦經陸續發運茲據藩臬兩司詳請具
奏鼓勵前來臣等覆查例内滇省廠員每年辦銅
加至八十萬觔以上准專摺奏請陞用歷經遵
辦有案今該員沈承恩管理大功白羊二廠甫
經一載共計額外多辦銅觔已在一百萬以上
實屬奮勉出力自應查照例案

奏請量予鼓勵相應請
旨將署雲龍州事准補鄧川州知州沈承恩可否以
同知陞用俾昭激勸之處出自
天恩謹合詞恭摺具
奏伏乞
皇上聖鑒訓示謹
奏
另有旨

二八

雲貴總督林則徐等奏摺　署雲龍州事准補鄧川知州沈承恩辦銅出力請以同知陞用

道光二十八年八月十二日

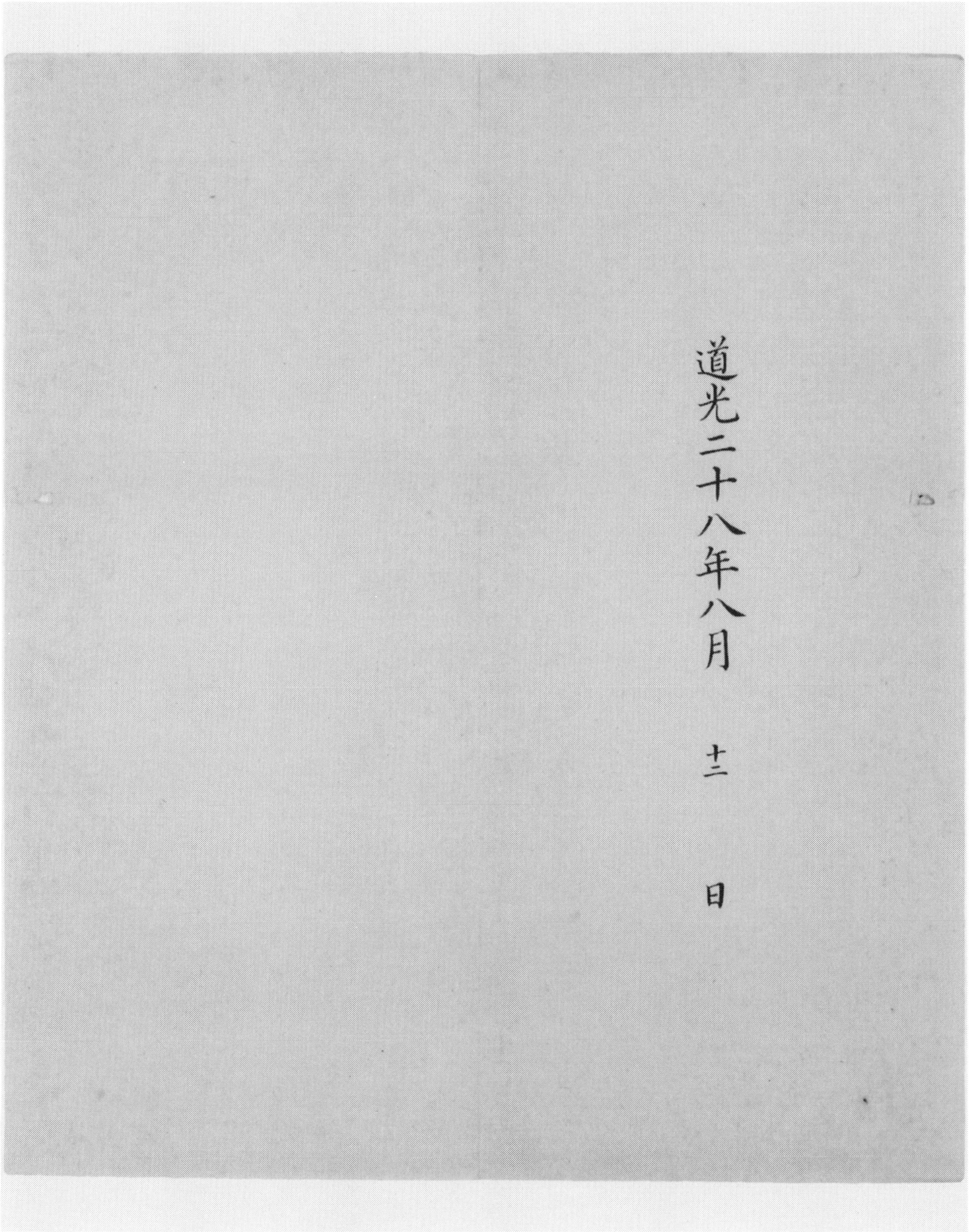
道光二十八年八月十二日

雲貴總督林則徐等奏摺　**查明滇省徵收銀款均係按年報撥並各項動支實無可刪可緩**

二八 雲貴總督林則徐等奏摺　查明滇省徵收銀款均係按年報撥並各項動支實無可删可緩

道光二十八年八月十二日

雲貴總督臣林則徐
雲南巡撫臣程矞采跪

奏為遵
旨查明滇省徵收銀款均係按年報撥並無欠解未
完其各項動支實無可删可緩惟籌議節省分
別歸公充撥恭摺覆奏仰祈
聖鑒事竊臣等承准軍機大臣字寄道光二十八年
二月二十三日奉
上諭據戶部密陳部庫情形一摺所有戶部前奏應
解部庫各屬庫應解司庫各款銀兩著各督撫等
按照戶部前次單開數目於此次接奉諭旨之日
起限三個月掃數通完其登記銀兩亦即催令入
撥屆期仍各專摺覆奏並督飭藩運各司各就所

入酌盈劑虛於支銷各項統計核減應完解者速
即完解應核刪者立即核刪等因欽此鈔摺內開
統計支銷各項可緩則緩可減則減可刪則刪
以及各州縣交代抵款毋任以虛數混入等因
臣等欽遵籌辦會督司道核實確查滇省地居
邊徼額徵條折商牲鹽廠等課銀兩為數本不
繁多係屬年清年款並無蒂欠除例支驛費俸
工等款外餘銀儘數入冊報部撥充兵餉至奉
部單開行追賠欠等項有在滇服官業已事故
回籍及陞調別省者疊經移咨任籍上緊催追
有在外服官咨查滇籍及陞任來滇者亦經分
別查催嚴飭追繳已完入冊報撥未完勒令追

賠不敢稍任隱飾其減平一款前因解部途遠
費繁
奏准就近撥充滇餉均經按年扣收如數報撥惟
捐監一款向係湊足三萬委員解部除節次報
解及經部咨撥外截至本年七月實存銀二萬
八千五百三十二兩零容俟收有成數再行委
解其餘登記各款亦係按季報部核撥此外實
無應解部庫之項而滇省每年應需官兵俸餉
銀七十餘萬兩除已徵獲條糧等款銀四十餘
萬兩按年報撥外尚不敷銀二十餘萬及三十
萬不等歷係咨部
題撥由他省協解供支至每年辦運部局銅六百

五十餘萬共需工本運腳銀一百萬兩除扣獲
運員餘銅關稅等銀聲請撥除及解部飯食並
運員水腳幫費等項由直隸江南湖北藩庫動
撥外下餘不敷銀約八十餘萬亦係
奏請撥解採辦臣等查兵餉為戎衛要需銅觔係
京鑄亟務似此二款需費雖屬鉅繁而額支勢
難減緩其餘有定數無定數支銷各項約計需
銀三萬二千數百兩遞年有減無增均經造册
報部惟令核實撙節斷不稍任虛糜此滇省出
納之實在情形也臣等伏思動款無論巨細何
莫非
國帑攸關是外省多一積存即部庫少一籌撥查

道光二十二年前督撫臣等
奏准節省經費六款自二十二年秋季及二十三
年起分限五年共節省銀十一萬四千二十七
兩零先於糧庫米折項下借撥兵餉令於二十
七年秋季及年底業已如數完解糧庫清款内
黑鹽井於正溢課之外加價銀五萬兩雖已按
限全完而該井復於二十五年永昌初次軍需
經費由官紳商竈捐輸案内認捐銀五萬兩議
限五年俟節省案内加價銀兩繳完之後接續
捐辦現應價解認捐初次軍需經費須俟前項
完解足數酌看情形再行核辦又減發廠員薪
食一款各廠員年共支薪食銀二千十二兩零

前議每年減發一半銀一千六兩零五年共節
省銀五千三十一兩嗣因限滿扣足於上年清
查銅務案内
奏准自二十八年起將廠員薪食每年減發一半
扣賠瀘店無著銅觔此次未便再行扣減又停
發歲修塘房一款塘房修費年支銀四千六百
九兩零前議停發五年共節省銀二萬三千四
十六兩零至上年歲底業已滿限查各處塘房
經地方官隨時補葺毋庸逐歲興修仍可酌量
節省第此項歲修向於銅息項下支給近年湯
丹等廠銅未豐旺息甚減少計歲之所入除撥
補京銅減色價銀外其餘不敷動放年例應支

各款節次在於扣存搭運節省銀内借撥添供
計已陸續借撥銀一萬一千兩疊經報部有案
是以前項節省歲修僅將二十三年分應支銀
四千六百九兩零由銅息項下撥解糧庫歸還
米折其二十四年至二十七年共應支銀一萬
八千四百三十六兩零不特各該年銅息並無
餘銀可支即搭運節省款内亦難再行動借而
前於糧庫借撥兵餉係米折正款未便虚懸故
於銅本銀内暫為借墊如數撥解糧庫清款惟
銅息不敷借墊已鉅塘房歲修勢難照舊支發
若仍歸入節省報撥則挪彼補兹轉致有名無
實此款現既無可支給即無從再議節儲除所

借銅本亟待供支督司設法儘先籌辦至所借
搭運節省銀兩一俟銅息充裕亦即歸還不任
稍有缺誤其各處塘房雖隨時粘補而亦不可
不分限興修以後察看地方或届三年或届五
年飭令該管官認真修理一次所需經費由滇
省籌捐辦理亦不稍任傾欹惟查前議鹽課溢
餘項下年支開化鎮府及臨安府雙水塘同知
緝捕經費銀八千五百兩酌減一半銀四千二
百五十兩五年共扣獲銀二萬一千二百五十
兩至上年秋季亦已滿限該處賊匪雖尚斂跡
緝捕仍應認真前項經費雖未便全裁而仍可
酌減請自二十七年冬季起遞年照前減半扣

發又前議鹽課溢餘項下年支增給解運京銅
正加六起委員經費銀一萬三千兩酌減一成
銀一千三百兩五年共扣獲銀六千五百兩至
上年歲底亦已滿限此項經費原係格外加增
請自二十八年起遞年照前減成扣給又前議
留備大修海口項下每年節省銀三百兩五年
共節省銀一千五百兩至上年歲底亦已滿限
今各該海口隨時疏濬河流通利可緩大修此
項經費自二十八年起遞年仍照前節省以上
三款照以五年核計共得節省銀二萬九千二
百五十兩入冊報部聽候撥用五年之後如可
接流照節均當按數入撥雖涓滴無濟度支而

積少成多於庫儲不無裨益臣等受
恩深重當此制用孔亟之時自應恪遵
聖諭力加撙節乃迤西連年軍務經費浩繁除二十
五年初次永昌軍需動用銀十萬五千五百餘
兩由官紳商竈捐輸外其二十六年續辦永昌
雲緬軍需共動用銀三十八萬一千八百餘兩
仰蒙
聖恩體恤准於滇黔兩省捐輸撥補至二十八年保
山等處軍需共動用銀十五萬八千九百餘兩
臣等因疊次動支致糜
帑項此次經費不敢作正開銷業經
奏請在於本省扣存一半之鹽課溢餘留備邊費

項下分年節省扣還所收滇黔兩省捐輸除撥
歸前兩次軍需借動課銀外核數尚有盈餘併
同續收捐銀統行報部聽撥在案所有本省辦
公款項通盤籌畫實在無可核刪以後惟有撙
節支銷不任絲毫糜費至各屬徵收錢糧稅課
係按年掃數全完交代無虞弊混謹將遵
旨查辦緣由合詞恭摺覆
奏伏乞
皇上聖鑒勅部核議施行謹
奏
戶部知道

雲貴總督林則徐等奏摺 查明滇省徵收銀款均係按年報撥並各項動支實無可删可緩
道光二十八年八月十二日

道光二十八年八月 十二 日

雲貴總督林則徐題本

請以田茂昌承襲雲南鶴慶州屬土驛丞改給土未入流之世職

二八

雲貴總督林則徐題本　請以田茂昌承襲雲南鶴慶州屬土驛丞改給土未入流之世職

道光二十八年八月十二日

兵部尚書兼都察院右都御史總督雲貴二省等處地方軍務兼理糧餉臣林則徐謹

題爲請襲土職事。據雲南布政使趙光祖詳稱：案

查護迤西道宋湘咨據麗江府申據鶴慶州申

報，土驛丞改給未入流土官田榮於嘉慶貳拾

壹年叁月貳拾陸日病故，前司當將病故日期

詳咨，並飭查明應襲之人，取造册結，另行承襲。

並屢次嚴催去後，嗣於道光拾捌年拾壹月貳

拾日准迤西道馬志熒咨據麗江府鶴慶州申

報所遺土未入流世職，查有田榮嫡親長男田

德昌，例應承襲，因寒苦出外謀食，並未回歸，於

拾捌年有同村人自騰越回村，言及田德昌已

於本年伍月内病故，申報到司，當查田德昌既

雲貴總督林則徐題本 請以田茂昌承襲雲南鶴慶州屬土驛丞改給土未入流之世職 道光二十八年八月十二日

於伍月內在外病故是否確實應將病故日期
據實查明取結申報於拾玖年柒月拾伍日據
署鶴慶州知州許士杰查明田德昌係拾捌年
柒月初壹日病故取具鄰約鄰佑甘結申司前
司節將病故日期甘結同伊父田榮原領承襲
號紙詳咨撤銷飭查應襲之人並屢次札催去
後今於道光貳拾捌年柒月初捌日准迤西道
王發越咨據署麗江府知府董宗超申據鶴慶
州知州姚光熹申據應襲土未入流田茂昌族
舍田霖雨田世昌目把羅九斤羅阿王等呈稱
遵查應襲土未入流田德昌病故所遺土職有
田德昌嫡親長男田潤澤賦性痴迷鈍拙不能

二八 雲貴總督林則徐題本 請以田茂昌承襲雲南鶴慶州屬土驛丞改給土未入流之世職

道光二十八年八月十二日

供職未便滿襲並無弟兄子嗣情愿告替應以
田榮次胞弟田華承襲因年力衰邁不能承襲
有田華之正妻王氏於道光柒年柒月拾玖日
所生嫡親長男田茂昌現年貳拾貳歲係田榮
血姪例應承襲伯父田榮未入流土職族無爭
職之人更無搀服並無乞養異姓庶出詐冒違
礙等弊理合呈乞轉報等情據此覆查無異取
造該應襲田茂昌親供宗圖冊結及族舍目把
鄰佑里長收生婦鄰封各結加具印結申報等
情由府道核明移送到司覆查無異核與承襲
之例相符應准其承襲鶴慶州土未入流之職
合將送到親供宗圖各冊結相應詳請查核具

雲貴總督林則徐題本 請以田茂昌承襲雲南鶴慶州屬土驛丞改給土未入流之世職 道光二十八年八月十二日

題再土司承襲例限陸個月此案田榮於嘉慶貳拾貳年叁月貳拾陸日病故應襲田德昌因寒苦出外謀食尚未請襲業於道光拾捌年柒月初壹日病故應毋庸議又以拾捌年柒月初壹日田德昌病故之日起扣至拾玖年正月初壹日滿限茲於貳拾捌年柒月初捌日始准移司計遲延玖年陸個月零柒日據稱仍因田茂昌家貧先經出外謀食迨族內議以承襲至貳拾陸年正月始回出具親供宗圖冊結因造冊舛錯往返駁換且不諳事例以致稽延實屬有因尚未得官應免置議合併聲明等情到臣該臣看得雲南鶴慶州屬土驛丞改給土未入流田

雲貴總督林則徐題本 請以田茂昌承襲雲南鶴慶州屬土驛丞改給土未入流之世職

道光二十八年八月十二日

榮病故所遺土職以田榮長男田德昌承襲因
未管理地方寒苦出外謀食在外病故均經詳
請咨部飭查應襲之人並屢次嚴催去後茲據
雲南布政使趙光祖轉據鶴慶州知州姚光熹
查明病故田德昌有嫡親長男田潤澤賦性痴
迷鈍拙不能供職未便請襲並無弟兄子嗣情
愿告替請以田榮次胞弟田華承襲後因年力
衰邁亦不能襲又以田華之正妻王氏於道光
柒年柒月拾玖日所生嫡親長男田茂昌現年
貳拾貳歲係田榮血姪例應頂襲伯父田榮未
入流土職族無爭職之人夷衆悅服並無乞養
異姓庶出詐冒違礙等弊核與承襲之例相符

取造親供宗圖各冊結詳請具
題請襲前來臣覆查無異相應
題請將田茂昌准其承襲鶴慶州屬土驛丞改給
土未入流之職頒給號紙以專職守除親供宗
圖冊結送部外臣謹會同雲南巡撫臣程矞采
合詞恭疏具
題伏乞
皇上聖鑒勅部議覆施行爲此具本謹
題請
旨

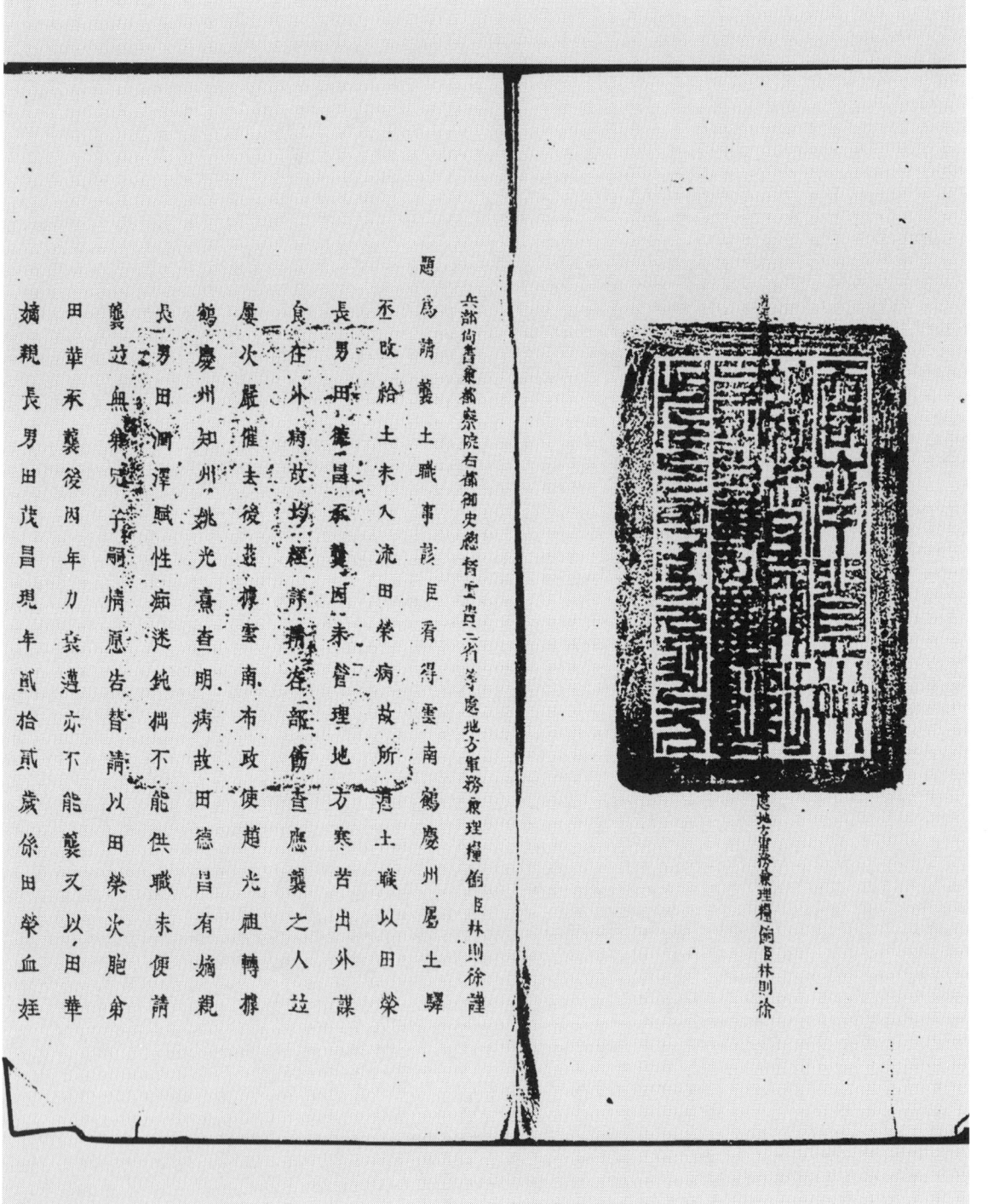

二八

雲貴總督林則徐題本　請以田茂昌承襲雲南鶴慶州屬土驛丞改給土未入流之世職

道光二十八年八月十二日

處地方軍務兼理糧餉臣林則徐

兵部尚書兼都察院右都御史總督雲貴二省等處地方軍務兼理糧餉臣林則徐謹

題爲請襲土職事。該臣看得雲南鶴慶州屬土驛丞改給土未入流田榮病故，所遺土職以田榮長男田德昌承襲。因未曾理地方，寒苦出外謀食，在外病故，均經詳請咨部飭查應襲之人，並屢次嚴催去後。茲據雲南布政使趙光祖轉據鶴慶州知州姚光熹查明，病故田德昌有嫡親長男田潤澤賦性痴迷，鈍拙不能供職，未便請襲，並無親生子嗣，情愿告替，請以田榮次胞弟田華承襲。後因年力衰邁，亦不能襲，又以田華嫡親長男田茂昌現年貳拾貳歲，係田榮血姪

雲貴總督林則徐題本 請以田茂昌承襲雲南鶴慶州屬土驛丞改給土未入流之世職
道光二十八年八月十二日

例應頂襲伯父田榮未入流之職族無爭職之
人夷衆悅服並無乞養異姓庶出詐冒違礙等
弊核與承襲之例相符取造親供宗圖各冊結
詳請具
題請襲前來臣覆查無異相應
題請將田茂昌准其承襲鶴慶州屬土驛丞改給
土未入流之職頒給號紙以專職守除親供宗
圖冊結送部外臣謹會
題請
旨

雲貴總督林則徐奏片　**委令候補知府文塏署理麗江府篆並兼署中甸同知**

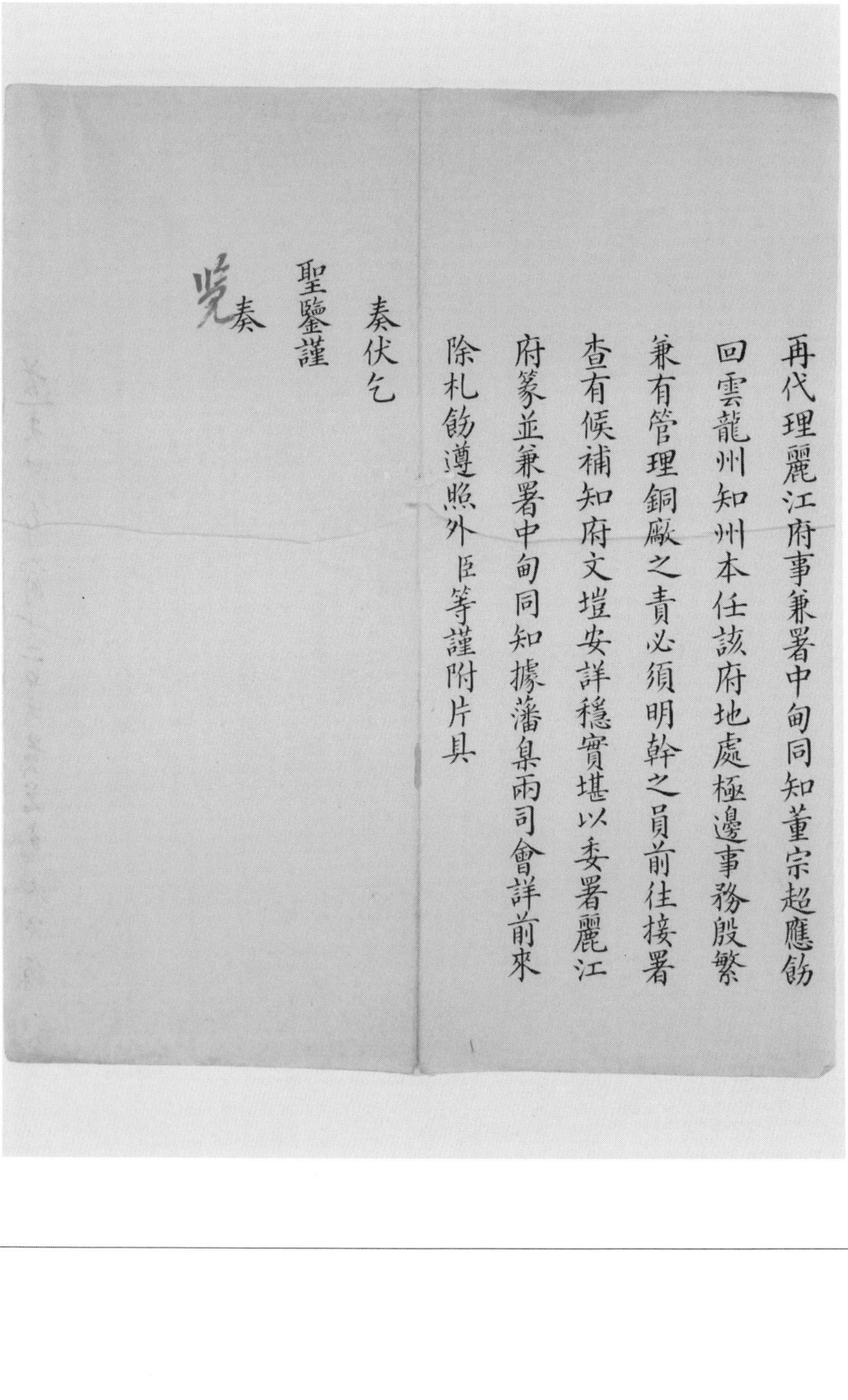

再代理麗江府事兼署中甸同知董宗超應飭

回雲龍州知州本任該府地處極邊事務殷繁

兼有管理銅廠之責必須明幹之員前往接署

查有候補知府文塏安詳穩實堪以委署麗江

府篆並兼署中甸同知據藩臬兩司會詳前來

除札飭遵照外臣等謹附片具

奏伏乞

聖鑒謹

奏

覽

雲貴總督林則徐等奏摺　滇黔兩省續捐軍費收有成數請分別獎勵各捐員

奏

二八

雲貴總督林則徐等奏摺　滇黔兩省續捐軍費收有成數請分別獎勵各捐員

道光二十八年八月十六日

雲南巡撫臣程矞采
雲貴總督臣林則徐
貴州巡撫臣喬用遷　跪

奏為滇黔兩省續捐軍費收有成數仰懇
天恩准將各捐員分別獎勵恭摺奏祈
聖鑒事竊照雲南貴州奏准捐輸軍需經費截至上年十二月底止雲南共收銀三十二萬八千五百零九兩貴州共收銀六萬四千零九兩先後
奏明在案嗣因本年春間奏調兩省官兵前往永昌查辦哨匪欽奉
上諭所有軍需經費除於鹽課項下借動十萬兩外其雲南貴州兩省現收捐輸之款並准其先行動支以應急需欽此當經戶部以滇黔捐輸限期前經奏明於上年年底截止現在既有軍需如該

二八　雲貴總督林則徐等奏摺　滇黔兩省續捐軍費收有成數請分別獎勵各捐員

道光二十八年八月十六日

省收捐尚可接續辦理自應暫緩停止俾軍需
經費得以藉資周轉等情奏奉
諭旨依議欽此行文知照辦理遵即飭令接續收捐
並附片先行覆
奏在案茲據雲南藩司趙光祖貴州藩司羅繞典
等詳稱自本年三月間奉准部咨續行收捐起
截至八月十三日止滇省復收銀三萬六千八
百四十八兩黔省復收銀一萬六千三百六十
六兩均各兑貯司庫並查明各捐員履歷覈對
例案造冊詳請
奏奬前來臣等查該捐員等或籍隸本省或由別
省來至滇黔報捐均屬踴躍急公情殷報效該

司等所造清冊聲請議敘覈與豫工二卯事例
現行常例及順天捐輸成案均屬相符自應懇
恩獎勵除將清冊咨送軍機處暨吏戶兵各部查覈
外謹繕簡明清單恭呈
御覽伏乞
聖主恩施俯准分別獎勵以昭激勸至此次保山軍
需借動鹽課正項及捐輸銀兩已
奏請於滇省鹽課溢餘項下由外分作五年歸補
原款所有滇黔兩省歷次收捐銀兩應於撥補
二十六年永昌雲緬軍需借款之外覈明實在
存銀若干報部聽候撥用合併陳明所有滇黔
兩省接續捐輸請獎緣由臣等謹合詞恭摺具

奏伏乞

皇上聖鑒訓示謹

奏

該部議奏單併發

道光二十八年八月 十六 日

雲貴總督林則徐等清單　**貴州省捐輸雲南軍需經費獎勵清單**

貴州省捐輸請獎銜名銀數清單

謹將貴州省捐輸雲南軍需經費各員繕具簡
明清單恭呈
御覽
計開
杜芳墱貴州遵義縣人由候選教諭捐銀六百
六十兩　請以教諭分發本省補用
周鍾秀順天宛平縣人由監生捐銀六百三十
二兩　請以未入流分發貴州補用
曾士璠江西宜春縣人由優廩生捐貢加捐雙
月訓導共銀三百二十八兩　請以訓導雙
月選用
張炳坤廣東嘉應直隸州人由不論雙單月選

用從九品捐銀三百五十二兩　請以分發
　貴州補用
陶金詒安徽滁州人由貴州試用同知捐銀一
千三十兩　請以同知改發江蘇補用
楊逢綬山東寧海州人由附生捐貢加捐訓導
共銀一千二百四兩　請以復設訓導不論
　雙單月插班間選
陳秉綸順天大興縣人祖籍浙江由俊秀捐監
加捐從九品共銀二百四十八兩　請以從
九品雙月選用
吴庚奉天承德縣人由俊秀捐監加捐按察司
司獄共銀二百四十八兩　請以按察司司一

獄雙月選用
姚繼祖江蘇婁縣人由雙月選用未入流捐銀
四百九十二兩 請以未入流不論雙單月
分發貴州補用
劉燿藜貴州清平縣人由前任湖北興山縣知
縣丁憂回籍守制捐銀一千二百四十八兩
請俟服闋後以知縣籤掣分發省分歸入候
補班補用
鹿丕宗直隸定興縣人由貴州都匀府知府捐
銀三百三十兩
胡林翼湖南益陽縣人由貴州試用知府捐銀
三百三十兩

魯秉禮江西新建縣人由貴州台拱同知捐銀
二百九十兩
朱右賢四川榮昌縣人原籍浙江由貴州威寧
州知州捐銀二百九十兩
陳鍪直隸文安縣人由坐補貴州定番州知州
捐銀二百九十兩
趙鴻吉奉天義州人由貴州廣順州知州捐銀
二百九十兩
德源正白旗漢軍毓恆管領下人由貴州麻哈
州知州捐銀二百九十兩
蔣斯崇鑲藍旗漢軍魯濟山佐領下人由貴州
黔西州知州捐銀二百九十兩

程枚安徽舒城縣人由貴州都江通判捐銀二
百五十兩
陳炘煜江西崇仁縣人由貴州大挑知縣捐銀
二百一十兩
吴登中陝西西鄉縣人由貴州大挑知縣捐銀
二百一十兩
黄紹贄江蘇吴縣人祖籍福建由貴州試用知
縣捐銀二百一十兩
李賡元甘肅安西直隸州人原籍山西由貴州
大挑知縣捐銀二百一十兩
甘雨施四川榮昌縣人由貴州遵義縣知縣捐
銀二百一十兩

從汝翼浙江臨安縣人由貴州教職知縣捐銀
二百一十兩
明麟正白旗蒙古明山佐領下人由貴州試用
知縣捐銀二百一十兩
朱灝順天宛平縣人由貴州教習知縣捐銀二
百一十兩
戴鹿芝浙江蘭谿縣人由貴州即用知縣捐銀
二百一十兩
魏承柷湖南衡陽縣人由貴州試用知縣捐銀
二百一十兩
葉華春浙江仁和縣人由貴州施秉縣知縣捐
銀二百一十兩

畢楚珍江蘇太倉直隸州人寄籍河南由貴州
教職知縣捐銀二百一十兩
張克綸湖南華容縣人由貴州桐梓縣知縣捐
銀二百一十兩
董文炳四川灌縣人由貴州即用知縣捐銀二
百一十兩
陳烋青浙江仁和縣人由貴州布庫大使捐銀
二百一十兩
鄭選士甘肅秦州人由貴州即用知縣捐銀二
百一十兩
高廷鋏江西東鄉縣人由貴州即用知縣捐銀
二百一十兩

以上二十六員均請各給予加一級

馬純熙山東章邱縣人由貴州安平縣知縣捐

銀四百二十兩　請給予隨帶加一級

顏煥奎貴州貴筑縣人由未經揀選武舉捐銀

三百兩　請以營千總分發本省拔補

彭纘堂貴州麻哈州人由俊秀捐監加捐州同

職銜共銀四百八兩　請給予州同職銜

吴永年貴州安南縣監生捐銀一百四十四兩

高光祖貴州黎平府監生捐銀一百四十四兩

趙鶴齡貴州遵義縣監生捐銀一百四十四兩

王布昭貴州安順府附生捐銀一百四十四兩

以上四名均請准作貢生

梁焕章貴州綏陽縣俊秀捐銀八十兩
孫啓休貴州甕安縣俊秀捐銀八十兩
詹雲龍貴州開州俊秀捐銀八十兩
傅崑崙貴州桐梓縣俊秀捐銀八十兩
黄文瀾江西臨川縣俊秀捐銀八十兩
林文杰貴州餘慶縣俊秀捐銀八十兩
林濟崇貴州餘慶縣俊秀捐銀八十兩
楊日昱江西新淦縣俊秀捐銀八十兩
張步瀛貴州大定府俊秀捐銀八十兩
楊恩溥貴州天柱縣俊秀捐銀八十兩
朱德珽廣西博白縣俊秀捐銀八十兩
朱錫松廣西博白縣俊秀捐銀八十兩

萬金吾江西臨川縣俊秀捐銀八十兩
歐陽焜貴州貴筑縣俊秀捐銀八十兩
田時霨貴州思州府俊秀捐銀八十兩
田時霸貴州思州府俊秀捐銀八十兩
田時雩貴州思州府俊秀捐銀八十兩
梁朝勳貴州永寧州俊秀捐銀八十兩
魏之清貴州黔西州俊秀捐銀八十兩
謝松魁江西臨川縣俊秀捐銀八十兩
張魁江西臨川縣俊秀捐銀八十兩
韓成杞貴州貴陽府俊秀捐銀八十兩
宋學廷江西豐城縣俊秀捐銀八十兩
張宗勤貴州永寧州俊秀捐銀八十兩

何學雍湖南華容縣俊秀捐銀八十兩
以上二十五名均照常例銀数捐輸請各給
予從九品職銜

覽

雲貴總督林則徐等清單　**雲南省捐輸軍需經費獎勵清單**

雲南省捐輸請獎銜名銀數清單

謹將雲南省捐輸軍需經費各員繕具簡明清單恭呈

御覽

計開

桂恆正紅旗漢軍人由兵部額外主事捐銀二千七百一十兩　請以知州不論雙單月選用並給予加一級仍在部候選

杜浩四川成都縣人由雲南試用縣丞捐銀四千一百二十兩　請以知縣不論雙單月選用

孫兆蕙江蘇崑山縣人寄籍順天原任雲南順寧縣知縣因案革職捐銀三千六百二十四兩　請准其降捐鹽大使分發兩淮歸候補

班補用並給予加一級

胡蔭松湖北荆門州人由分發湖南府經歷捐銀四百兩　請以府經歷仍留湖南歸捐班前先用並給予紀録二次

胡紹曾湖北鍾祥縣人由現任雲南江川縣典史捐銀一千八十六兩　請以府經歷仍留雲南補用

何維炘浙江富陽縣人由候選未入流捐銀一千二百兩　請以府經歷分發貴州補用並給予紀録一次

桑燈順天宛平縣人祖籍浙江由俊秀捐銀八百八十八兩　請以府經歷雙月選用

王銑浙江仁和縣人由現任雲南元江州巡檢
捐銀四百三十兩　請以縣丞雙月在任候選
康毓華雲南寶寧縣人由分發訓導捐銀七百
四十二兩　請以復設訓導遇缺即選
丁夔克江蘇泰州人由俊秀捐銀七百四十二
兩　請以從九品分發廣西補用
白汝翼直隸阜平縣附生捐銀七百二十二兩
孫逢源浙江歸安縣人由俊秀捐銀七百四十
二兩
劉道久江蘇陽湖縣人由俊秀捐銀七百四十兩
丁與蘭浙江長興縣人由俊秀捐銀七百四十兩
以上四名均請以從九品分發雲南補用

李長㽞江蘇東臺縣人由捐職從九品捐銀六
百六十二兩　請以從九品分發貴州補用
曹煐江蘇泰州人由俊秀捐銀六百八十四兩
請以從九品不論雙單月儘先選用
丁楚蘅順天宛平縣人原籍江蘇由俊秀捐銀
三百九十兩　請以從九品不論雙單月選用
晏德恩雲南南寧縣人由監生捐銀六百五十
八兩　請以未入流不論雙單月插班間選
錢鉌江蘇泰州人由俊秀捐銀六百八十四兩
請以未入流不論雙單月儘先選用
沈濤順天大興縣人祖籍浙江由俊秀捐銀三
百八十八兩　請以未入流不論雙單月選用

孫毓淮山東濟寧州人由翰林院修撰現任雲南學政捐銀五百兩　請給予隨帶加二級

王發越山西黎城縣人由現任雲南迤西道捐銀九百九十兩　請給予加三級

文塏山西曲沃縣人由雲南候補知府捐銀三百三十兩　請給予加一級

孫呙順天大興縣人祖籍浙江由雲南候補通判捐銀二百五十兩　請給予加一級

李崢嶸福建南安縣人由現任雲南保山縣知縣捐銀五百兩　請給予加二級紀録一次

韓捧日廣東文昌縣人由雲南即用知縣捐銀二百一十兩　請給予加一級

周廷績四川涪州人由雲南試用直隸州州判
　捐銀二百一十兩　請給予加一級
程修爵江西新建縣人由議敍國子監典籍加
　同知銜捐銀一千八百四十兩　請加鹽運
　司運同職銜
程玉采江西新建縣人由候選布經歷加知州
　銜捐銀四百兩　請給該員生母葉氏五品
封典
趙杰雲南昆明縣人祖籍順天現任太和縣訓
　導捐銀二百兩　請將該員本身應得八品
封典
貤封其父母

蕭拔士貴州都匀縣人由監生捐銀一百四十
四兩　請准作貢生
尹亮疇雲南蒙自縣人由附生捐銀一百四十
四兩　請准作貢生
楊應文雲南騰越廳俊秀捐銀八十兩
鮑錫禮雲南鶴慶州俊秀捐銀八十兩
蔣廷桂雲南阿迷州俊秀捐銀八十兩
羅文烇雲南大姚縣俊秀捐銀八十兩
王友善廣東澄邁縣俊秀捐銀八十兩
李朝楷雲南武定州俊秀捐銀八十兩
羅騰江西宜黄縣俊秀捐銀八十兩
陳中運雲南鎮沅廳俊秀捐銀八十兩

文起科雲南鎮沅廳俊秀捐銀八十兩
佟爾昌雲南鎮沅廳俊秀捐銀八十兩
黄琳雲南鎮沅廳俊秀捐銀八十兩
吳錫齡雲南麗江縣俊秀捐銀八十兩
李鵬萬江西臨川縣俊秀捐銀八十兩
戴鵬接江西臨川縣俊秀捐銀八十兩
毛自榮雲南武定州俊秀捐銀八十兩
錢太和雲南南寧縣俊秀捐銀八十兩
程維祺福建侯官縣俊秀捐銀八十兩
楊以直雲南太和縣俊秀捐銀八十兩
王禄增直隸南宫縣俊秀捐銀八十兩
董儒雲南禄勸縣俊秀捐銀八十兩

徐在榮雲南宣威州已滿吏捐銀五十兩
秦近光雲南建水縣已滿吏祖籍廣西捐銀五
十兩
劉成九雲南阿迷州已滿吏捐銀五十兩
以上二十三名均請給予從九品職銜
綠如綸雲南龍陵廳人由世襲潞江安撫司土
職捐銀五千兩　查該土司前因捐輸議敘
賞戴藍翎嗣又於五次捐輸案内請加三品頂戴今
復疊次輸將洵屬急公好義擬請
賞換花翎
武緒直隸遷安縣人由漕標試用衛千總捐銀
七百兩　請以衛千總仍留漕標儘先補用

馬定邦雲南阿迷州人由揀選三等武舉捐銀三百兩　請以營千總分發本省拔補

胡裕鍇雲南昆明縣人由武監生捐銀六百七十兩　請俟及歲以衛千總不論雙單月即用

趙桂徵雲南浪穹縣人由俊秀捐銀三百五十八兩　請給予衛千總職銜

覽

雲貴總督林則徐等奏摺　請於雲南知府桑春榮昭通知府胡長庚二員内簡放迤南道缺

雲貴總督林則徐等奏摺　請於雲南知府桑春榮昭通知府胡長庚二員內簡放迤南道缺

道光二十八年八月十六日

雲貴總督臣林則徐
雲南巡撫臣程矞采跪

奏為極邊道員要缺揀調乏人謹循例遴選知府
二員擬定正陪請
旨簡用以裨地方事竊臣等准吏部咨奉
上諭山東按察使員缺著蔣霨遠補授欽此當經轉
行知照在案其蔣霨遠所遺迤南道員缺例應
在外揀員請調該道駐劄普洱府地處極邊統
轄兩府並直隸州直隸同知各一其所管沿邊
土司地方與緬甸南掌暹羅各外域毗連控馭
巡防最關緊要又兼督理石膏井鹽務責重事
繁必須明幹勤能邊情熟悉之員方足以資綏
輯現在通省道員如糧鹽及迤東迤西均居要

缺未便調補查歷届迆南道缺出因揀調乏員
均於知府中擬定正陪請
旨補授臣等循例督同藩臬兩司於知府中詳加遴
選查有雲南府知府桑春榮年四十七歲順天
進士由編修歷充
起居注協修
國史館纂修總纂等官二十二年二月補河南道
御史轉掌四川道御史十月奉
旨補授雲南臨安府知府二十三年閏七月到任委
護迆南道篆調署雲南府知府二十七年六月
奏調令職是年
大計卓異該員精明幹練為守兼優曾經護理迆

南道篆辦理裕如堪以擬正又查昭通府知府
胡長庚年五十三歲安徽進士以主事分發禮
部於員外郎任内
京察一等升儀制司郎中補山東道御史十八年
二月奉
旨補授雲南昭通府知府十二月到任二十一年
大計卓異委護迤南道篆二十七年十一月赴部引
見奉
旨准其卓異加一級仍註册回任候升欽此該員才
明心細辦事認真亦曾護理迤南道篆情形諳
熟堪以擬陪該二員歷俸均已滿五年並係卓
異應升人員例得升補相應仰懇

天恩俯念邊缺緊要於桑春榮胡長庚二員内
簡放一員升補迤南道實於地方有裨其應否引
見之處俟奉到
諭旨再行照例辦理臣等謹合詞恭摺具
奏伏乞
皇上聖鑒訓示謹
奏
另有旨

二八　雲貴總督林則徐等奏摺　請於雲南知府桑春榮昭通知府胡長庚二員内簡放迤南道缺

道光二十八年八月十六日

道光二十八年八月　十六　日

雲貴總督林則徐奏摺

請仍以貴州台拱營參將李瑞陞補定廣協副將

二八　雲貴總督林則徐奏摺　請仍以貴州台拱營參將李瑞陞補定廣協副將

道光二十八年八月十六日

雲貴總督臣林則徐跪

奏為苗疆副將要缺需員恭懇

聖恩俯准陞補以裨地方事竊照貴州定廣協副將程三光丁憂遺缺前准部咨係題補之缺輪用應陞人員揀補等因經臣於上年十一月間將貴州台拱營糸將李瑞

題請陞補在案茲准部咨定廣協副將係道光二十七年六月十八日開缺該糸將李瑞扣至二十七年七月二十八日始行俸滿覈計出缺在前俸滿在後請以該員陞補之處與例不符應毋庸議所有定廣協副將員缺仍令另選合例人員請補等因到臣查黔省額設糸將七員或

甫經接劄歷俸未滿或業經題補未准部覆或
候部輪扣缺次懸缺未補實無合例應陞之員
惟查有台拱營參將李瑞年五十五歲山西大
同縣人由行伍歷拔千總游陞湖南游擊曾經
出師河南廣東湖北湖南等處蒙
恩賞戴花翎經湖南撫臣遵
旨保舉調取引
見奉
上諭貴州台拱營參將員缺著湖南鎮筸鎮標右營
游擊李瑞補授欽此二十五年八月到任於副參
分别等第案内經前督臣保列一等在案該員
營伍諳練辦事勤能本年春間派令帶兵來至

滇省迆西軍營督拏漢回各匪拴獲要犯多名
洵屬勤奮出力現在委護威寧鎮篆辦理營務
諸臻妥協以之陞補定廣協副將實堪勝任雖
該員俸滿日期與定廣協副將出缺日期互相
比較尚短四十日與例稍有未符但該員於上
年七月俸滿之後迄今又逾一年似與歷俸未
滿遽行請陞者迥別且人地實在相需例得專
摺奏請合無仰懇
天恩俯念苗疆副將員缺緊要准仍以台拱營叅將
李瑞陞補定廣協副將實於營伍有裨如蒙
俞允該員於保列一等案內因接署乏人尚未赴部
容俟部覆至日併案給咨送部引

見合併陳明臣爲邊疆副將要缺需人起見謹會同
貴州撫臣喬用遷提臣王一鳳合詞恭摺具
奏伏乞
皇上聖鑒訓示謹
奏
另有旨
道光二十八年八月　十六　日

雲貴總督林則徐奏片　貴州提督王一鳳患病奏請開缺可否酌賞假期准其在任調理

雲貴總督林則徐奏片　貴州提督王一鳳患病奏請開缺可否酌賞假期准其在任調理　道光二十八年八月十六日

再臣接准貴州提臣王一鳳咨稱該提督自本
年夏間染患痰喘之症兼因積受潮濕致舊日
出兵所受槍石各傷同時舉發服藥總未見效
精神疲憊現已自行具摺
奏請開缺調理並咨會臣委員接署提篆等情臣
查該提督現年雖在六十以上而平日氣體本
強近因痰多氣喘而原受槍傷之處鉛子下墜
以致時常痛楚若安心調治一兩月內似即可
望就痊該提督素性急公惟恐因循貽悞是以
奏懇開缺回籍調理要其於營務節經整頓操防
等事皆曾立有定章不至因病廢弛貴州撫臣
喬用遷等亦以該提督如可在任調理就痊實

二八　雲貴總督林則徐奏片　貴州提督王一鳳患病奏請開缺可否酌賞假期准其在任調理　道光二十八年八月十六日

為得力函商到臣查提督如遇開缺應即遴員
接署黔省總兵祇有四員內威寧鎮善祥近來
精力漸不如前且已進京
陛見其安義古州鎮遠三鎮本任俱關緊要而副將
中又多係署事之員一時提鎮各篆實恐遽署
乏人可否仰懇
聖恩酌賞該提督假期俾其在任趕緊調理所有提
督衙門尋常事務即令署提標中軍条將佟攀
梅代拆代行其有關緊要之件就近稟商該提
督覈示辦理則王一鳳既可在任醫治而營務
亦不致積壓稽延不特該提督感荷
恩施病症可期早愈即臣等亦得藉其分任益沐

雲貴總督林則徐奏片 貴州提督王一鳳患病奏請開缺可否酌賞假期准其在任調理

道光二十八年八月十六日

聖慈於無既矣臣愚昧之見是否有當謹會同貴州

撫臣喬用遷附片具

奏伏乞

聖鑒訓示謹

奏

另有旨

雲貴總督林則徐奏片

貴州鎮遠中營遊擊榮麟於本任不宜因係旗員照例送部引見

再查貴州鎮遠鎮中營游擊榮麟現年三十二
歲臣聞其性涉輕浮於公事多不經意本擬俟
巡閱營伍時考覈甄別而現准部咨有奉
旨交臣審辦京控之案一時未及赴黔當函詢貴州
撫臣喬用遷暨鎮遠鎮總兵秦定三均稱該游
擊雖無別項劣蹟而年紀尚輕未能曉暢營務
於本任不甚相宜等語臣查鎮遠鎮地當孔道
營務殷繁該游擊榮麟輕率性成殊難勝任惟
年力正強尚不至於廢棄係屬旗員應照例送
部引
見恭候
欽定除另行委員摘印署理外臣謹會同貴州撫臣

二八

雲貴總督林則徐奏片　貴州鎮遠中營遊擊榮麟於本任不宜因係旗員照例送部引見

道光二十八年八月十六日

喬用遷提臣王一鳳附片具陳伏乞

聖鑒謹

奏

另有旨

大學士管理户部事務潘世恩等題本　查核黔省道光二十六年賞過各標鎮協營兵丁紅白事件銀兩

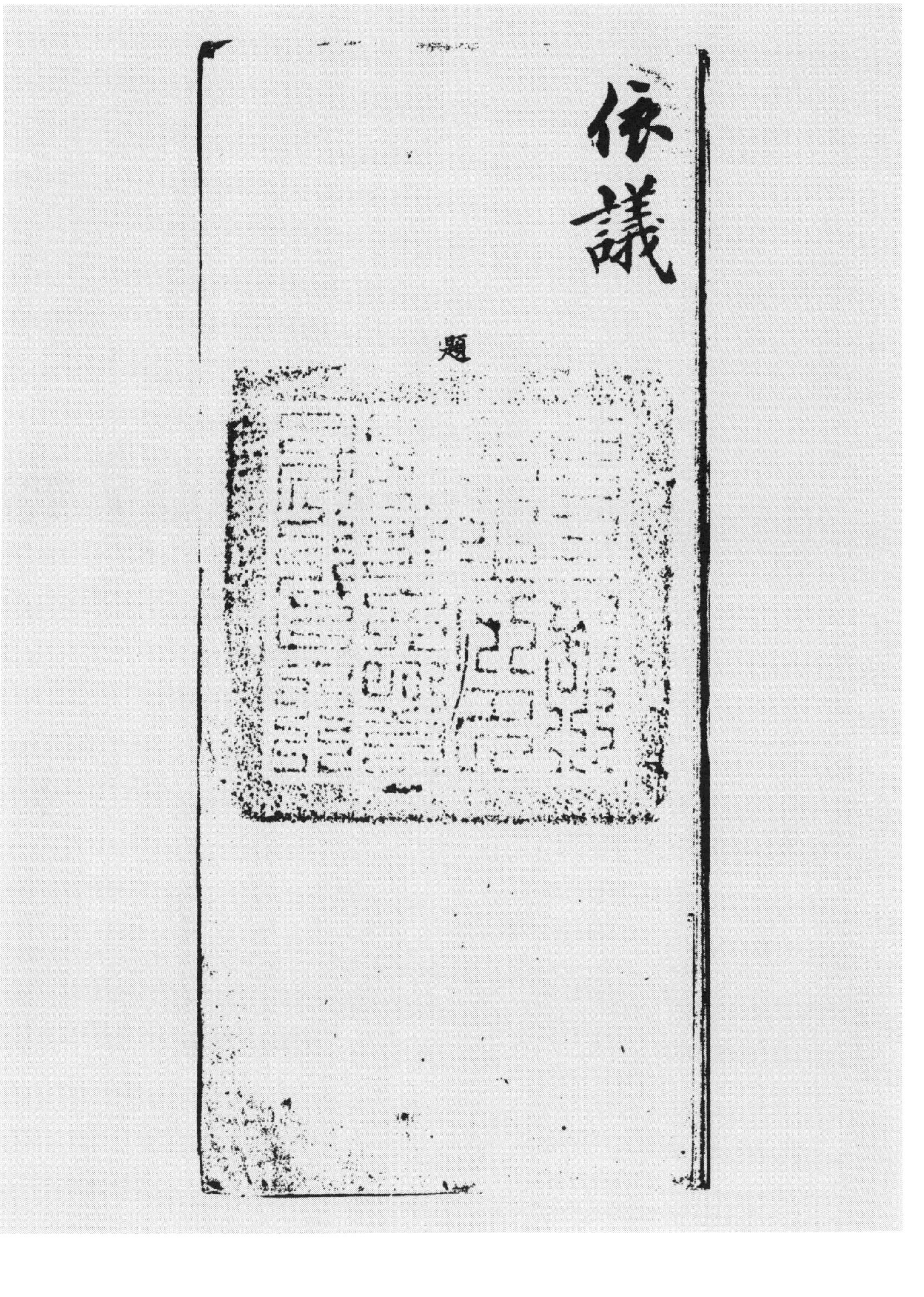
依議
題

二八 大學士管理户部事務潘世恩等題本 查核黔省道光二十六年賞過各標鎮協營兵丁紅白事件銀兩

道光二十八年八月十八日

太傅大學士管理户部事務臣潘世恩等謹
題爲題銷事户科抄出雲貴總督林則徐題貴州
省道光貳拾陸年分賞過各標鎮協營兵丁紅
白事件銀兩造冊題銷一案道光貳拾柒年拾
貳月貳拾日題貳拾捌年叁月貳拾伍日奉
旨該部察覈具奏欽此欽遵於本日抄出到部隨將
冊造賞過紅白事件兵丁數目是否相符之處
移查兵部去後今於道光貳拾捌年伍月拾肆
日准兵部查覆數目相符同原冊咨覆到部
該臣等查得貴州省賞給各標鎮協營兵丁紅
白事件銀兩乾隆叁拾伍年據原任雲貴總督

大學士管理户部事務潘世恩等題本　查核黔省道光二十六年賞過各標鎮協營兵丁紅白事件銀兩　道光二十八年八月十八日

彰寶等奏請酌議裁兵充賞經兵部會同臣部
覆准嗣於乾隆肆拾陸年欽奉
恩旨以乾隆肆拾柒年為始動支正項復於乾隆肆拾
玖年據原任雲貴總督富綱咨稱乾隆肆拾捌
年以後報領兵丁紅白事件銀兩如有餘剩留為
下年賞卹之用經臣部覆准各在案今據雲貴
總督林則徐將黔省道光貳拾陸年分賞卹各
項銀兩造具冊結
題銷前來據冊開
一舊管道光貳拾伍年拾貳月底止各標鎮協
營存剩紅白賞卹銀陸百伍兩陸錢玖分肆釐
業經解司造入道光貳拾柒年秋季冊內報撥

二八　大學士管理户部事務潘世恩等題本　查核黔省道光二十六年賞過各標鎮協營兵丁紅白事件銀兩

道光二十八年八月十八日

在案　查前項舊管銀兩臣部覈與上届報
銷案內實存數目並道光貳拾柒年秋撥冊內
造報新收銀數均屬相符應毋庸議
一新收道光貳拾陸年正月起至拾貳月底止
各標鎮協營額估需銀壹萬貳千玖百壹拾叁
兩肆錢陸分玖釐零等語　查前項新收銀兩
臣部覈與題報黔省道光貳拾陸年分紅白賞
卹銀數相符應毋庸議
一開除各標鎮協營道光貳拾陸年正月起至
拾貳月底止一年紅事兵丁一千八百九十四
名每名賞銀貳兩伍錢共銀肆千柒百叁拾伍
兩白事兵丁二千九十九名每名賞銀叁兩伍錢

共銀柒千叁百肆拾陸兩伍錢二共銀壹萬貳
千捌拾壹兩伍錢移查兵部覆稱賞過紅白事
件兵丁名數覈與該督冊報相符等語 查
貴州省綠營紅白賞卹先於乾隆叁拾陸年據
前署雲貴總督德福等奏嗣後凡遇兵丁紅事
賞銀貳兩伍錢白事賞銀叁兩伍錢無論營分
大小畫一辦理年底覈實報銷在案今道光貳
拾陸年分冊造紅白事件兵丁名數既經兵部
查覈相符所有前項賞過銀壹萬貳千捌拾壹
兩伍錢臣部按冊覈算與應給銀數相符既經
該督取具各營員並無虛捏浮冒印結送部應
准開銷

二八　大學士管理户部事務潘世恩等題本　查核黔省道光二十六年賞過各標鎮協營兵丁紅白事件銀兩

道光二十八年八月十八日

一實存道光貳拾陸年拾貳月底止各標鎮協營存剩紅白賞銀捌百叁拾壹兩玖錢陸分玖釐俱經解交司庫造入道光貳拾捌年秋季冊內報撥等語　查前項實存銀捌百叁拾壹兩玖錢陸分玖釐臣部覈與應存數目相符除照數登記外應仍令該督轉飭即將道光貳拾捌年秋撥冊內報部查覈此案於道光貳拾捌年伍月拾肆日准兵部將紅白事件兵丁名數覈與該督冊報相符咨覆到部茲於捌月拾捌日辦理具

題合併聲明臣等未敢擅便謹

題請

旨

二八 大學士管理户部事務潘世恩等題本 查核黔省道光二十六年賞過各標鎮協營兵丁紅白事件銀兩

道光二十八年八月十八日

[illegible]臣潘世恩

[illegible]臣賽尚阿

[illegible]臣祁寯藻

左侍郎兼管三庫事務[illegible]臣柏葰

左侍郎兼管三庫事務臣趙光

吏部左侍郎署户部左侍郎兼管三庫事務臣季芝昌

右侍郎[illegible]臣阿靈阿

右侍郎兼管錢法堂事務臣朱鳳標

貴州清吏司郎中加一級臣阿克敦布

郎 中臣梅曾亮
員 外 郎臣志文
員 外 郎臣那爾洪阿
員 外 郎臣飆霖
員 外 郎臣林廷禧
主 事臣克興額
主 事臣阿清彥
額 外 主 事臣耿日椿
額 外 主 事臣楊三珠
額 外 主 事臣曾詠
額 外 主 事臣柯雅俊
額 外 主 事臣朱桐

茅君碑额

汉永寿二年丙申岁(一五六)立 三茅君的事迹，并于其后镌刻上乙酉十月八日

篆书 拓本 原石纵二十六米×横二十六厘米 在句容县茅山玉晨观

圖書在版編目（CIP）數據

清宮林則徐檔案匯編.28/中國第一歷史檔案館　福建省林則徐研究會　編.—福州：海峽文藝出版社，2020.3

ISBN 978-7-5550-2123-0

Ⅰ.①清…　Ⅱ.①中…②福…　Ⅲ.①林則徐（1785~1850）—檔案資料—匯編　Ⅳ.①K827=52

中國版本圖書館 CIP 數據核字（2019）第 265452 號

清宮林則徐檔案匯編　28

中國第一歷史檔案館　福建省林則徐研究會　編

責任編輯　陳　婧
美術編輯　劉小岳
出版發行　海峽文藝出版社
經　　銷　福建新華發行(集團)有限責任公司
社　　址　福州市東水路 76 號 14 層　　**郵編**　350001
發 行 部　0591-87536797
印　　刷　福建新華印刷有限責任公司　　**郵編**　350011
廠　　址　福州市福新中路 42 號
開　　本　889 毫米 × 1194 毫米　1/16
字　　數　815 千字
印　　張　37.25
版　　次　2020 年 3 月第 1 版
印　　次　2020 年 3 月第 1 次印刷
書　　號　ISBN 978-7-5550-2123-0
定　　價　300.00 元